ACCESO GRATIS *a la Lectura en la Nube*

Para visualizar el libro electrónico en la nube de lectura envíe junto a su nombre y apellidos una fotografía del código de barras situado en la contraportada del libro y otra del ticket de compra a la dirección:

ebooktirant@tirant.com

En un máximo de 72 horas laborables le enviaremos el código de acceso con sus instrucciones.

La visualización del libro en **NUBE DE LECTURA** excluye los usos bibliotecarios y públicos que puedan poner el archivo electrónico a disposición de una comunidad de lectores. Se permite tan solo un uso individual y privado.

LA REDEFINICIÓN DE LA TEMPORALIDAD Y FIJEZA LABORALES: NUEVOS LÍMITES, NUEVAS INCERTIDUMBRES

LA REDEFINICIÓN DE LA TEMPORALIDAD Y FIJEZA LABORALES: NUEVOS LÍMITES, NUEVAS INCERTIDUMBRES

Eva López Terrada
Catedrática de Derecho del Trabajo y de la Seguridad Social
Universitat de València

Prólogo de Tomás Sala Franco

REAL ACADEMIA
VALENCIANA
DE JURISPRUDENCIA
Y LEGISLACIÓN

tirant lo blanch
Valencia, 2024

En caso de erratas y actualizaciones, la Editorial Tirant lo Blanch publicará la pertinente corrección en la página web www.tirant.com.

EDITA: TIRANT LO BLANCH
C/ Artes Gráficas, 14 - 46010 - Valencia
TELFS.: 96/361 00 48 - 50
FAX: 96/369 41 51
Email: tlb@tirant.com
www.tirant.com
Librería virtual: www.tirant.es
DEPÓSITO LEGAL: V-3932-2024
ISBN: 978-84-1071-932-3
MAQUETA: Innovatext

Si tiene alguna queja o sugerencia, envíenos un mail a: *atencioncliente@tirant.com*. En caso de no ser atendida su sugerencia, por favor, lea en *www.tirant.net/index.php/empresa/politicas-de-empresa* nuestro procedimiento de quejas.

Responsabilidad Social Corporativa: http://www.tirant.net/Docs/RSCTirant.pdf

Índice

Capítulo III

La reforma de la contratación temporal

Prólogo

Prologar un trabajo de la Profesora Eva López Terrada es para mí algo relativamente fácil. Su gran inteligencia jurídica, su forma de investigar, su claridad y sistemática, su profundidad en el análisis técnico-jurídico y crítico y, a la vez, su capacidad de síntesis, hacen de su fácil lectura justo lo que uno desea que sean los análisis jurídicos, lejos del farragoso lenguaje acuñado durante siglos, capaz de distinguir lo que es esencial de lo anecdótico y con una justeza y pulcritud en la aportación de los materiales bibliográficos, normativos y jurisprudenciales. Si, además de la manera magistral con la que aborda la "penúltima" reforma laboral y los problemas jurídicos que la misma plantea, las conclusiones coinciden con la opinión del prologuista, el círculo se cierra con beneficios añadidos.

En este caso, el título del presente libro —"La redefinición de la temporalidad y fijeza laborales: nuevas incertidumbres"— define muy bien su contenido. Efectuada la "penúltima" reforma del Estatuto de los Trabajadores, en él se analizan las innumerables dudas que plantea el nuevo texto normativo relativo a la contratación laboral, con especial incidencia en la excesiva temporalidad existente en nuestro ordenamiento laboral y en las fórmulas introducidas para paliarla. Se trata, por tanto, de un libro, oportuno y práctico, que no desprecia elevarse a la crítica legislativa, proponiendo en ocasiones alternativas normativas de interés.

La gran pregunta a hacerse tras la reforma de la regulación de la contratación temporal es la de si se conseguirá con ella doblegar la altísima tasa de temporalidad en la contratación existente en España, tanto en el sector privado como en el sector público.

Aunque resulta desde luego inevitable mantener ciertos recelos a la vista de los años trascurridos con una "cultura de la temporalidad" ciertamente imbricada en la conciencia empresarial y en el convencimiento de que los trabajadores temporales rinden más que los indefinidos, la nueva normativa legal establece una serie de medidas que permiten mantener un cierto optimismo. Esto sucede con la desaparición del contrato de obra o servicio determinado, la reducción de los plazos de temporalidad en la contratación y en el encadenamientos de los contratos temporales y su ampliación a los casos de sucesión en el mismo puesto de trabajo de distintos trabajadores, las nuevas garantías legales frente al fraude (el incremento de las sanciones administrativas, las nuevas presunciones judiciales y los recargos en las cuotas de la Seguridad Social), la creación del nuevo contrato indefinido adscrito a la construcción e, incluso, la propia flexibilidad que ofrece la ley a los empresarios con los contratos por circunstancias de la producción "cortos". A todo lo cual habría que sumar, y éste si es un hecho importante a estos efectos, la presión existente por parte de la Unión Europea en orden a la reducción de la tasa de temporalidad existente.

Ello no obstante, existen en la nueva normativa aspectos que hacen temer una aplicación retardada de la nueva legislación por las empresas, tales como el desacople de la nueva contratación temporal a determinados sectores de actividad (el campo o la hostelería), la falta de una absoluta claridad en la delimitación de las causas de la contratación temporal frente a la contratación indefinida. Sin duda, y así se señala en el libro, las principales ambigüedades que presenta el nuevo texto normativo sobre la contratación laboral se refieren sin duda a la redefinición de la figura del contrato fijo discontinuo en algunas de sus nuevas modalidades y su diferenciación con el contrato temporal por circunstancias de la producción. No se ha acertado suficientemente y ya se están produciendo diferentes interpretaciones por parte de la doctrina en un tema tan sensible como éste.

Sea cual sea el resultado de la reforma en materia de contratación, el Real Decreto-Ley compromete al Gobierno a efectuar una evaluación de los resultados obtenidos por las medidas previstas, mediante el análisis de los datos de la contratación temporal e indefinida en enero del año 2025 y a repetirla cada dos años. Y, en el caso de que los resultados de la evaluación anterior demostrasen que no se avanza en la reducción de la tasa de temporalidad, ya sea en la general o en la de los diferentes sectores, el Gobierno elevará a la mesa de diálogo social una propuesta de medidas adicionales para su discusión y eventual acuerdo con los interlocutores sociales. A mi juicio el efectivo cumplimiento de esta "promesa gubernamental" resulta clave para concluir en una valoración positiva de la reforma.

Por lo demás, habrá que concluir una vez más en que las reformas "parciales" del modelo de relaciones laborales no son nunca suficientemente efectivas. Así, una mayor o menor flexibilidad de entrada en la contratación dependerá siempre de la existencia de una mayor o menor flexibilidad de salida y, ambas, de una mayor o menor flexibilidad interna. En todo caso, habrá que desterrar el mito constituido por el fácil axioma de que "una mayor flexibilidad crea más empleo". Las mayores necesidades de empleo las crea fundamentalmente la propia economía y el desarrollo productivo de un país.

Por todo ello, el presente libro ha merecido la concesión del VI Premio de Estudios Jurídicos de la Real Academia de Jurisprudencia y Legislación de la Comunidad Valenciana.

TOMÁS SALA FRANCO
Catedrático de Derecho del Trabajo y de la Seguridad Social

Capítulo I
Introducción

1. El nuevo régimen jurídico de la duración del contrato de trabajo. Efectuadas las primeras —y muy necesarias— aproximaciones doctrinales "de urgencia" a la reforma operada por el Real Decreto-Ley 32/2021, de 28 de diciembre, de medidas urgentes para la reforma laboral, la garantía de la estabilidad en el empleo y la transformación del mercado de trabajo, quedaba pendiente la elaboración de un análisis más detenido, capaz de ofrecer un panorama claro y completo del estado actual de la regulación de la duración del contrato de trabajo contenida, esencialmente, en los artículos 15 y 16 del Real Decreto Legislativo 2/2015, de 23 de octubre, por el que se aprueba el texto refundido de la Ley del Estatuto de los Trabajadores (en adelante, ET). Dicho análisis, imprescindible por la trascendencia práctica de la materia, resulta especialmente necesario para los operadores jurídicos que deben afrontar la primera etapa aplicativa de la nueva regulación.

En efecto, por un lado, aunque la reforma haya incidido en otras cuestiones, las novedades acaecidas en materia de temporalidad y fijeza del contrato de trabajo son las que presentan, sin duda, mayor intensidad. El ambicioso objetivo pretendido en este terreno, cuya consecución se exigía desde Europa, justifica el profundo alcance de unas modificaciones que luchan contra un modelo de relaciones laborales “especialmente frágil, débil e inestable, que es el responsable, en buena medida, de que las caídas en la actividad económica se trasladen con enorme intensidad a la destrucción del empleo”. Como indica la prolija Exposición de Motivos del Real Decreto-Ley 32/2021, estando España a la cabeza del ranking europeo de la temporalidad —con una diferencia de casi 12 puntos porcentuales sobre la media de la Unión Europea— el reforzamiento del contrato indefinido y la configuración de un sistema eficiente de lucha contra la precariedad eran elementos imprescindibles para la construcción de una economía competitiva. De ahí que, dentro del Componente 23 del Plan de Recuperación, Transformación y Resiliencia (relativo a las “Nuevas políticas públicas para un mercado de trabajo dinámico, resiliente e inclusivo”) se incluyera la Reforma 4 relativa a “la revisión del catálogo de contratos y su adaptación a las necesidades actuales, con el fin de impulsar la contratación indefinida”.

Por otro lado, como consecuencia del método empleado en el proceso de diálogo social, y sin perjuicio de la valoración positiva que merece el que culminara con éxito (el Real Decreto-Ley es fruto del acuerdo entre el Gobierno y las organizaciones sindicales y patronales más representativas a nivel estatal alcanzado el día 23 de diciembre de 2021), son muchas las incertidumbres y perplejidades que suscita la nueva regulación de la materia: al redactarse los textos “en la clave contractual propia de los convenios colectivos”[1] se acude con frecuencia a redacciones ambiguas y/o a

---

1 CRUZ VILLALÓN, J., “Texto y contexto de la reforma laboral de 2021 para la pospandemia”, *Temas Laborales*, nº 161, 2022, p. 26.

conceptos jurídicos indeterminados que ya están siendo objeto de interpretaciones encontradas, generando múltiples problemas aplicativos que, en ocasiones, ya están resolviendo los tribunales.

El estudio que se presenta pretende, por ello, poner de manifiesto los principales puntos críticos del nuevo régimen jurídico de la duración del contrato de trabajo, aportando, al tiempo, pese a la oscuridad de los términos legales, las propuestas de solución que, en cada caso, se estiman más convenientes.

2. La larga lucha contra la temporalidad: los orígenes. Para abordar el análisis anunciado de forma rigurosa resulta imprescindible tener presente, no obstante, que, en realidad, durante los últimos treinta años, las sucesivas reformas laborales ya vienen percibiendo como un problema la excesiva tasa de temporalidad a la que condujo en nuestro país el uso del contrato temporal no causal de fomento del empleo introducido por la reforma de 1984 (*cfr.* Ley 32/1984, de 2 de agosto). Aunque es evidente que ninguna de tales reformas ha conseguido paliar esas tasas de temporalidad desmesuradas, la adecuada valoración de las últimas medidas introducidas en materia de contratación precisa la consideración de, al menos, dos hitos fundamentales de ese "larguísimo proceso de cambios normativos" del que habla la Exposición de Motivos del Real Decreto-Ley 32/2021: los orígenes de lo que se ha denominado la "cultura de la temporalidad" española, y la confianza en contratos indefinidos diferenciados del ordinario (primero, el contrato de fomento de la contratación indefinida; luego, el contrato por tiempo indefinido de apoyo a emprendedores), más que en una delimitación legal precisa de las causas de contratación temporal, como principal vía de creación de empleo estable y reducción consiguiente de la temporalidad.

Por lo que a los orígenes del problema se refiere, lo cierto es que la necesidad de luchar contra los altos índices de temporalidad se reflejaba expresamente ya en las reformas de 1992[2] que contenían un programa de fomento del empleo indefinido dirigido a parados de larga duración (jóvenes, mayores de 45 años, y mujeres en profesiones y oficios en los que se encontrasen subrepresentadas) y que, por primera vez, subvencionaban la transformación de contratos en prácticas o para la formación en contratos indefinidos. Sin embargo, en esta primera etapa de lucha contra la temporalidad el contrato temporal de fomento del empleo subsistía. Es cierto que las mencionadas normas de 1992 ampliaron su duración mínima de seis a doce meses, y que el Real Decreto-Ley 3/1993, de 26 de febrero, incrementó su duración máxima a cuatro años, concediendo subvenciones en caso de transformación en contratos indefinidos; pero el hecho es que la contratación temporal no causal permaneció hasta su derogación por parte de la Ley 11/1994, de 19 de mayo y, aun así, la Ley 10/1994, de la misma fecha, que inauguró la elaboración de programas de fomento del empleo de carácter anual, permitió la prórroga durante dieciocho meses de los contratos temporales de fomento del empleo cuya duración máxima de tres años expirase entre el 1 de enero y el 31 de diciembre de 1994.

3. El contrato de fomento de la contratación indefinida. En la siguiente etapa, que abarca del año 1997 al

---

2 Real Decreto-Ley 1/1992, de 3 de abril, luego Ley 22/1992, de 30 de julio.

año 2012, sí es posible hablar de un apoyo al empleo indefinido mucho más contundente. La etapa se inaugura con la reforma de 1997[3], año que marcó, sin duda alguna, un punto de inflexión en la contratación laboral española, pues con la firma el 28 de abril del Acuerdo Interprofesional sobre la Estabilidad en el Empleo, cuyo contenido fue asumido en gran medida por el gobierno, quedó constancia, por primera vez, de que los agentes sociales más representativos coincidían en la denuncia de los excesos de la contratación temporal y en la búsqueda de una estrategia concertada para combatirla. Parte de esa estrategia[4] fue la creación de un nuevo tipo de contrato indefinido dirigido a colectivos específicos singularmente afectados por el desempleo y la inestabilidad laboral, que se caracterizaba por estar dotado de un régimen indemnizatorio reducido —treinta y tres días de salario por año de servicio, prorrateándose por meses los períodos de tiempo inferiores a un año y hasta un máximo de veinticuatro mensualidades— en los casos de despido objetivo declarado improcedente. Aunque, en principio, el contrato se configuró como una medida de carácter provisional, ya que se hablaba de los cuatro años siguientes a la entrada en vigor del Real Decreto-Ley 8/1997, de 16 de mayo, las reformas de 2001,

---

3 Reales Decretos-Leyes 8/1997 y 9/1997, de 16 de mayo, luego sustituidos por las Leyes 63/1997 y 64/1997, de 26 de diciembre.

4 El análisis de las políticas de fomento del empleo mediante la concesión de incentivos que, en paralelo, se han seguido en nuestro país se remite al estudio LÓPEZ TERRADA, E., *Los incentivos a la creación de empleo y autoempleo: situación actual y propuestas de reforma*, Valencia, Tirant lo Blanch, 2017, y a la bibliografía que allí se cita.

2006, 2010 y 2011 lo fueron perpetuando mediante la apertura sucesiva de nuevos plazos de conversión de contratos temporales en contratos de fomento de la contratación indefinida y mediante la práctica generalización de los colectivos de trabajadores desempleados susceptibles de ser contratados bajo esta modalidad contractual. Efectivamente, en origen los únicos colectivos de trabajadores desempleados que podían beneficiarse de esta modalidad contractual eran los jóvenes entre dieciocho y veintinueve años; los parados de larga duración, inscritos más de un año como demandantes de empleo; los mayores de cuarenta y cinco años; y los minusválidos. Tras la reforma operada por la Ley 12/2001, de 9 de julio, se mantuvo la posibilidad de celebrar el contrato con mayores de cuarenta y cinco años de edad y con minusválidos; pero, además, pasó a permitirse su concertación con jóvenes desempleados desde dieciséis hasta treinta años de edad, ambos inclusive; con parados que llevasen ya no un año, sino seis meses inscritos ininterrumpidamente como demandantes de empleo; y con mujeres desempleadas cuando se contratasen para prestar servicios en profesiones u ocupaciones con menor índice de empleo femenino. Por fin, en su última versión, fruto en este punto de la reforma llevada a cabo por la Ley 35/2010, de 17 de septiembre, se admitió su celebración con jóvenes desde dieciséis hasta treinta años de edad, ambos inclusive; mujeres en los dos años inmediatamente posteriores a la fecha del parto o de la adopción o acogimiento de menores; mujeres desempleadas que se reincorporasen al mercado de trabajo tras un período de inactividad laboral de cinco años; mujeres desempleadas víctimas de violencia de género y de trata de seres humanos; mayores de cuarenta y cinco años de edad; personas con discapacidad; parados que lleven, al menos, un mes inscritos ininterrumpidamente como demandantes de empleo; desempleados que, durante los dos años anteriores a la celebración del contrato, hubieran estado contratados exclusivamente mediante contratos de carácter temporal, incluidos los contratos formativos; y desempleados a quienes, durante los dos años anteriores a la celebración del contrato, se les hubiera extinguido un contrato indefinido en una empresa diferente.

La extensión de la indemnización de treinta y tres días en la reforma laboral de 2012 hizo perder su atractivo a esta medida de fomento del empleo estable, que desapareció para dejar paso al contrato por tiempo indefinido de apoyo a los emprendedores. Pese a ello, en virtud de la Disposición transitoria sexta de la Ley 3/2012, de 6 de julio, los contratos de fomento de la contratación indefinida celebrados con anterioridad al 12 de febrero de 2012 continuarán rigiéndose por la normativa a cuyo amparo se concertaron, si bien, en caso de despido disciplinario, la indemnización por despido improcedente se calculará igual que en el resto de contratos formalizados con anterioridad a la entrada en vigor del Real Decreto-ley 3/2012, esto es, a razón "de 45 días de salario por año de servicio por el tiempo de prestación de servicios anterior a dicha fecha de entrada en vigor y a razón de 33 días de salario por año de servicio por el tiempo de prestación de servicios posterior. El importe indemnizatorio resultante no podrá ser superior a 720 días de salario, salvo que del cálculo de la indemnización por el período anterior a la entrada en vigor de este real decreto-ley resultase un número de días superior, en cuyo caso se aplicará éste como importe indemnizatorio máximo, sin que dicho importe pueda ser superior a 42 mensualidades, en ningún caso".

4. El contrato de apoyo a los emprendedores. La Ley 3/2012, de 6 de julio, regulaba en su artículo 4 el contrato por tiempo indefinido de apoyo a los emprendedores. También en esta ocasión la nueva figura contractual quedaba ubicada extramuros del Estatuto de los Trabajadores, pues se presentaba con vocación de provisionalidad: concretamente, en virtud de la disposición transitoria novena.2 de la Ley 3/2012, la posibilidad de realizar estos contratos quedaba condicionada a que la tasa de desempleo en nuestro país se situase por debajo del 15 por ciento. No obstante, por lo que se refiere a los trabajadores susceptibles de ser contratados bajo esta modalidad de contratación, a diferencia del contrato de fomento de la contratación indefinida, no existía, en principio, restricción alguna, salvo que el empresario quisiera beneficiarse de los incentivos fiscales y/o de las bonificaciones reconocidas en el artículo 4.4 y 4.5 de la Ley, que sí dependían de la contratación de ciertos colectivos (jóvenes menores de treinta, desempleados perceptores de la prestación por desempleo durante, al menos, tres meses, y mayores de cuarenta y cinco años). El contrato nacía, en todo caso, con la intención declarada de fomentar la contratación indefinida y la creación de empleo, especialmente de jóvenes desempleados y PYMES, por ser quienes estaban sufriendo con mayor intensidad las consecuencias negativas de la crisis económica. Así pues, el planteamiento del legislador era claro: crear una figura capaz de aunar promoción del empleo estable y potenciación de la iniciativa empresarial. Otra cosa es que tan ambicioso objetivo se consiguiese con el perfil que, finalmente, se otorgó al contrato de apoyo a los emprendedores, cuyos extremos más destacables fueron los dos siguientes:

En primer lugar, el contrato centraba su atención en las empresas de menos de 50 trabajadores por ser las que representaban la mayor parte del tejido productivo español (el 99,23 por ciento, según el Instituto Nacional de Estadística). Éstas eran las únicas que podían concertar este contrato que, obligatoriamente, debía formalizarse por escrito en el modelo que se estableciese. El Real Decreto-ley 16/2013, de 20 de diciembre, suprimió la exigencia inicial de que el contrato se realizase a jornada completa por considerar razonable la ampliación del uso de una medida que "se había revelado" como eficaz para fomentar la celebración de contratos de trabajo indefinido[5].

En segundo lugar, debe destacarse que la principal peculiaridad que presentaba el régimen jurídico aplicable al contrato de apoyo a los emprendedores era la relativa a la duración de su período de prueba. Efectivamente, según el artículo 4.3 de la Ley 3/2012, en estos contratos la duración del período de prueba a que se refiere el artículo 14 del Estatuto de los Trabajadores "será de un año en todo caso". Se asistía, con ello, a una desnaturalización de la figura del período de prueba. Es más, puesto que durante un año existía libre desistimiento empresarial y éste se caracterizaba por constituir una excepción al carácter causal que exige el ordenamiento español en las extinciones por iniciativa empresarial, cabía pensar que el contrato de emprendedores abría la puerta a una suerte de contra-

---

5 El contrato de apoyo a emprendedores había aportado en el año 2018 cerca de 300.000 contratos nuevos al total de los indefinidos, es decir, el 36 por 100 de ese total. CONSEJO ECONÓMICO Y SOCIAL, *Memoria sobre la situación socioeconómica y laboral de España 2019*, Madrid, Consejo Económico y Social, 2020, p. 322-323.

tación temporal no causal que no generaba derecho a indemnización alguna. Aunque no sea éste el momento de entrar en el análisis de la cuestión, lo cierto es que podía dudarse de la compatibilidad entre un período de prueba tan dilatado y las exigencias derivadas del Convenio nº 158 de la OIT sobre la terminación de la relación de trabajo o de la Carta Social Europea de 1961. Del mismo modo, como consecuencia de la falta de protección frente al despido de estos trabajadores, podía cuestionarse la avenencia entre la figura estudiada y el derecho al trabajo del artículo 35 de la CE[6] y, entre otras cosas, podía ponerse en duda si, desde el punto de vista del principio de igualdad del artículo 14 de la CE, estaba justificada la desigualdad de trato en función del tamaño de la empresa que el contrato traía consigo. Sea como fuere, pese a las objeciones formuladas, la STC 119/2014, de 16 de julio, respaldó finalmente la constitucionalidad de la duración del período de prueba del contrato de emprendedores, fundamentalmente por considerar que en un contexto de grave crisis económica y alto desempleo dicha

---

6 Cabe recordar que la STC 20/1994, de 27 de enero, relativa al despido de un capitán de buque congelador sin ningún tipo de protección como consecuencia de la aplicación de la Ordenanza de Trabajo entendió que "la inexistencia de una reacción adecuada contra el despido o cese debilitaría peligrosamente la consistencia del derecho al trabajo y vaciaría al Derecho que lo regula de su función tuitiva, dentro del ámbito de lo social como característica esencial del Estado de Derecho (art. 1 C.E.), cuya finalidad en este sector no es otra que compensar la desigualdad de las situaciones reales de empresario y trabajador a la hora de establecer las condiciones o el contenido de esa relación mutua o sinalagmática, máxime si ello acontece a título individual y no colectivo".

duración era una medida coyuntural que encontraba justificación "sobre todo, en la específica y legítima finalidad de potenciar la iniciativa empresarial como instrumento para contribuir, junto con otras medidas de su régimen jurídico, a promover la creación de empleo estable, de conformidad con el mandato que el art. 40.1 CE dirige a los poderes públicos para llevar a cabo una política orientada al pleno empleo".

El Real Decreto-Ley 28/2018, de 28 de diciembre, anunció que la tasa de paro en España había bajado al 14,55 por ciento, según la encuesta de población activa (EPA) del Instituto Nacional de Estadística, correspondiente al tercer trimestre de 2018, donde por primera vez desde 2008 la tasa de desempleo descendía por debajo del 15 por ciento. En consecuencia, estimaba imprescindible actuar sobre las medidas condicionadas a la disminución de la tasa de paro por debajo del referido 15 por ciento, entre las que se encontraba el contrato indefinido de apoyo a los emprendedores, que fue suprimido con objeto de garantizar la seguridad jurídica y evitar la incertidumbre de empresarios y trabajadores. No obstante, según estableció su Disposición transitoria sexta, los contratos celebrados con anterioridad a la entrada en vigor del Real Decreto-Ley 28/2018, continuarán rigiéndose por la normativa vigente en el momento de su celebración[7].

---

7 La Disposición transitoria sexta precisaba, además, que se entienden válidos los contratos celebrados desde el 15 de octubre de 2018, fecha de publicación de la Encuesta de Población Activa del tercer trimestre de 2018, hasta la fecha de entrada en vigor del Real Decreto-Ley, al amparo de la normativa vigente en el momento de su celebración, que se considera plenamente aplicable a estos contratos hasta el momento de su derogación o modificación.

Capítulo II

El nuevo régimen jurídico de la contratación indefinida

I. EL CONTRATO INDEFINIDO FIJO-DISCONTINUO

1. Fomento y protección del trabajo fijo-discontinuo

5. Luces y sombras del trabajo fijo-discontinuo. Desde el momento de su publicación, los comentaristas de la reforma laboral llevada a cabo por el Real Decreto-Ley 32/2021 han coincidido en señalar el papel llamado a jugar por el nuevo contrato fijo-discontinuo en la reducción de las intolerables tasas de temporalidad registradas hasta ahora en nuestro país[8]. Ello se debe, fundamentalmente, a su condición de cauce o tránsito hacia la contratación indefinida de los contratos temporales que han quedado sin justificación causal tras la reforma de la contratación temporal y a la desaparición del contrato de obra y servicio vinculado a contratas[9]. Los pronósticos se están cumpliendo,

---

8 No parece ocioso recordar las cifras: según Eurostat, en 2020 la tasa de temporalidad española (24,2%) era la más alta de la Unión Europea, llegando casi a duplicar la media del conjunto de los 27 Estados miembros (13,5%).

9 Pueden verse, entre otros, GARCÍA ORTEGA, J., "El contrato fijo-discontinuo tras el RDL 32/2021, de 28 de diciembre, de reforma laboral", Brief de la Asociación Española de Derecho del Trabajo y de la Seguridad

pues ya se ha constatado, como consecuencia de ese trasvase de contratos temporales a fijos discontinuos, un fuerte incremento de esta modalidad y una elevación de su peso en el total de contratos indefinidos registrados[10].

En realidad, existe en la reforma un propósito incentivador de la figura que se combina con un intento de "templar" la innegable precariedad de un trabajo

---

Social, 2022, disponible en https://www.aedtss.com/wp-content/uploads/2022/01/ref-fijos-disc-2.pdf, p. 1-2; BALLESTER PASTOR, M. A., *La reforma laboral de 2021. Más allá de la crítica*, Madrid, Ministerio de Trabajo y Economía Social, 2022, p. 85-86; o SALA FRANCO, T., *Los contratos indefinidos fijos discontinuos*, Valencia, Tirant lo Blanch, 2022, p. 9-10.

10 CONSEJO ECONÓMICO Y SOCIAL, *Economía, Trabajo y Sociedad. Memoria sobre la situación socioeconómica y laboral España 2022*, 1ª ed., Madrid, CES, 2023, p. 202. Debe tenerse en cuenta, no obstante, que otra cuestión es el peso de los contratos fijos discontinuos sobre el empleo. Ya en 2022 (GIMENO DÍAZ DE ATAURI, P. G., "La reforma laboral de la contratación 2021 en las fuentes estadísticas oficiales: segundo avance", Brief de la Asociación Española de Derecho del Trabajo y de la Seguridad Social, 2023, p. 2, disponible en https://www.aedtss.com/wp-content/uploads/2023/01/55_Gimeno-Reforma-laboral-en-datos-un-ano-despues.pdf) la fuerte caída de la temporalidad parecía asentarse en relaciones laborales indefinidas y a tiempo completo, pues por cada nuevo fijo discontinuo se crearon 4,6 puestos de trabajo cubiertos de forma indefinida y a tiempo completo. La tendencia se confirma, pues en el mes de noviembre de 2023 los fijos discontinuos representaron únicamente el 7,2% de la población indefinida (CCOO, "La última reforma laboral mejora la calidad y estabilidad en el empleo y reduce la rotación laboral", disponible en https://www.ccoo.es/e66ffac42c1a8ec4ef68168b62cb9c41000001.pdf).

sujeto a interrupciones como es, en cualquier caso, el trabajo fijo-discontinuo[11].

El propósito incentivador se refleja, claramente, en la ampliación de supuestos en los que cabe celebrar el contrato, pues, como se analiza a continuación, al margen de la unificación de los anteriores contratos fijos periódicos y fijos discontinuos, pasa a permitirse su utilización para desarrollar las actividades realizadas al amparo de contratas mercantiles o administrativas y para que las empresas de trabajo temporal atiendan necesidades temporales de diversas empresas usuarias (artículo 16.1 ET), subrayándose el posible recurso a este tipo de contratos en el sector público, cuando resulten esenciales para el cumplimiento de los fines que las administraciones públicas y las entidades que conforman el sector público institucional tienen encomendados (DA 4ª del Real Decreto-ley 32/2021).

La preocupación por la protección de las personas trabajadoras fijas discontinuas se refleja, por su parte, además de en la promesa de mejora de su protección social en el marco de la reforma del nivel asistencial por desempleo (DF 6ª del Real Decreto-ley

---

11 La ejecución del contrato se interrumpe a la conclusión de cada período de actividad, no trabajando y no cobrando salario alguno, aunque pueda percibirse, en su caso, la prestación por desempleo. Que la relación laboral simplemente se interrumpa supone, no obstante, que durante el período de inactividad dicha relación subsiste, sin extinguirse ni suspenderse. Por esta razón, carece de cualquier virtualidad extintiva el hecho de que las partes suscriban un recibo de finiquito al finalizar la temporada o campaña (SSTS de 13 de octubre de 1986; de 3 de junio de 1988, y de 18 de diciembre de 1991, Rec. 1282/1990).

32/2021)[12], en la mención expresa de un catálogo de derechos, o en las garantías tendentes a asegurar el principio de no discriminación e igualdad de trato, o la estabilidad, la transparencia y la previsibilidad exigibles a un contrato que se quiere diferenciar del trabajo a llamada situándose en la órbita de la Directiva (UE) 2019/1152 del Parlamento Europeo y del Consejo, de 20 de junio de 2019, relativa a unas condiciones laborales transparentes y previsibles en la Unión Europea.

2. *La incentivación de la figura: la ampliación del objeto del contrato*

2.1. Trabajos de naturaleza estacional, actividades productivas de temporada, o de prestación intermitente y períodos de ejecución ciertos

6. La intermitencia como nota característica. Además de ampliar el objeto del contrato a nuevos supuestos —vinculados a las actividades realizadas al amparo de contratas mercantiles o administrativas o a la atención por parte de las empresas de trabajo temporal de las necesidades temporales de las empresas

12 A partir del 1 de noviembre de 2024, la regulación del desempleo de los trabajadores fijos discontinuos queda afectada, en sus niveles contributivo y asistencial, por las modificaciones introducidas por el Real Decreto-Ley 2/2024, de 21 de mayo. Entre ellas cabe destacar la adición de un nuevo apartado 3 al artículo 283 de la LGSS, en cuya virtud lo dispuesto en dicho precepto en materia de prestación por desempleo e incapacidad temporal se aplicará también a los trabajadores fijos discontinuos durante los periodos de inactividad productiva.

usuarias, según acaba de indicarse (*vid.*, *infra*)— el Real Decreto-Ley 32/2021 mantiene la tradicional ligazón del contrato fijo-discontinuo con las actividades estacionales o de temporada en el primero de los párrafos del artículo 16.1 del ET, si bien incorporando dos novedades de interés: "El contrato por tiempo indefinido fijo-discontinuo se concertará para la realización de trabajos de naturaleza estacional o vinculados a actividades productivas de temporada, o para el desarrollo de aquellos que no tengan dicha naturaleza pero que, siendo de prestación intermitente, tengan periodos de ejecución ciertos, determinados o indeterminados".

Empezando por lo que se mantiene, es importante precisar que la intermitencia, tanto en los trabajos estacionales o de temporada como en los de "periodos de ejecución ciertos", sigue siendo la nota exigida por la ley para la suscripción de contratos fijos-discontinuos en el artículo 16.1.1° del ET. Así pues, sin intermitencia hablaríamos de indefinidos ordinarios, pues no hay que olvidar que, según criterio jurisprudencial consolidado, el contrato será fijo ordinario y no fijo-discontinuo si nos encontramos en presencia de una actividad permanente y no intermitente "como la discontinuidad requiere por definición" (SSTS de 15 de julio de 2010, Rec. 2207/2009; 10 de octubre de 2013, Rec. 3048/2021; y de 28 de octubre de 2020, Rec. 4364/2018)[13]. De esta forma, si la relación labo-

---

13 Por ello, la SAN de 21 de febrero de 2023 (Rec. 359/2022) declara legítima la limitación del uso de la contratación fija discontinua al personal docente que imparte actividades curriculares que efectúa el XI Convenio colectivo nacional de centros de enseñanza privada de régimen general o enseñanza reglada sin ningún nivel concertado o

ral se mantiene de manera ininterrumpida o sin solución de continuidad alguna, no será posible apreciar la condición de trabajadores fijos-discontinuos, sino que el contrato "muda su naturaleza" de fijo-discontinuo a fijo continuo u ordinario (STS de 28 de octubre de 2020, Rec. 4364/2018). En consecuencia, sigue teniendo que acreditarse —sean empresas de temporada o campaña, sean empresas permanentes con actividades cíclicas (STS de 3 de junio de 1994, Rec. 3335/1992)— el carácter permanente de la actividad "como consecuencia de una necesidad de trabajo de carácter intermitente o cíclico, es decir, a intervalos temporales separados pero reiterados en el tiempo y dotados de una cierta homogeneidad" (SSTS de 26 de mayo de 1997, Rec. 4140/1996; de 25 de febrero de 1998, Rec. 2013/1997; de 1 de octubre de 2001, Rec. 2332/2000; de 7 de julio de 2003, Rec. 4185/2002; de 22 de marzo de 2004, Rec. 349/2003; de 15 de julio de 2004, Rec. 4443/2003; de 30 de mayo de 2007, Rec. 5315/2005; de 12 de diciembre de 2008, Rec. 775/2007; de 19 de enero de 2010, Rec. 1526/2009; de 3 de febrero de 2010, Rec. 1710/2009; o de 15 de julio de 2010, Rec. 2207/2009).

7. La desaparición del contrato fijo-periódico. Por su parte, la primera de las novedades, remarcada con insistencia en la Exposición de Motivos del Real Decreto-Ley 32/2021, hace referencia a la desaparición de la "artificial distinción" de régimen jurídico entre

---

subvencionado. La sentencia aplica, más concretamente, la doctrina sentada en la STS de 3 de junio de 1994 (Rec. 3335/1992), en cuya virtud "la actividad de la enseñanza general básica es en sí misma una actividad permanente y no cíclica, que goza de unas vacaciones superiores a las previstas como mínimas en el artículo 38 del Estatuto...".

contratos fijos periódicos y fijos discontinuos, introducida por el Real Decreto-Ley 5/2001, de 2 de marzo (luego Ley 12/2001, de 9 de julio)[14]. Se entiende que tal distinción no resulta justificada ni a efectos legales ni conceptuales al existir "una identidad en el ámbito objetivo de cobertura", y que con la unificación de ambas figuras se evitan diferencias de trato injustificadas, respondiendo a la igualación ya existente en materia de protección social (el Real Decreto-Ley 5/2006, de 9 de junio, equiparó ambas figuras a efectos de desempleo). Por consiguiente, queda derogado el artículo 12.3 del ET (Disposición derogatoria única, número 2 del Real Decreto-Ley 32/2021), y resultan eliminadas (Artículo tercero, apartado Tres, del Real Decreto-Ley 32/2021) las referencias al contrato fijo-periódico de la regulación de las situaciones legales de desempleo del artículo 267 de la Ley General de Seguridad Social (en adelante, LGSS). Resulta claro, pues, que el precepto ahora acoge cualquiera

---

[14] Las peculiaridades que presenta el objeto del contrato por tiempo indefinido de los trabajadores fijos-discontinuos explican, con toda probabilidad, los vaivenes que históricamente ha sufrido la regulación de la figura. Inicialmente, el ET concibió el trabajo fijo-discontinuo como una de las modalidades de contratación temporal. Tal concepción duró poco, pues terminó con la reforma de 1984 que, no obstante, mantuvo la regulación del contrato en el artículo 15 del ET. Con posterioridad, las reformas de 1993-1994 asimilaron el trabajo a tiempo parcial y el trabajo fijo-discontinuo; pero los inconvenientes para incluir en el tiempo parcial la figura estudiada resultaron ser tan profundos que, por fin, la reforma de 2001 extrajo la figura del fijo-discontinuo del trabajo a tiempo parcial, aunque manteniendo en este terreno el llamado contrato de trabajo fijo periódico.

de los casos que con anterioridad se calificaban como fijos-periódicos o como fijos-discontinuos[15].

8. Los trabajos de prestación intermitente y períodos de ejecución ciertos. La segunda novedad se refiere al inciso final del primer párrafo del artículo 16.1 del ET, en el que se permite la celebración del contrato fijo-discontinuo en un nuevo supuesto, comprensivo de trabajos en los que concurran tres requisitos: primero, no ser estacionales o de temporada (nunca ha existido, en realidad, una "conexión cerrada" entre la modalidad contractual y este tipo de actividades[16]); segundo, ser de prestación intermitente (como se ha dicho, sin intermitencia hablaríamos de indefinidos ordinarios); y, tercero, tener periodos de ejecución ciertos, determinados o indeterminados. Sin duda alguna, se trata de uno de los apartados del nuevo artículo 16 ET de más difícil interpretación, como demuestra la existencia de diferentes lecturas en torno a su significado:

1. Por un lado, se ha interpretado que lo característico de este supuesto es que, a diferencia de lo que sucede en los trabajos estacionales o de temporada, la intermitencia no es causal porque no concurre un elemento externo al contrato que condicione y defina

---

15 Una recopilación detallada de tales supuestos puede encontrarse en el estudio de MARTÍNEZ BARROSO, R., "Luces y sombras de la ordenación del trabajo fijo-discontinuo tras la reforma laboral", *Revista Española de Derecho del Trabajo,* nº 251, 2022.

16 GOERLICH PESET, J. M., "La reforma de la contratación laboral". En: A. de la Puebla Pinilla; J. R. Mercader Uguina; J. M. Goerlich Peset, *La reforma laboral de 2021. Un estudio del Real Decreto-Ley 32/2021,* Valencia, Tirant lo Blanch, 2022, p. 76.

el programa de prestación. En consecuencia, el contrato podría estar sujeto a los motivos organizativos y/o productivos fijados por la propia empresa, es decir, admitiría, por ejemplo, una discontinuidad determinada empresarialmente[17].

Entiendo, sin embargo, que esa determinación unilateral de la intermitencia podría resultar fraudulenta, pues, según se ha indicado, hay que seguir aceptando que, de no existir intermitencia, el contrato muda su naturaleza jurídica convirtiéndose en un contrato indefinido ordinario. La interpretación se ha matizado, además, pues puede resultar contraria a las reglas generales del derecho de contratos (el artículo 1115 del Código Civil declara, por ejemplo, que cuando el cumplimiento de la condición dependa de la exclusiva voluntad del deudor, la obligación condicional será nula), y porque la determinación unilateral de la intermitencia acercaría este supuesto a un contrato "a llamada" o "de cero horas" incompatible con las exigencias establecidas en el artículo 16.2 del ET[18] en cumplimiento de lo previsto en la Directiva 2019/1152, de 20 de junio de 2019, sobre condicio-

---

17 BELTRÁN DE HEREDIA RUIZ, I., "Régimen normativo del contrato fijo discontinuo y de la contratación temporal", disponible en https://ignasibeltran.com/la-contratacion-temporal-laboral/, p. 12 y 43; MARTÍNEZ BARROSO, R., "Luces y sombras de la ordenación...", *op. cit.*

18 GOERLICH PESET, J. M., "La reforma de la contratación...", *op. cit.*, p. 77. Según se analiza *infra*, el artículo 16.2 exige que el contrato fijo-discontinuo refleje "los elementos esenciales de la actividad laboral, entre otros, la duración del periodo de actividad, la jornada y su distribución horaria, si bien estos últimos podrán figurar con carácter estimado, sin perjuicio de su concreción en el momento del llamamiento".

nes laborales transparentes y previsibles en la Unión Europea. Por todo ello, puede defenderse[19] la aplicación de la jurisprudencia que venía exigiendo que la interrupción de la actividad derive de la propia actividad empresarial, sin que la delimitación del carácter intermitente de la actividad pueda depender de la libre decisión empresarial: "la exactitud de las fechas en que se produce la reiteración en el contrato fijo discontinuo no puede depender de la decisión unilateral empresarial (...) sino que debe ser conocida en el sector de que se trate y dependiente de factores objetivos independientes de la voluntad de las partes o de la voluntad unilateral del empresario" (STS de 19 de febrero de 2019, Rec. 971/2017).

2. Por otro lado, se ha afirmado, a mi juicio más acertadamente, que la nueva literalidad del artículo 16.1, evitando emplear el término "previsible", presente en el artículo 15, alude a que la actividad no es ocasional, como allí sucede, sino que se reanudará con certeza porque forma parte de la actividad normal, habitual o permanente de la empresa. Por tanto, el término "período de ejecución cierto" nada tiene que ver con la anterior repetición en fechas ciertas del contrato fijo periódico[20].

---

19 LÓPEZ BALAGUER, M.; RAMOS MORAGUES, F., *La contratación laboral en la reforma de 2021. Análisis del RDL 32/2021, de 28 de diciembre*, Valencia, Tirant lo Blanch, p. 117-118; GORDO GONZÁLEZ, L., "El contrato fijo-discontinuo: nuevo pilar de la contratación laboral estable", *Estudios Latinoa.*, nº 13, 2022, p. 43.

20 BALLESTER PASTOR, M. A., *La reforma laboral de 2021...*, *op. cit.*, p. 89-90. También para CAVAS MARTÍNEZ, F., "El nuevo contrato fijo-discontinuo en la reforma laboral de 2021". En: J. L. Monereo Pérez; Rodríguez Escanciano, S.;

Queda incorporada así a la regulación del Estatuto la interpretación jurisprudencial (por todas, STS de 19 de febrero de 2019, Rec. 971/2017) en virtud de la cual "la modalidad del fijo-discontinuo está prevista para la realización de trabajos fijos en la empresa, por lo que se proyecta sobre actividades estables y consustanciales a la actividad de la empresa que no se producen de manera esporádica, sino que son permanentes; en este sentido, la jurisprudencia habla de la "reiteración de la necesidad en el tiempo", obedeciendo a necesidades normales y permanentes que se presentan por lo regular de forma cíclica y periódica (STS 21 diciembre 2006, Rec. 4537/2005, entre otras muchas). También se considera fijo discontinuo, aunque no se reitere de modo regular, si las fechas son inciertas, pero no aleatorias o desiguales (SSTS 25 febrero 1998, Rec. 2013/1997, y 5 julio 1999, Rec. 2958/1998, entre otras)".

Si la idea clave, en todo caso, es que se producirá una reanudación "cierta" de la actividad, el nuevo régimen jurídico del fijo-discontinuo en este primer supuesto del artículo 16.1.1° parece acercarse —"afinando" así la definición del fijo-discontinuo, como se indica en la Exposición de Motivos— a una antigua interpretación doctrinal que, frente a la anterior literalidad de la ley, proponía basar la diferenciación entre el fijo-discontinuo y el fijo periódico no en el momento, cierto o incierto, en que aparece la actividad, sino en la propia existencia e intensidad de esta última. En virtud de dicha interpretación, los traba-

---

Rodríguez Iniesta, G., *La reforma laboral de 2021: estudio técnico de su régimen jurídico*, Murcia, Laborum, 2022, p. 123, la nota de la certidumbre hay que referirla a la realización de la actividad "que se sabe va a suceder".

jadores periódicos "serían aquellos cuya actividad se encontrará garantizada, en cuanto a su existencia y duración, con independencia de que las fechas inicial y final quedarán sujetas a cierto margen de indeterminación. Por su parte, el trabajo fijo discontinuo sería incierto, por supuesto en cuanto a sus fechas, pero también respecto a existencia y/o duración"[21]. El nuevo artículo 16.1 ET estaría integrando, en lo esencial, en su primer párrafo, ahora como fijos-discontinuos, ambos supuestos: los estacionales o de temporada, que seguirían estando caracterizados por la incertidumbre en cuanto a la fecha, existencia y/o duración, sin perjuicio de que, tras la reforma, deba hacerse constar su duración estimada, por exigirlo el artículo 16.2 ET, a concretar en el momento del llamamiento; y los intermitentes, pero sujetos a periodos de ejecución ciertos, que vendrían caracterizados, por el contrario, por la certeza en cuanto a su existencia, aunque al poder ser "determinados o indeterminados", no se caracterizarían necesariamente por la certeza en cuanto a su duración, ni, desde luego, en cuanto a sus fechas inicial o final. Cabría aventurar como ejemplos del primer grupo los trabajos estacionales o de temporada cuya incertidumbre —en cuanto a existencia e intensidad— deriva de la dependencia del clima (como los asociados a campañas agrícolas o a la temporada de esquí), de la presencia de materias primas (como en las conservas vegetales), o de la demanda estacional (como en el caso de los regalos navideños o

---

21 GOERLICH PESET, J. M., "Trabajadores fijos periódicos y trabajadores fijos discontinuos. El final de una larga discusión", *Temas laborales: Revista andaluza de trabajo y bienestar social*, nº 61, 2001, p. 131-132, por todos.

las rebajas)[22]. Como ejemplos del segundo grupo quizá podría pensarse en los trabajos auxiliares al curso escolar (comedor, limpieza), en los que la certeza en cuanto a la reanudación deriva de la existencia misma de actividad docente[23]; en la contratación para realizar encuestas que, por mandato legal, deben repetirse anualmente[24]; o en la edición de material docente en lenguas autonómicas, que, también por prescripción legal, debe revisarse periódicamente[25].

Sea como fuere, no hay que perder de vista que, desde la perspectiva práctica, la diferenciación entre la primera y la segunda de las modalidades del artículo 16.1

---

22 GORELLI HERNÁNDEZ, J., "El nuevo régimen jurídico del contrato fijo discontinuo tras la reforma de 2021", *Temas Laborales*, nº 161, 2022, p. 226.

23 En este sentido, la STS de 1 de octubre de 2001 (Rec. 3286/2000), relativa a la limpieza de escuelas dependientes de la Administración local, afirmaba que la actividad "seguirá existiendo mientras haya actividad docente en las mismas y mientras su mantenimiento dependa de la Administración Local".

24 Según la STS de 5 de julio de 1999 (Rec. 2958/1998), la contratación "ha tenido por finalidad cubrir una necesidad de trabajo de carácter cíclico o reiterado en el tiempo, dotado de plena homogeneidad y totalmente previsible, como es la realización de la Encuesta Industrial Anual". Otros ejemplos pueden consultarse en GARCÍA OLIVER, R., "El contrato fijo discontinuo. Configuración e incógnitas tras la reforma laboral", Asociación Empresarial de Asesores Laborales, Decimoctavas jornadas laborales, junio 2022, disponible en https://www.spmas.es/wp-content/uploads/2022/06/3_-ROMAN_CONTRATO-FIJO-DISCONTINUO-configuracion-e-incognitas-tras-reforma-laboral-AEAL-JUNIO-2022-ROMAN-GARCIA-OLIVER.pdf., p. 14 y 44.

25 STSJ de Madrid de 14 de mayo de 2024 (Rec. 262/2024).

ET tiene una importancia menor: el régimen jurídico aplicable es el mismo en ambos casos y la posibilidad de introducir diferencias por medio de la negociación colectiva no parece encontrarse, al menos de momento, entre las prioridades de los negociadores, que suelen limitarse a reproducir la literalidad del precepto[26].

9. La delimitación del contrato por circunstancias de la producción: ¿la relación fija-discontinua nace o se hace? La interpretación efectuada no impide que existan dificultades, en determinados supuestos, para delimitar el contrato fijo-discontinuo y el contrato por circunstancias de la producción. Es cierto que dichas dificultades no se suscitan respecto al llamado contrato por circunstancias de la producción "largo"[27], pues en este caso puede acudirse a la tradicional diferenciación defendida por la jurisprudencia[28]. Sin embargo, se ha

---

26 LAHERA FORTEZA, J.; VICENTE PALACIO, A., *Los contratos de trabajo fijos discontinuos e indefinidos a tiempo parcial*, 1ª ed., Madrid, Aranzadi, apartado III.19 de la v.e.; GOERLICH PESET, J. M., "El contrato fijo-dicontinuo: innovación y continuidad". En: J. Thibault Aranda; A. Jurado Segovia (dirs.), *Interpretación, aplicación y desarrollo de la última reforma laboral*, 1ª ed., Madrid, La Ley, 2023, p. 172-173.

27 La distinción entre el contrato por circunstancias de la producción "largo" y "corto" procede de GOERLICH PESET, J. M., "La reforma de la contratación…", *op. cit.*, p. 37.

28 GORDO GONZÁLEZ, L., "El contrato fijo-discontinuo: nuevo pilar de…", p. 44. Según repetida jurisprudencia, en la delimitación entre los trabajos susceptibles de ser atendidos con los extintos contratos eventuales o de obra o servicio determinado y los que debían cubrirse mediante un contrato indefinido primaba la reiteración de la necesidad de trabajo en el tiempo, aunque lo fuera por período limitado. De esta forma, la contratación temporal procedía cuando la necesidad de trabajo era coyuntural, imprevisible y fuera de cualquier ciclo regular; mientras

interpretado que, en el contrato por circunstancias de la producción para atender situaciones ocasionales y previsibles, el término "ocasionales" podría no tener un significado incompatible con la reiteración propia del trabajo fijo-discontinuo. Desde este punto de vista, se acepta que en campañas o temporadas de carácter previsible y breve duración (faenas agrícolas, rebajas o Navidades) quede a criterio de la empresa recurrir al contrato fijo-discontinuo o al contrato por circunstancias de la producción siempre que no se superen los noventa días discontinuos en el año natural[29].

No obstante, sin perjuicio de que las diferencias entre ambas modalidades se analizarán con mayor detenimiento *infra*, es evidente que la causalidad del contrato por circunstancias de la producción identifica siempre "ocasionalidad" con una lógica de no rei-

---

que cuando se producía una necesidad de trabajo de carácter intermitente o cíclico o en intervalos temporales separados pero reiterados en el tiempo y dotados de una cierta homogeneidad, el contrato a formalizar debía ser el fijo, o indefinido según la naturaleza del contratante, para realizar trabajos fijos y periódicos o de carácter discontinuo, según que dichos trabajos se repitiesen o no en fechas ciertas (SS.TS, ud, de 5 de julio de 1999, Rec. 1998/2958, 4 de mayo de 2004, Rec. 2003/4326, 17 de septiembre de 2004, Rec. 2003/4671, 26 de noviembre de 2004, Rec. 2003/5031, 8 de noviembre de 2005, Rec. 2004/3779 o de 11 de abril de 2006, Rec. 2003/22).

29 CAVAS MARTÍNEZ, F., "El nuevo contrato fijo-discontinuo en la reforma...", *op. cit.*, p. 131-132. En el mismo sentido, CARRIZOSA PRIETO, E., "La nueva regulación del contrato fijo discontinuo. Una visión general", *Revista del Ministerio de Trabajo y Economía Social*, nº 152, 2022, p. 54; LAHERA FORTEZA, J., "Las cuatro modalidades del contrato temporal por...", *op. cit.*

teración en el tiempo[30]. Ello significa que el contrato por circunstancias de la producción para atender situaciones ocasionales y previsibles sí puede utilizarse en campañas o temporadas de carácter previsible y breve, pero, por ejemplo, porque excepcionalmente (ocasionalmente) no sea suficiente con el llamamiento del personal fijo-discontinuo[31]. Y es que, como recuerda el voto particular de las STS de 30 de julio de 2020 (Rec. 3898/2017), es consustancial a las empresas con un gran volumen de actividad de naturaleza fija discontinua tener, a su vez, mayores necesidades de mano de obra temporal en esos mismos períodos motivadas, entre otras razones, en posibles acumulaciones de tareas de carácter excepcional.

El problema es que esta distinción sigue sin resolver los supuestos en que la necesidad extraordinaria de trabajo surge respecto al incremento de trabajo propio de la estación o temporada y luego se perpetúa[32]. En esos casos no "nace" desde el inicio un contrato fijo-discontinuo porque no se trata de atender el incremento fijo de la temporada, previsible y reiterado, sino de hacer frente a un "exceso" sobre lo que

---

30 SALA FRANCO, T., *Los contratos indefinidos fijos discontinuos…*, *op. cit.*, p. 14; GORDO GONZÁLEZ, L., "El contrato fijo-discontinuo: nuevo pilar de…", *op. cit.*, p. 44-45; GORELLI HERNÁNDEZ, J., "El nuevo régimen jurídico del contrato fijo discontinuo…", *op. cit.*, p. 229.

31 BALLESTER PASTOR, M. A., *La reforma laboral de 2021…*, *op. cit.*, p. 69.

32 GARCÍA ORTEGA, J., "La contratación a tiempo parcial y sus variedades". En: J. M. Goerlich Peset, *et. al.*, *Contratación laboral y tipos de contrato: criterios jurisprudenciales*, 1ª ed., Lex Nova Valladolid, 2010, p. 425; MARTÍNEZ BARROSO, R., "Luces y sombras de la ordenación del trabajo fijo-discontinuo…", *op. cit.*

es normal en la temporada que perfectamente puede constituir el objeto de un contrato por circunstancias de la producción. Ahora bien, si ese "exceso" se reitera en temporadas consecutivas, convirtiéndose en permanente, habrá que admitir que se está ante una necesidad intermitente pero redundante propia del contrato fijo discontinuo, que en este caso se "hace". La evidente dificultad que siempre ha presentado la determinación exacta de ese momento explicaría que, con frecuencia, en los convenios colectivos se hayan incorporado cláusulas que determinan el número de campañas o llamamientos a partir de las que el trabajador eventual adquiere la condición de fijo-discontinuo.

De hecho, en relación con las previsiones convencionales descritas, el Tribunal Supremo entendió, en su sentencia de 24 de febrero de 1992 (Rec. 1991/831), que con este tipo de cláusulas no pueden lesionarse los derechos de quienes "por la continuidad cíclica en su prestación de servicios, por la identidad de las tareas efectuadas en cada ciclo y por concurrir, en suma, las demás circunstancias requeridas, reunieran las condiciones que impone la legalidad vigente para alcanzar reconocimiento de fijeza discontinua". Es decir, es un tipo de pacto que no puede perjudicar los derechos indisponibles de tales trabajadores "en orden a obtener, con la retroacción correspondiente, el reconocimiento del carácter o condición de fijos discontinuos". Los destinatarios son aquellos trabajadores cuyas circunstancias concurrentes no revisten claridad suficiente, en orden a corresponderles la fijeza discontinua. En cuanto a éstos, la negociación colectiva persigue "pacificar y clarificar su situación, a través de un reconocimiento «ex nunc» de la fijeza discontinua" sin mermar derechos de quien, gozando individualmente de los requisitos exigidos para alcanzar la condición de fijos discontinuos, pudieran lograr su reconocimiento con eficacia «ex tunc». Por eso, no cabe entender que estos acuerdos consagren renuncias individuales de derechos, como tampoco renuncia colectiva de los mismos, sino "acuerdos transaccionales, que pacifican situaciones conflictivas"[33].

Parece confirmarse, en consecuencia, que, como ocurría con anterioridad a la reforma, existen dos tipos de situaciones:

En primer lugar, aunque la reiteración de contratos por circunstancias de la producción no suponga automáticamente la conversión del contrato en fijo-discontinuo, es posible que la necesidad de la producción al principio ocasional se transforme en habitual, durante las sucesivas temporadas, períodos o ciclos, pudiéndose modificar o alterar la naturaleza

---

[33] En el mismo sentido, las SSTS de 26 de octubre de 2016 (Rec. 3826/2015) y 13 de febrero de 2018 (Rec. 3825/2015) afirman que "la cláusula que se contiene en el precepto convencional examinado que reserva la condición de fijo discontinuo a la prestación de servicios durante determinados períodos temporales resulta ilegal en cuanto que determine que, a salvo los trabajadores contratados directamente como tales, sólo podrían adquirir la condición de fijos aquéllos que cumplieran los requisitos allí establecidos. Tal cláusula no respeta el presupuesto objetivo del contrato fijo discontinuo (...) ya que condiciona la adquisición de dicha condición a la prestación de servicios en varias campañas, bajo no se sabe que modalidad contractual, eludiendo la configuración legal del contrato en cuestión; y constituyendo, consecuentemente, un claro supuesto de regulación convencional *contra legem*, vedado en nuestro ordenamiento jurídico por los artículos 3 y 82 ET".

de la relación a favor de la modalidad fija discontinua (SS.TSJ de Madrid de 10 y 17 de diciembre de 1998, Rec. 1998/6430 y 1998/6543; y STSJ de Navarra de 31 de diciembre de 1999, Rec. 1999/508). En este caso —que es al que, probablemente, se venían refiriendo las previsiones convencionales— el contrato de trabajo fijo-discontinuo "se hace" o "nace" desde ese momento.

En segundo lugar, por el contrario, si los contratos por circunstancias de la producción celebrados en los períodos anteriores no respondieron a necesidades ocasionales, sino estructurales, su auténtica naturaleza será la de fijo-discontinuo, de forma que las prestaciones de servicios en los sucesivos períodos o ciclos no constituyen en realidad distintos "contratos", sino sucesivos "llamamientos" o "períodos de ocupación efectiva" de un único contrato. En este segundo caso, por tanto, el contrato fijo-discontinuo "nació" desde el inicio de la prestación de servicios (STS, ud, de 25 de febrero de 1998, Rec. 2013/1997).

10. La delimitación del contrato a tiempo parcial. Otro problema derivado de la interpretación defendida sobre el alcance de la nueva modalidad del fijo-discontinuo del artículo 16.1.1° es que la literalidad de dicho apartado estaría dando cobijo a trabajos con períodos de ejecución "ciertos y determinados", alejados del llamamiento típico del fijo-discontinuo, que también podrían ser objeto de contratos a tiempo parcial en cómputo anual[34] en los que existe la misma garantía de ocupación.

---

34 BALLESTER PASTOR, M. A., *La reforma laboral…*, *op. cit.*, p. 88. Desde otros enfoques doctrinales —BELTRÁN DE HEREDIA RUIZ, I., "Régimen normativo del contrato fijo

Debe recordarse, sin embargo, que, según se ha interpretado[35], la ley impone el uso del contrato fijo discontinuo del artículo 16.1.1° ("se concertará") cuando la intermitencia depende de factores objetivos, es decir, cuando procede de la propia actividad empresarial. De esta forma, como la intermitencia del fijo discontinuo no deriva de la decisión organizativa de la empresa, sino de las necesidades externas de la estructura productiva, cuando la estructura productiva lo exige "la prestación intermitente cierta origina, en períodos de inactividad, cobertura social de desempleo, mientras que ello no sucede en decisiones organizativas empresariales cuando utilizan fórmulas flexibles de contratación a tiempo parcial del art.12 ET"[36].

---

discontinuo...", *op. cit.*, p. 26— el contrato a tiempo parcial anual quedaría reservado para las tareas de ejecución "incierta", ya que, según indica el apartado analizado, debe acudirse al artículo 16 cuando los períodos de ejecución sean "ciertos", determinados o indeterminados. No cabe olvidar, sin embargo, que "inciertos", según se ha señalado, pueden ser los trabajos estacionales o de temporada, reconducibles sin duda a la modalidad de fijo-discontinuo. En este sentido, NOGUEIRA GUASTAVINO, M., "En búsqueda de la estabilidad perdida: la reforma de los fijos discontinuos y del contrato "fijo" de obra en el sector de la construcción", disponible en https://almacendederecho.org/en-busqueda-de-la-estabilidad-perdida-la-reforma-de-los-fijos-discontinuos-y-del-contrato-fijo-de-obra-en-el-sector-de-la-construccion, afirma que, al permanecer la discontinuidad en el fijo discontinuo de fechas inciertas, como demuestra la sujeción al llamamiento, en estos supuestos procedería la aplicación del artículo 16.

35 Ver, *supra*, apartado 8.

36 LAHERA FORTEZA, J.; VICENTE PALACIO, A., *Los contratos de trabajo fijos discontinuos...*, *op. cit.*, apartado III.25 de la v.e.

El problema de esta interpretación es que la frontera entre el factor productivo y el organizativo es difusa, puesto que la organización de la empresa está condicionada por la producción y el mercado[37]. Esta imprecisa "causalización" del artículo 16, unida a la contundente literalidad del artículo 12.1 del ET, complican, a la postre, el descarte de la suscripción de contratos a tiempo parcial sobre base anual pese a que, en estos casos, no haya cobertura por desempleo en el período de inactividad[38]. Probablemente por ello haya que admitir que dependerá de la voluntad de las partes la sujeción al régimen propio del tiempo parcial (comprensivo de la posibilidad de efectuar horas complementarias y de que el trabajo sea también a tiempo parcial vertical, en cómputo diario, semanal o mensual), o la sujeción al régimen del contrato indefinido fijo-discontinuo (en el que no caben horas complementarias ni, en principio, trabajo a tiempo parcial salvo pacto en convenio[39], pero en el que, como contrapartida, existe mayor flexibilidad en el momento del inicio y fin de la actividad)[40].

---

37 Así lo reconocen LAHERA FORTEZA, J.; VICENTE PALACIO, A., *Los contratos de trabajo fijos discontinuos..., op. cit.*, apartado III.25 de la v.e.

38 La literalidad del artículo 12.1 del ET dificulta, igualmente, la aceptación de otros criterios diferenciadores —como la existencia de cierta continuidad o de una perfecta delimitación de la prestación— en los que se ha pensado como factor determinante del recurso al tiempo parcial. Sobre dichos criterios puede verse NOGUEIRA GUASTAVINO, M., "En búsqueda de la estabilidad perdida: la reforma de los fijos discontinuos...", *op. cit.* y GOERLICH PESET, J. M., "La reforma de la contratación laboral...", *op. cit.*, p. 78.

39 Ver, no obstante, lo dispuesto en el apartado 22.

40 BALLESTER PASTOR, M. A., *La reforma laboral..., op. cit.*, p. 88-90.

2.2. Trabajos vinculados a contratas que siendo previsibles formen parte de la actividad ordinaria de la empresa

11. Del contrato de obra y servicio al contrato fijo-discontinuo. En su párrafo segundo, el artículo 16.1 del ET permite que el contrato fijo-discontinuo se concierte para el desarrollo de trabajos consistentes en "la prestación de servicios en el marco de la ejecución de contratas mercantiles o administrativas que, siendo previsibles, formen parte de la actividad ordinaria de la empresa". El mismo artículo, pero en su apartado cuarto, completa la configuración legal de este nuevo supuesto ("constitutivo" respecto a la tradición normativa[41]) añadiendo que, en estos casos, "los periodos de inactividad solo podrán producirse como plazos de espera de recolocación entre subcontrataciones" y que "los convenios colectivos sectoriales podrán determinar un plazo máximo de inactividad entre subcontratas, que, en defecto de previsión convencional, será de tres meses. Una vez cumplido dicho plazo, la empresa adoptará las medidas coyunturales o definitivas que procedan, en los términos previstos en esta norma".

La conexión del supuesto analizado con lo dispuesto en la STS de 29 de diciembre de 2020 (Rec. 240/2018) resulta, en primer lugar, evidente. Como es sabido, en dicho pronunciamiento el Tribunal Supremo cambió la doctrina que permitía el recurso al contrato laboral de obra o servicio determinado para efectuar trabajos de carácter permanente cuando és-

---

41 GOERLICH PESET, J. M., "La reforma de la contratación laboral...", *op. cit.*, p. 64.

tos eran objeto de una contrata mercantil de obra o servicio o de una concesión administrativa. Concretamente, la jurisprudencia posterior a 1997 (por todas, SSTS de 15 de enero y de 25 de junio del1997 (Rec. 3827/1995 y 4397/1996), de 18 y 28 de diciembre de 1998 (Rec. 1767/1998 y 1766/1998), de 8 de junio de 1999 (Rec. 3009/1998), de 22 de octubre de 2003 (Rec. 107/2003), de 6 de octubre de 2006 (Rec. 4243/2005) o de 18 de julio de 2007 (Rec. 3685/2005) venía admitiendo la posibilidad de utilizar el contrato de obra o servicio determinado por parte de un contratista o concesionario, vinculando la duración de éste a la de la contrata o concesión de obra o servicio, pese a que las actividades contratadas respondiesen a necesidades permanentes de las empresas contratantes y también de las empresas contratistas o concesionarias cuya actividad normal era precisamente la de atender a las obras o servicios contratados o gestionados en régimen de contrata mercantil o de concesión administrativa. La jurisprudencia entendía así que cada contrata o concesión administrativa poseía la suficiente "autonomía y sustantividad propia" exigida por la ley para este tipo de contratos ahora desaparecidos[42].

La STS de 29 de diciembre de 2020 consideró, sin embargo, que "no es posible continuar aceptando ni la autonomía ni la sustantividad porque el objeto de

---

42 Con el tiempo se matizó, no obstante, la doctrina descrita al no reputar válida la extinción del contrato por finalización de la contrata cuando la contrata era seguida de otra con la misma empresa cliente y con el mismo objeto (SSTS de 17 de junio de 2008, Rec. 4426/2006, de 18 de junio de 2008, Rec. 1669/2008, de 17 de julio de 2008, Rec. 152/2007, y de 23 de septiembre de 2008, Rec. 2126/2007), o si existía una cláusula de subrogación empresarial.

la contrata es, precisamente, la actividad ordinaria, regular y básica de la empresa. Quienes ofrecen servicios a terceros desarrollan su actividad esencial a través de la contratación con éstos y, por tanto, resulta ilógico sostener que el grueso de aquella actividad tiene el carácter excepcional al que el contrato para obra o servicio busca atender". Con todo, el Tribunal reconoció que las especialidades de las actividades empresariales sujetas a flujos variables de demanda legitimaban el recurso a otros mecanismos que el legislador ha diseñado a tal efecto "tanto en relación con una delimitación contractual respecto de las jornadas y tiempos de trabajo (tiempo parcial y sus varias posibilidades de distribución, fijo-discontinuo,...), como la adaptación de las condiciones de trabajo o, incluso, de las plantillas en supuestos de afectación en la actividad de la empresa (la Sala ha consagrado la posibilidad de acudir a las extinciones por causas objetivas derivadas de la pérdida de la contrata, así, por ejemplo, STS/4ª de 1 febrero 2017, Rec. 1595/2015)".

La opción finalmente elegida tras el proceso de diálogo social ha sido, pues, la de sancionar legalmente el uso del contrato fijo-discontinuo por parte de las empresas contratistas y subcontratistas, sin cerrar el paso a la contratación indefinida ordinaria a la que, desde luego, el empresario puede acudir libremente. La literalidad del párrafo segundo del artículo 16.1, en virtud de la cual el contrato fijo-discontinuo "podrá" concertarse en estos casos, vendría a confirmarlo[43].

---

[43] BALLESTER PASTOR, M. A., *La reforma laboral de 2021…*, *op. cit.*, p. 94; VICENTE-PALACIO, A., "La supresión del contrato para obra o servicio determinado y el nuevo

12. La previsibilidad como nota característica. Se impone, no obstante, como nota definitoria —a diferencia de lo que sucede en los supuestos del artículo 16.1.1°, caracterizados, según se dijo, por su intermitencia o reiteración a intervalos temporales separados pero reiterados en el tiempo y dotados de una cierta homogeneidad— que se trate de prestaciones de trabajo "previsibles", es decir, que se enmarquen en la actividad ordinaria y habitual de la empresa[44]. Resultaría exigible, por ello, que se concretara en el contrato el tipo de contratas que son actividad habitual de la empresa[45]. De no ser así, por enmarcarse la prestación, contrariamente, en una actividad extraordinaria, cabría acudir al contrato por circunstancias de la producción (artículo 15.2. último párrafo, *a contrario*)[46], que también podrá celebrarse, aun estando referida la contrata a la actividad habitual y ordinaria de la empresa, si concurren durante su ejecución las

---

papel del contrato fijo-discontinuo en el ámbito de las contratas", *Revista Crítica de Relaciones de Trabajo. Laborum*, n° 2, 2022, p. 89, recuerda, además, que en virtud del artículo 15.1 del ET el contrato "se presume concertado por tiempo indefinido".

44 GOERLICH PESET, J. M., "La reforma de la contratación laboral...", *op. cit.*, p. 79-80, por todos.

45 GARCÍA OLIVER, R., "El contrato fijo discontinuo. Configuración e incógnitas...", p. 44.

46 El artículo 15.2 dispone en su último párrafo que "No podrá identificarse como causa de este contrato la realización de los trabajos en el marco de contratas, subcontratas o concesiones administrativas que constituyan la actividad habitual u ordinaria de la empresa, sin perjuicio de su celebración cuando concurran las circunstancias de la producción en los términos anteriores".

circunstancias de la producción descritas en el artículo 15.2 del ET[47].

La mencionada consideración de la previsibilidad/imprevisibilidad como nota diferenciadora de ambos tipos de contrato ya ha llevado a estimar, en todo caso, a la Audiencia Nacional que la indicación del VIII Convenio colectivo de la empresa Grupo Constant Servicios Empresariales, S.L.U de que el contrato fijo discontinuo pueda emplearse para "servicios sorpresivos" es contraria a los artículos 15 y 16 ET "y de ello deriva la consiguiente nulidad de las previsiones previstas en el convenio para atender los llamamientos del empresario con preaviso temporal inferior al plazo de 48 horas mínimo establecido con carácter general en dicha norma convencional"[48].

Que aquí la intermitencia —entendida como imposibilidad de mantenimiento de la actividad de manera ininterrumpida o sin solución de continuidad— no sea la nota característica es, por lo demás, congruente con las características del nuevo supuesto que no responde ya a la existencia de una estructura productiva discontinua. En efecto, al estar aquí el pe-

---

[47] En el sentido apuntado puede verse también, entre otros, GORELLI HERNÁNDEZ, J., "El nuevo régimen jurídico del contrato fijo discontinuo...", *op. cit.*, p. 227-228; BALLESTER PASTOR, M. A., *La reforma laboral de 2021..., op. cit.,* p. 93; DE LA PUEBLA PINILLA, A., "El impacto de la reforma laboral en la prestación de trabajo en contratas y subcontratas. Convenio colectivo aplicable y régimen de contratación laboral", *Trabajo y Derecho,* nº 88, 2022, p. 16; o GARCÍA OLIVER, R., "El contrato fijo discontinuo. Configuración e incógnitas tras...", *op. cit.*, p. 27.

[48] SAN 162/2022, de 5 de diciembre.

ríodo de actividad vinculado a la vigencia de contratas o concesiones continuas en el tiempo[49], siempre que tales contratas o concesiones tengan una cierta duración será perfectamente posible que la prestación de servicios tenga lugar todos los días del año, no interrumpiéndose la actividad en un año o más[50].

Esta posible falta de intermitencia podría ser decisiva, por otro lado, en el caso de los contratos dependientes de subvenciones públicas recurrentes en el tiempo para el desarrollo de proyectos, pues se ha interpretado que es, precisamente, la necesidad de intermitencia la que imposibilitaría la celebración de contratos fijos-discontinuos y obligaría

---

49 En palabras de la STSJ de Asturias de 6 de febrero de 2024 (Rec. 1709/2023) en estos casos "la duración de la contrata mercantil negociada entre la empresa principal y la contratista (incluidas sus posibles prorrogas) determinará de manera precisa la actividad de las personas contratadas para atender a la ejecución de la contrata", por lo que en esta modalidad contractual la intermitencia viene dada precisamente por el término de cada una de las contratas mercantiles o administrativas.

50 BELTRÁN DE HEREDIA RUIZ, I., "Régimen normativo del contrato fijo discontinuo…", *op. cit.*, p. 14; LAHERA FORTEZA, J.; VICENTE PALACIO, A., *Los contratos de trabajo fijos discontinuos…, op. cit.*, apartado IV.38 de la v.e. GOERLICH PESET, J. M., "La reforma de la contratación laboral…", *op. cit.*, p. 80, puntualiza que ello no significa que no puedan concebirse supuestos de "microsubcontratación" en los que también cabría la contratación fija discontinua. Así, allí donde los encargos de servicios tengan duración limitada también podrá acudirse a este contrato, sean sectores tradicionales (estiba portuaria), o no (trabajo en plataformas, si el encargo es imputable a empresas —para poder ser reconducido a la noción de contrata— y no a consumidores finales).

a acudir a indefinidos ordinarios[51]. Sin embargo, la apertura de la contratación fija-discontinua a las empresas contratistas —ya sin esa necesidad de intermitencia— ha llevado a la doctrina a proponer un replanteamiento de la cuestión, al menos en ciertos supuestos, a pesar del veto jurisprudencial y del propio Estatuto en su artículo 52.e) al uso del contrato de obra o servicio en estos casos[52], pues la pérdida de dichas subvenciones —de recurrencia similar a la de las contratas— tiene la misma "relevancia extintiva" que se venía atribuyendo a la pérdida de la contrata y, a pesar de ello, la reforma de 2021 ha reconocido

---

51 BELTRÁN DE HEREDIA RUIZ, I., "Régimen normativo del contrato fijo discontinuo…", *op. cit.*, p. 43.

52 Según afirmaban las SSTS de 22 de marzo de 2002 (Rec. 1701/2001), 10 de abril de 2002 (Rec. 2806/2001), 8 de febrero de 2007 (Rec. 2501/2005), 25 de noviembre de 2002 (Rec. 1038/2002), 7 de julio de 2003 (Rec. 4185/2002) o 10 de noviembre de 2009 (Rec. 313/2009), entre otras, la Sala Cuarta "no ha elevado, en ningún caso, la existencia de una subvención a la categoría de elemento decisivo y concluyente, por sí mismo, de la validez del contrato temporal causal", precisando que "del carácter anual del plan, no puede deducirse la temporalidad de la obra o servicio que aquél subvenciona, pues se trata de una concreción temporal que afecta exclusivamente a las subvenciones, no a los servicios básicos que las mismas financian". Y en el mismo sentido se pronuncia el nuevo apartado e) del artículo 52 del Estatuto de los Trabajadores, que, al reconocer como causa objetiva de extinción del contrato de trabajo la pérdida o insuficiencia de la consignación presupuestaria o de otro orden de los planes y programas que no tengan un sistema estable de financiación, está reconociendo que la financiación en sí misma no puede ser causa de la temporalidad de la relación".

el uso del contrato fijo-discontinuo por parte de empresas contratistas[53].

13. La concurrencia con cláusulas de subrogación convencional. La nueva vinculación entre contratos fijos-discontinuos y contratas mercantiles o administrativas plantea, además, otras cuestiones de no siempre fácil resolución que ya están dividiendo a la doctrina. Por su importancia práctica destaca, sin duda, la relativa a las consecuencias que tendrá para el contrato de las personas fijas-discontinuas la existencia de cláusulas de subrogación convencional en los casos de sucesión de contratas[54].

Para un sector doctrinal[55], en caso de concurrencia de ambas regulaciones, habrá que dejar que el

---

53 GOERLICH PESET, J. M., "El contrato fijo-discontinuo: innovación y…", *op. cit.*, p. 174. El autor indica que ya existe algún convenio (artículo 18.D.1 del IV del Convenio colectivo de la Fundación Secretariado Gitano) que se pronuncia en este sentido: "El contrato fijo-discontinuo podrá concertarse para el desarrollo de trabajos consistentes en la prestación de servicios en el marco de la ejecución de contratas, subvenciones, conciertos y demás formas de relación con las Administraciones que, siendo previsibles, formen parte de la actividad ordinaria de la entidad, así como el resto de situaciones previstas para este tipo de contratos".

54 VICENTE-PALACIO, A., "La supresión del contrato para obra o servicio determinado…", *op. cit.*, p. 91-92, apunta que, a pesar del silencio legal (el artículo 16.4 se refiere únicamente a las medidas provisionales o definitivas reguladas por el Estatuto de los Trabajadores), el principio de libertad negocial del artículo 85.1 del ET y la finalidad de la reforma —mejora de la estabilidad en el empleo— permiten defender la legalidad de estas cláusulas que tratan de garantizar el mantenimiento del empleo en la empresa entrante.

55 GARCÍA ORTEGA, J., "El contrato fijo-discontinuo tras el RDL 32/2021, de 28 de diciembre…", *op. cit.*; MAR-

trabajador opte entre la nueva contratista o continuar en la anterior, pero en una nueva contrata. No obstante, no cabe olvidar que, según el criterio jurisprudencial consolidado tras la STJUE de 11 de julio de 2018, C-60/17, *Somoza Hermo*[56], el artículo 44 del ET también se aplica cuando la asunción de plantilla se produce en cumplimiento de lo dispuesto en las cláusulas subrogatorias de un convenio colectivo. En consecuencia, parece más seguro sostener, conforme a las pautas generales, que, cuando la pérdida de la contrata esté configurada en la negociación colectiva como un supuesto de subrogación convencional, los contratos fijos-discontinuos continuarán en los mismos términos con el contratista entrante, sin que jueguen las reglas en materia de inactividad[57].

14. Los períodos de inactividad. Tampoco está exenta de dudas interpretativas la regulación estatutaria de los períodos de inactividad contenida en el artículo 16.4, si bien dos de sus extremos presentan mayor claridad.

Uno de ellos es la introducción de una norma dispositiva para los convenios colectivos sectoriales, en virtud de la cual estos quedan habilitados para determinar un plazo máximo de inactividad entre subcontratas que, en defecto de previsión convencional, será

TÍNEZ BARROSO, R., "Luces y sombras de la ordenación...", *op. cit.*

56 *Vid.*, por todas, STS de 27 de septiembre de 2018, Rec. 2747/2016.

57 GOERLICH PESET, J. M., "La reforma de la contratación laboral...", *op. cit.*, p. 81; SALA FRANCO, T., *Los contratos indefinidos fijos discontinuos, op. cit.*, p. 28. En la misma línea puede consultarse también VICENTE-PALACIO, A., "La supresión del contrato para obra o servicio determinado...", *op. cit.*, p. 92.

de tres meses. Aunque el plazo convencional que se establezca puede ser mayor o menor, no cabe, con toda probabilidad, pactar su supresión o determinar duraciones incompatibles con su finalidad[58]. Ello sucede, por ejemplo, cuando el plazo máximo, como hace el VI Convenio General del Sector de la Construcción, se deja abierto al corresponderse "con el período de tiempo en el que no sea precisa la prestación de servicios de la persona trabajadora porque la actividad de la empresa no lo requiera o por no existir necesidad de incrementar la plantilla, en la provincia en la cual aquélla suscribió el contrato de trabajo"[59].

Otro es la necesidad de que, transcurrido el período máximo de inactividad, la empresa adopte las medidas coyunturales o definitivas que procedan, en los términos previstos en el ET, es decir, acuda a las modificaciones previstas en los artículos 39, 40 y 41, a las reducciones de jornada o suspensiones del artículo 47, o a extinciones colectivas o individuales por causas económicas, técnicas, organizativas o productivas de los artículos 51 y 52 c). El motivo de tal regulación, que impone al empresario la adopción de algún tipo de solución ("adoptará"), hay que buscarlo en la imposibilidad de alargar el período de espera, y la consiguiente disponibilidad del trabajador durante el mismo, sin convertir el contrato fijo-discontinuo en un contrato a llamada[60]. Se ha advertido, en todo

58 VICENTE-PALACIO, A., "La supresión del contrato para obra o servicio determinado…", *op. cit.*, p. 98.

59 GOERLICH PESET, J. M., "El contrato fijo-discontinuo: innovación y…", *op. cit.*, p. 199 señala otros casos de posible "desnaturalización" del precepto.

60 BALLESTER PASTOR, M. A., *La reforma laboral de 2021…*, *op. cit.*, p. 95.

caso, que en la práctica será difícil que las empresas acudan a regulaciones temporales de empleo, pues implicarán un coste adicional para ellas, ya que, pese a las bonificaciones (DA 44ª LGSS), deberán asumir una parte de las cotizaciones[61]. Igualmente, la doctrina ha remarcado que, tras la reforma, de acudirse a extinciones objetivas o colectivas habrá que acreditar, además de la terminación de la contrata, la imposibilidad de recolocar en el plazo establecido legalmente[62]. En este sentido, la STSJ de Madrid de 30 de marzo de 2022 (Rec. 167/2022) indica que, tras la reforma (que no resulta aplicable al supuesto *ratione temporis*), ha dejado de ser aplicable la jurisprudencia (por todas, SSTS de 29 de diciembre de 2020, Rec. 240/2018, o de 27 de enero de 2021, Rec.1613/2018), en virtud de la cual la finalización de una contrata constituye *a priori* causa suficiente y proporcionada para el despido objetivo de los trabajadores adscritos a la misma, sin obligación de recolocación en otras unidades productivas de la empresa: "a juicio de la Sala (...) tras la finalización de una contrata no es ya posible despedir a un trabajador al amparo del artículo 52.c del Estatuto de los Trabajadores basándose en dicha finalización hasta que no hayan transcurrido tres meses (o el periodo de espera que establezca el convenio

---

61 GOERLICH PESET, J. M., "La reforma de la contratación laboral...", *op. cit.*, p. 81; DE LA PUEBLA PINILLA, A., "El impacto de la reforma laboral en la prestación de trabajo en contratas...", *op. cit.*, p. 14.

62 BELTRÁN DE HEREDIA RUIZ, I., "Régimen normativo del contrato fijo discontinuo...", *op. cit.*, p. 19; DE LA PUEBLA PINILLA, A., "El impacto de la reforma laboral en la prestación de trabajo en contratas...", *op. cit.*, p. 15; o GOERLICH PESET, J. M. "Externalización y contratación laboral: nuevos perfiles...", *op. cit.*, p. 7.

colectivo), tras lo cual ya la empresa queda habilitada para "adoptar las medidas coyunturales o definitivas que procedan". Y lógicamente ese periodo de espera implica una obligación de recolocación del trabajador, aunque sea en términos imprecisos..."

Mucho más complejo es descifrar el significado y las consecuencias derivadas de la previsión estatutaria en virtud de la cual "los periodos de inactividad solo podrán producirse como plazos de espera de recolocación entre subcontrataciones".

Así, en primer lugar, la consideración como plazos de espera de recolocación entre una contrata y otra —en los que existe la obligación de estar disponible para la empresa, aunque no se tenga derecho a retribución alguna, siempre al margen de la percepción, en su caso, de la prestación por desempleo— plantea la duda de si ello equivale a su configuración como períodos de expectativa de recolocación en puestos vacantes en otra contrata conformes a las condiciones del contrato. De ser ello así, el acceso a trabajos que no se correspondan con los del contrato inicial solo puede producirse por acuerdo entre las partes por tratarse de una novación contractual, siendo dudosa la admisibilidad durante el período de espera de decisiones empresariales, por ejemplo, de movilidad geográfica con cambio de residencia del artículo 40 del ET o de modificación sustancial de condiciones del artículo 41[63]. Esta interpretación, si bien se adecúa a la literalidad del artículo 16.4 —pues puede entenderse que reserva la flexibilidad interna para los casos

63 BALLESTER PASTOR, M. A., *La reforma laboral de 2021...*, *op. cit.*, p. 95-96; SALA FRANCO, T., *Los contratos indefinidos fijos discontinuos...*, *op. cit.*, p. 28.

en que, cumplido el plazo máximo de inactividad, no haya recolocación— se compadece mal con la realidad que se regula que, al implicar la asignación a la persona trabajadora a distintas y sucesivas contratas en función de las necesidades de la empresa, supondrá normalmente cambios en el lugar y en las condiciones de trabajo. De hecho, incluso la necesidad de recurrir a los procedimientos de modificación de condiciones fijados en el ET podría limitar severamente la capacidad organizativa empresarial cuando los servicios se prestan durante cortos periodos de tiempo y están sometidos a gran movilidad (por ejemplo, en las empresas que prestan servicios de apoyo en eventos, congresos o exposiciones)[64]. Por eso, descartada la disponibilidad total del trabajador, y a falta de solución pactada en la negociación colectiva, no parece descabellado efectuar otra lectura del precepto en virtud de la cual, hasta llegar al plazo máximo, al estar vigente el contrato, regirían las reglas generales de los artículos 39 y siguientes del ET[65], que permitirían al empresario recurrir o no a este tipo de medidas a efectos de recolocación; sin embargo, llegado el plazo máximo, el recurso a este —u otro— tipo de medidas coyunturales o estructurales pasaría a ser, como ya se ha indicado, excepcionalmente obligatorio, dado que la situación de disponibilidad de la persona trabajadora fija-discontinua no puede alargarse más cumplido el plazo máximo.

---

64 DE LA PUEBLA PINILLA, A., "El impacto de la reforma laboral en la prestación de trabajo en contratas...", *op. cit.*, p. 14.

65 GOERLICH PESET, J. M. "Externalización y contratación laboral: nuevos perfiles...", *op. cit.*, p. 6.

La consideración de los períodos de inactividad en estos contratos fijos-discontinuos como plazos de espera de recolocación dependientes de condicionantes del mercado y no de un ciclo o período temporal que pueda preverse[66] plantea, además, la duda de si ello impide acudir al contrato fijo-discontinuo cuando la prestación de servicios de la contratista sea discontinua (por ejemplo, porque la empresa principal vaya a atender con ellos una necesidad estacional, como sucede con las brigadas de extinción de incendios). La respuesta parece que debe ser afirmativa, pero solo en parte: en efecto, supuestos como los descritos no tendrían cabida en el párrafo segundo del artículo 16.1 ET —ideado para contratas o concesiones de actividades continuas en el tiempo— sino que deben reconducirse a su párrafo primero, pensado, según se indicó[67], para estructuras productivas discontinuas. De hecho, esta era su calificación con anterioridad a la reforma[68].

---

66 DE LA PUEBLA PINILLA, A., "El impacto de la reforma laboral en la prestación de trabajo en contratas...", *op. cit.*, p. 14-15.

67 Ver, *supra*, apartados 8 y 10.

68 GOERLICH PESET, J. M. "Externalización y contratación laboral: nuevos perfiles...", *op. cit.*, p. 4-5; LAHERA FORTEZA, J.; VICENTE PALACIO, A., *Los contratos de trabajo fijos discontinuos...*, *op. cit.*, apartado IV.38 de la v.e. La misma calificación procedería, en consecuencia, si la empresa contratista llevara a cabo actividades estacionales o de temporada diferenciadas (por ejemplo, escuela de un deporte de invierno y de un deporte de verano), si bien en este supuesto podría celebrarse más de un contrato fijo-discontinuo con el mismo trabajador. Así lo entiende BELTRÁN DE HEREDIA RUIZ, I., "Régimen normativo del contrato fijo discontinuo...", *op. cit.*, p. 20-21, pues "la estacionalidad o intermitencia de cada una de las activi-

2.3. Contrato fijo-discontinuo entre una empresa de trabajo temporal y una persona contratada para ser cedida

15. La superación de la prohibición jurisprudencial. El Real Decreto-Ley 32/2021 incentiva, en fin, el uso del contrato fijo-discontinuo permitiendo, en el tercer párrafo del artículo 16.1, su celebración "entre una empresa de trabajo temporal y una persona contratada para ser cedida, en los términos previstos en el artículo 10.3 de la Ley 14/1994, de 1 de junio, por la que se regulan las empresas de trabajo temporal".

En relación con este segundo supuesto también "constitutivo" respecto de la tradición normativa[69], resulta ineludible la referencia a la STS de 30 de julio de 2020 (Rec. 3898/2017), que había prohibido la posibilidad de que la empresa de trabajo temporal celebrase un contrato indefinido fijo-discontinuo por no existir previsión alguna al respecto, interpretando que no cabe calificar de trabajos fijos-discontinuos la actividad de la empresa de trabajo temporal que consiste en poner a disposición de la empresa usuaria, con carácter temporal, trabajadores por ella contratados: "El hecho de que en el supuesto de que la ETT haya realizado contrataciones de trabajadores con carácter indefinido y pueda acontecer que termina un contrato de puesta a disposición y pasa un cierto tiempo hasta que la ETT suscribe otro contrato de tal naturaleza, no significa que estemos en presencia de

---

dades —la causa— responde a circunstancias claramente diferenciadas".

69 GOERLICH PESET, J. M., "La reforma de la contratación laboral...", *op. cit.*, p. 64.

actividades de carácter fijo-discontinuo ya que se trata de una peculiar actividad que no puede ser equiparada a las así denominadas". La sentencia contaba, sin embargo, con un voto particular en el que se defendía la postura contraria por entender que el entonces vigente artículo 10.1 de la Ley 14/1994, de 1 de junio, reguladora de las Empresas de Trabajo Temporal, admitía la validez de cualquier fórmula de contratación indefinida, incluyendo la fija-discontinua. Frente a lo dispuesto en la sentencia, el voto particular justifica, utilizando un razonamiento que ha adquirido especial importancia tras la reforma en la comprensión del supuesto, el recurso a la contratación de fijos-discontinuos por parte de las empresas de trabajo temporal. Dicho razonamiento se centra en la posible existencia de carteras de clientes (empresas usuarias) que por su tipo de negocio tienen necesidad de mano de obra temporal en determinados períodos del año, que se traduce, a su vez, en una mayor actividad de la propia empresa de trabajo temporal en esos mismos períodos, de manera regular y homogénea, todos los años, en similares fechas, y en coincidencia con el inicio y desarrollo de la temporada de las empresas usuarias. Así, según se desarrolla en el voto particular, lo lógico y razonable, es que las empresas usuarias que puedan tener un gran volumen de actividad de naturaleza fija discontinua, tengan a su vez una mayor necesidad de mano de obra temporal durante esos mismos periodos "y por ello la necesidad de recurrir con mayor intensidad a las ETTs, para cubrir, por ejemplo: las bajas médicas, o por otras causas de suspensión del contrato de sus trabajadores fijos discontinuos que pudieren aparecer intempestivamente durante la temporada; por una excepcional acumulación de tareas en tales periodos; en definitiva, por cualquiera de las razones que pudieren permitir a la empresa usuaria la contratación de trabajadores temporales dentro de los periodos de actividad fija discontinua".

16. Los convenios de las empresas de trabajo temporal. Tras la reforma (*vid.* Disposición final primera del Real Decreto-Ley 32/2021), el nuevo párrafo segundo del artículo 10.3 de la Ley 14/1994 contempla expresamente esta posibilidad ("Igualmente, las empresas de trabajo temporal podrán celebrar contratos de carácter fijo-discontinuo para la cobertura de contratos de puesta a disposición vinculados a necesidades temporales de diversas empresas usuarias, en los términos previstos en el artículo 15 del Estatuto de los Trabajadores, coincidiendo en este caso los periodos de inactividad con el plazo de espera entre dichos contratos"). El precepto añade, además, dos precisiones de interés relacionadas con la negociación colectiva: una, que en este supuesto, las referencias efectuadas en el artículo 16 del Estatuto de los Trabajadores a la negociación colectiva se entenderán efectuadas a los convenios colectivos sectoriales o de empresa de las empresas de trabajo temporal; otra, que estos convenios colectivos podrán fijar una garantía de empleo para las personas contratadas bajo esta modalidad, esto es, un compromiso de utilización mínima por parte de la empresa de trabajo temporal[70].

En relación con la primera cuestión es necesario subrayar que existen autores que han interpretado que entender efectuadas las referencias del artículo 16 a los convenios colectivos sectoriales "o" de empresa de las empresas de trabajo temporal estaría

---

70 GORELLI HERNÁNDEZ, J., "El nuevo régimen jurídico del contrato fijo discontinuo...", *op. cit.*, p. 231.

habilitando indistintamente al convenio sectorial de empresas de trabajo temporal y a los convenios de empresa para desarrollar las facultades reservadas al convenio sectorial por el artículo 16[71]. En esta misma línea interpretativa se añade que el no establecer jerarquía entre ellos significa, a la vista de lo previsto en el artículo 84.2 del ET, que el convenio colectivo de una empresa de trabajo temporal que entre a regular cualquiera de los aspectos mencionados en el artículo 16 goza de prioridad aplicativa frente al convenio sectorial[72].

Ya se ha dicho que esta interpretación cuenta con varios elementos en contra: la potenciación del convenio sectorial efectuada abiertamente por la reforma y la propia estructura negocial del sector, en la que hay una unidad sectorial consolidada que convive con convenios de empresa[73]. Con todo, el principal inconveniente de la interpretación descrita guarda relación,

---

71 LAHERA FORTEZA, J.; VICENTE PALACIO, A., *Los contratos de trabajo fijos discontinuos…, op. cit.*, apartado VI.76 de la v.e.

72 PÉREZ DE LOS COBOS ORIHUEL, F.; OLEART GODIA, R., "Las ETT ante la reforma de la contratación". En: J. Thibault Aranda; A. Jurado Segovia (dirs.), *Interpretación, aplicación y desarrollo de la última reforma laboral*, 1ª ed., Madrid, La Ley, 2023, p. 235.

73 LAHERA FORTEZA, J.; VICENTE PALACIO, A., *Los contratos de trabajo fijos discontinuos…, op. cit.*, apartado VI.76 de la v.e. El Convenio colectivo de Randstad Empleo ETT, SAU, suscrito tras la reforma, se limita a regular la forma y condiciones del llamamiento y, además, lo hace "Considerando que hay materias reservadas al convenio sectorial y no siendo intención de abarcar su regulación, limitando esta propuesta a las materias reservadas expresamente al convenio colectivo de empresa".

a mi juicio, con el sentido y finalidad de una norma que, con toda probabilidad, no pretende modificar los ámbitos convencionales definidos en el artículo 16 del ET, sino que busca aclarar posibles problemas interpretativos derivados de la necesidad de aplicar, como consecuencia del principio de equiparación de condiciones del artículo 11 de la LETT, el convenio de la empresa usuaria. Desde este punto de vista, el artículo 10.3 de la LETT estaría confirmando que, pese a ello, serán los convenios —de sector o empresa— de las empresas de trabajo temporal los llamados a efectuar la difícil adaptación del régimen del contrato fijo-discontinuo a las singularidades organizativas de este tipo de empresas[74].

17. La exigencia de una cierta previsibilidad. Queda claro, en todo caso, que, al no haberse modificado el artículo 6 de la Ley 14/1994, la contratación se producirá, necesariamente, para atender necesidades temporales de las empresas usuarias en los términos del artículo 15 del ET, no para atender necesidades de tipo fijo-discontinuo de la empresa usuaria: si se atendiesen esas necesidades permanentes a través de la empresa de trabajo temporal se incurriría, según venía interpretando la jurisprudencia (*vid.*, por todas, STS de 3 de noviembre de 2008, Rec. 1697/2017), en una cesión ilegal de trabajadores que traería consigo, por aplicación del artículo 43 del ET, el derecho de la

---

[74] En este sentido, GOERLICH PESET, J. M., "El contrato fijo-discontinuo: innovación y…", *op. cit.*, p. 168. Los "desafíos" que para la organización de las empresas de trabajo temporal implica la utilización del contrato fijo-discontinuo se describen en PÉREZ DE LOS COBOS ORIHUEL, F.; OLEART GODIA, R., "Las ETT ante la reforma de la…", *op. cit.*, p. 230 y ss.

persona trabajadora a la adquisición de la condición de fijo —ordinario— en la empresa cedente o en la cesionaria[75].

Lo que ya no resulta tan evidente es si en estos casos resulta exigible, como en los del párrafo primero del artículo 10.3[76], la existencia de un programa específico para la prestación de servicios. Se ha dicho a este respecto que en este supuesto es imposible —y por eso no se exige de forma expresa— que los contratos de puesta a disposición estén plenamente identificados en el momento de la firma del contrato[77]. También se ha hecho referencia al carácter potestativo que tiene el recurso a la contratación fija-discontinua para las empresas de trabajo temporal, a las que no se les exige, como sí hacía el voto particular de la STS de 30 de julio de 2020, que prueben que tienen una necesidad productiva fija-discontinua[78]. E, igualmente, se ha mencionado la necesidad de que las empresas de trabajo temporal accedan, garantizando su posición de mercado, a las ventajas de este tipo de

---

75 LÓPEZ BALAGUER, M.; RAMOS MORAGUES, F., *La contratación laboral en la reforma…, op. cit.*, p. 124.

76 Relativos a la celebración de un contrato de trabajo para la cobertura de varios contratos de puesta a disposición sucesivos con empresas usuarias diferentes, siempre que tales contratos de puesta a disposición estén plenamente determinados en el momento de la firma del contrato de trabajo y respondan en todos los casos a un supuesto de contratación de los contemplados en el artículo 15.2 del ET, esto es, del contrato por circunstancias de la producción.

77 GORELLI HERNÁNDEZ, J., "El nuevo régimen jurídico del contrato fijo discontinuo…", *op. cit.*, p. 230.

78 LÓPEZ BALAGUER, M.; RAMOS MORAGUES, F., *La contratación laboral en la reforma…, op. cit.*, p. 124 y 126.

contratación en las mismas condiciones que las empresas de servicios, es decir, sin indemnizaciones por fin de puesta a disposición (arts. 11.2 Ley 14/1994 y 49.1 c) ET) ni penalizaciones en la cotización[79].

Entiendo, sin embargo, que, sin necesidad de que los contratos de puesta a disposición estén plenamente identificados, sí es exigible una "cierta previsibilidad" en los llamamientos, pues, de lo contrario, estaríamos hablando de la total disponibilidad del trabajador propia de un contrato a llamada[80]. La posibilidad de previsión derivaría aquí de las propias características del supuesto, reflejadas en el voto particular de la sentencia de 30 de julio de 2020, que enlazan con la existencia de carteras de clientes con mayores necesidades de mano de obra temporal en determinados períodos del año. Para la ETT es, pues, perfectamente posible —e incluso aconsejable para calibrar el número de trabajadores fijos discontinuos que va a necesitar[81]— identificar dichas necesidades y prever planes de asignación consecutiva de los trabajadores contratados a lo largo del año. Esta interpretación explicaría, además, a diferencia de la anterior, la ausencia en el precepto de un período máximo de inactividad como el establecido en los contratos fijos-discontinuos vinculados a contratas[82].

---

79 GOERLICH PESET, J. M. "Externalización y contratación laboral: nuevos perfiles…", *op. cit.*, p. 9.

80 BALLESTER PASTOR, M. A., *La reforma laboral de 2021…, op. cit.*, p. 91-92; SALA FRANCO, T., *Los contratos indefinidos fijos discontinuos…, op. cit.*, p. 13.

81 PÉREZ DE LOS COBOS ORIHUEL, F.; OLEART GODIA, R., "Las ETT ante la reforma de la…", *op. cit.*, p. 230.

82 De hecho, como apunta GOERLICH PESET, J. M. "Externalización y contratación laboral: nuevos perfiles…",

3. La lucha contra la nueva precariedad: la estabilidad, transparencia y previsibilidad del contrato

18. La protección del trabajo fijo-discontinuo en el nuevo artículo 16 ET. Como se indicó, el nuevo régimen jurídico del trabajo fijo-discontinuo combina una incuestionable promoción de la figura —reflejada en la ampliación de su objeto— con un afán protector de las personas trabajadoras sujetas a este tipo de contrato. En la regulación estatutaria, dicha voluntad de tutela queda reflejada, por un lado, como adelanta la Exposición de Motivos del Real Decreto-Ley 32/2021, en la reafirmación del carácter indefinido de la relación laboral mediante el establecimiento de un catálogo de derechos que, sin perjuicio de las especialidades asociadas a esta modalidad contractual, garantiza el principio de no discriminación e igualdad de trato. Por otro lado, en la nueva regulación se asegura "la estabilidad, la transparencia y la previsibilidad del contrato" y ello se hace, a su vez, a través de una mejora de la información sobre la jornada y los períodos de actividad en el contrato de trabajo, otorgando un papel fundamental a la negociación colectiva, entre otros, en relación con régimen de llamamiento o la

---

op. cit., p. 9, el principal problema que plantea la postura favorable a la inexigibilidad de un programa específico para la prestación de servicios es que la inexistencia de un período máximo de inactividad puede convertir la expectativa de empleo de la persona trabajadora en "una entelequia". Por eso, para mantener la postura favorable a la inexigibilidad de un programa específico, el autor reconoce que, o bien la negociación colectiva soluciona el problema de la inexistencia de plazos máximos de espera, o bien se aplica analógicamente el plazo del artículo 16.4 del ET.

formación y mejora de empleabilidad de las personas fijas discontinuas durante los períodos de inactividad.

19. El catálogo de derechos. Por lo que al catálogo de derechos respecta, es el artículo 16.6 el que recuerda que las personas trabajadoras fijas-discontinuas no podrán sufrir perjuicios por el ejercicio de los derechos de conciliación (por ejemplo, adaptaciones de la jornada de trabajo o de la ordenación del tiempo de trabajo del artículo 34.8 del ET; reducciones de jornada del artículo 37.4, 37.5 o 37.6 del ET; o excedencias por cuidado de hijos y familiares del artículo 46.3 del ET), ausencias con derecho a reserva de puesto de trabajo (como, por ejemplo, las motivadas por alguna de las causas de suspensión del contrato del artículo 45 del ET) y otras causas justificadas con fundamento en derechos reconocidos en la ley o los convenios colectivos (permisos legales o convencionales, sean o no retribuidos[83]). Se protege así la no discriminación e igualdad de trato de las personas fijas-discontinuas que, cuando disfruten de alguno de estos derechos o se encuentren en alguna de las situaciones mencionadas, tendrán derecho al llamamiento y, consiguientemente, a incorporarse al trabajo, o a incorporarse más tarde, si ello resulta posible, o a no atender al llamamiento justificadamente[84], sin perjuicio de que sean dadas de alta y se cotice por ellas a la Seguridad Social, aunque seguidamente deba causarse su baja, pudiendo de esta manera contratarse interinamente a otra persona (*vid.* STS de 14 de julio de 2016, Rec. 3254/2016, así como las anteriores de 8 de junio

---

83 SALA FRANCO, T., *Los contratos indefinidos fijos discontinuos…*, *op. cit.*, p. 28-29.

84 BALLESTER PASTOR, M. A., *La reforma laboral de 2021…*, *op. cit.*, p. 103.

de 1992, Rec. 1016/1991, y de 28 de julio de 1995, Rec. 3443/1994, relativas a supuestos de incapacidad temporal). La inexistencia de perjuicio comprende, desde luego, el derecho a futuros llamamientos, que tampoco podrán verse afectados por ejercicio de estos derechos[85].

En el mismo apartado sexto se reconoce, por otro lado, que las personas trabajadoras fijas-discontinuas tienen derecho "a que su antigüedad se calcule teniendo en cuenta toda la duración de la relación laboral y no el tiempo de servicios efectivamente prestados, con la excepción de aquellas condiciones que exijan otro tratamiento en atención a su naturaleza y siempre que responda a criterios de objetividad, proporcionalidad y transparencia". Se incorpora, de esta forma, el criterio seguido en el auto del TJUE de 15 de octubre de 2019, asuntos acumulados C-439/18 y 472/18, *AEAT*, que resolvió las peticiones de decisión prejudicial planteadas por el Tribunal Superior de Justicia de Galicia relativas a dos trabajadoras que fueron contratadas por la Agencia Estatal de Administración Tributaria, en calidad de trabajadoras fijas-discontinuas adscritas por periodos anuales preestablecidos a la campaña del impuesto de la renta de las personas físicas. Para resolver la reclamación —referida al reconocimiento de su actividad, a efectos de devengo de trienios, computando el tiempo de prestación de servicios y no únicamente el tiempo efectivamente trabajado— el auto recuerda que la cláusula 4 de la Directiva 97/81/CE del Consejo, de 15 de diciembre de 1997, relativa al Acuerdo marco sobre el trabajo

---

85 GORELLI HERNÁNDEZ, J., "El nuevo régimen jurídico del contrato fijo discontinuo...", *op. cit.*, p. 248-249.

a tiempo parcial concluido por la UNICE, el CEEP y la CES, se opone, por lo que respecta a las condiciones de empleo, a que se trate a los trabajadores a tiempo parcial de una manera menos favorable que a los trabajadores a tiempo completo comparables, señalando que ningún dato de los que obran en poder del Tribunal de Justicia permite dudar que los trabajadores fijos-discontinuos y los trabajadores a tiempo completo de la AEAT se encuentran en situaciones comparables. Añade el auto que el principio de no discriminación entre los trabajadores a tiempo parcial y los trabajadores a tiempo completo se aplica a las condiciones de empleo, entre las que figura la retribución, que incluye los trienios, por lo que la retribución de los trabajadores a tiempo parcial debe ser la misma que la de los trabajadores a tiempo completo, sin perjuicio de la aplicación del principio *prorrata temporis.* El concepto de "razones objetivas" que figura en la cláusula 4, apartado 1 del Acuerdo Marco, que permite justificar una diferencia en las condiciones de trabajo de los trabajadores a tiempo completo y a tiempo parcial, no puede ampararse en el hecho de que una norma nacional general y abstracta lo prevea. Se concluye, por ello, que la cláusula 4, puntos 1 y 2, del Acuerdo Marco debe interpretarse en el sentido de que se opone a una normativa nacional que excluye, en el caso de los trabajadores fijos discontinuos, los períodos no trabajados del cálculo de la antigüedad requerida para adquirir el derecho a un trienio. Además, en el caso enjuiciado, se aprecia una discriminación indirecta, al afectar la medida controvertida a un número mucho mayor de mujeres que de hombres, que llevó al TJUE a declarar, igualmente, la existencia de una diferencia de trato en perjuicio de las mujeres, considerando que la medida y la práctica sobre las que se debatía eran contrarias al artículo 14.1 de la Directiva 2006/54/CE del Parlamento Europeo y del Consejo, de 5 de julio de 2006, relativa a la aplicación del principio de igualdad de oportunidades e igualdad de trato entre hombres y mujeres en asuntos de empleo y ocupación.

La Sala Cuarta del Tribunal Supremo hizo inmediatamente extensible esta doctrina acerca de la forma de computar la antigüedad de los trabajadores fijos-discontinuos a efectos del complemento personal de antigüedad, que ahora incorpora el artículo 16.6 del ET, en sus sentencias de 19 de noviembre de 2019 (Rec. 2309/2017 y 852/2019), a las que han seguido las de 10 de diciembre de 2019 (Rec. 2932/17), 30 de septiembre de 2020 (Rec. 207/2018), 13 de enero de 2021 (Rec. 3918/2019), 1 de febrero de 2021 (Rec. 4073/2018), 13 de febrero de 2021 (Rec. 3369/2019 y 3918/2019), o 25 de enero de 2024 (Rec. 1936/2021)[86]. En el caso del cálculo de la indemnización por despido, sin embargo, hay que entender[87] que estamos ante una de las excepciones justificadas por criterios de objetividad, proporcionalidad y transparencia, por lo que la forma de computar la

---

86 Con mención expresa de esta última y del auto del TJUE, la Sala Tercera también ha reconocido (SS.TS de 6 de marzo de 2024, Rec. 723/2023 y 739/2023, y de 10 de abril de 2024, Rec. 4607/2023) que, a efectos del cómputo de los servicios previos prestados en la Administración Pública mediante contrato fijo discontinuo, debe tenerse en cuenta todo el tiempo de duración de la vinculación laboral y no solo los períodos de prestación efectiva de servicios.

87 Por todos, GARCÍA ORTEGA, J., "El contrato fijo-discontinuo tras el RDL 32/2021, de 28 de diciembre...", *op. cit.*

antigüedad quedará referida, como hasta ahora, a los servicios efectivamente prestados, sin que ello cause discriminación a los trabajadores fijos discontinuos que percibirán la misma indemnización por despido que los trabajadores fijos a tiempo completo que hayan prestado servicios laborales durante un lapso temporal igual a la suma de los periodos de ocupación de los fijos-discontinuos que perciban el mismo salario regulador del despido: "En ambos casos se computan los servicios efectivamente prestados con esta finalidad. Además, el trabajador que presta servicios a tiempo completo carece de las oportunidades de pluriempleo que tiene el trabajador fijo discontinuo, lo que justifica el régimen indemnizatorio de este último" (STS de 30 de julio de 2020, Rec. 324/2018).

20. Los requisitos formales. Por lo que a la garantía de la previsibilidad del contrato se refiere, debe destacarse el contenido del artículo 16.2 del ET, que sigue prescribiendo, en primer lugar, la forma escrita del contrato, dadas sus importantes especialidades, conforme a lo dispuesto en el artículo 8.2 del ET. Habrá que entender, pues, que el incumplimiento de este requisito de forma traerá como consecuencia la aplicación de la presunción *iuris tantum* que dicho precepto establece, es decir, la consideración de que se trata de un contrato indefinido ordinario, salvo prueba en contrario de su carácter fijo-discontinuo[88].

En segundo lugar, el artículo 16.2 ordena ahora que en el contrato queden reflejados "los elementos esenciales de la actividad laboral". Entre otros, se

---

[88] Por todos, GORELLI HERNÁNDEZ, J., "El nuevo régimen jurídico del contrato fijo discontinuo...", *op. cit.*, p. 233-234.

menciona la duración del período de actividad, así como la jornada y su distribución horaria, si bien se permite que estos últimos figuren "con carácter estimado, sin perjuicio de su concreción en el momento del llamamiento", precisión que encaja, especialmente, con la incertidumbre característica de determinadas modalidades del contrato, como la de los trabajos fijos-discontinuos estacionales o de temporada.

La obligación establecida no impide, en todo caso, el cumplimiento de la del artículo 8.5 del ET, desarrollado por el RD 1659/1998, de 24 de julio, que, hay que recordar, contiene la obligación de informar acerca de los elementos esenciales del contrato y las principales condiciones de ejecución de la prestación laboral, obligación que debe ser revisada a la luz de la Directiva 2019/1152, del Parlamento Europeo y del Consejo, de 20 de junio de 2019, relativa a unas condiciones laborales transparentes y previsibles en la Unión Europea[89]. La necesidad de cumplir con las

---

89 El Proyecto de Ley por el que se modifican el Texto Refundido de la Ley del Estatuto de los Trabajadores, aprobado por el Real Decreto Legislativo 2/2015, de 23 de octubre, y otras disposiciones en materia laboral, para la transposición de la Directiva (UE) 2019/1152 del Parlamento Europeo y del Consejo, de 20 de junio de 2019, relativa a unas condiciones laborales transparentes y previsibles en la Unión Europea (BOCG de 16 de febrero de 2024), propone, de hecho, una nueva redacción del apartado para dar adecuada transposición a la Directiva cuyo artículo 6 establece el derecho a la información documental cuando hay modificación de las condiciones esenciales del contrato: "La empresa debe informar por escrito a la persona trabajadora, en los términos y plazos que se establezcan reglamentariamente, sobre los elementos esenciales de su relación laboral, tanto en el momento en que

exigencias de dicha Directiva, alejando el contrato fijo-discontinuo del trabajo a llamada, ha sido, por lo demás, la responsable de la regulación del artículo 16.2 en este extremo[90]. En efecto, según dispone el artículo 4.2 m) de la Directiva, si el patrón de trabajo es "total o mayoritariamente imprevisible", el empleador informará al trabajador sobre:

i) el principio de que el calendario de trabajo es variable, la cantidad de horas pagadas garantizadas y la remuneración del trabajo realizado fuera de las horas garantizadas,

---

esta se inicie como cuando se produzca cualquier modificación de dichos elementos". Además, se formulan las oportunas modificaciones en la LISOS (cuyo artículo 7.1 añadiría como infracción grave no informar por escrito a la persona trabajadora sobre los elementos esenciales del contrato y las principales condiciones de ejecución de la prestación laboral, en los términos y plazos establecidos reglamentariamente) y se incorporan dos nuevos apartados 6 y 7 en el artículo 8 que incluyen, respectivamente, una definición de lo que se considera condición de trabajo previsible y las presunciones aplicables (*vid.* artículo 15 de la Directiva (UE) 2019/1152) ante determinados incumplimientos empresariales relacionados con el suministro de información y con las exigencias de previsibilidad. De esta forma, el incumplimiento de la obligación de información sobre las condiciones esenciales de trabajo relativas a duración del contrato, duración de la jornada y su distribución, así como sobre la duración del periodo de prueba y de las exigencias de previsibilidad descritas en el artículo 12.5.c) y d), hará que el contrato "se presuma celebrado por tiempo indefinido ordinario y a jornada completa".

90 BALLESTER PASTOR, M. A., *La reforma laboral…, op. cit.*, p. 96 y ss.; SALA FRANCO, T., *Los contratos indefinidos fijos discontinuos…, op. cit.*, p. 18 y ss.

ii) las horas y los días de referencia en los cuales se puede exigir al trabajador que trabaje,

iii) el período mínimo de preaviso a que tiene derecho el trabajador antes del comienzo de la tarea y, en su caso, el plazo para la cancelación a que se refiere el artículo 10, apartado 3[91].

Además, según el artículo 10.1 de la Directiva, en estos casos en que el patrón de trabajo de un trabajador es total o mayoritariamente imprevisible, los Estados miembros garantizarán que el empleador no obligue a trabajar al trabajador a menos que se cumplan las dos condiciones siguientes: a) el trabajo tiene lugar en unas horas y unos días de referencia predeterminados, según lo mencionado en el artículo 4, apartado 2, letra m), inciso ii), y b) el empleador informa al trabajador de una tarea asignada con un preaviso razonable establecido de conformidad con la legislación, los convenios colectivos o la práctica nacionales, según lo mencionado en el artículo 4, apartado 2, letra m), inciso iii). De no cumplirse uno o ninguno de los requisitos anteriores, el trabajador tendrá derecho a rechazar una tarea asignada sin que ello tenga consecuencias desfavorables (artículo 10.2 Directiva 2019/1152).

---

91 En su virtud, si los Estados miembros permiten que el empleador cancele una tarea asignada sin indemnización "adoptarán las medidas necesarias, de conformidad con la legislación, los convenios colectivos o la práctica nacionales, para garantizar que el trabajador tenga derecho a una indemnización si el empleador cancela, sin observar un plazo de preaviso razonable determinado, la tarea asignada acordada previamente con el trabajador".

A la vista de tal regulación, y teniendo en cuenta el contraste con la anterior literalidad del precepto —que se refería a la duración "estimada" de la actividad—, se ha interpretado que en el contrato deberá reflejarse, necesariamente, como traslación de la exigencia comunitaria de hacer constar las "horas pagadas garantizadas", la duración del período de actividad, que no podrá tener, a diferencia de la jornada o de su distribución horaria, carácter estimado[92]. La vigente literalidad del precepto, que remite a los convenios colectivos sectoriales el posible establecimiento de un período mínimo de llamamiento anual en su apartado quinto, así como la propia realidad del trabajo fijo-discontinuo en muchos de sus supuestos, aconsejan, sin embargo, una lectura distinta, en cuya virtud también la duración del período de actividad podrá tener carácter estimado[93], si bien con la garantía de su concreción obligatoria en el momento del llamamiento.

21. Las remisiones a la negociación colectiva. La consecución de la "la estabilidad, la transparencia y la previsibilidad del contrato" se logra, además, otorgando un papel "fundamental" a la negociación colectiva, que se presenta, con alguna excepción, en sintonía con la confianza depositada por la reforma de 2021 en los convenios de ámbito sectorial.

---

92 BALLESTER PASTOR, M. A., *La reforma laboral…, op. cit.*, p. 98.

93 En esta línea, la STSJ de Andalucía (Sevilla) de 30 de junio de 2022 (Rec. 2316/2020) afirma que "la redacción del art. 16 del ET (tanto antes como después de la reforma operada por el Real Decreto-ley 32/2021, de 28 de diciembre), prevé que la duración del periodo de actividad de la contratación se fije de manera estimada, pero no existe vínculo alguno de una duración concreta".

Es importante tener en cuenta que las referencias efectuadas en el artículo 16 del ET a la negociación colectiva son, en un supuesto, llamadas genéricas al convenio colectivo de cualquier ámbito o, en su defecto, al acuerdo de empresa (artículo 16.3); y, en los restantes, llamadas específicas al convenio sectorial (artículo 16.4, 16.5 y 16.7, que da entrada a los acuerdos de empresa "supletorios"). Merece la pena recordar, por ello, la complejidad que reviste la relación entre la norma estatal y la negociación colectiva en esta materia. En principio, dado el principio de libertad de contenido negocial que rige en nuestro ordenamiento, los convenios no requieren de una habilitación expresa para poder regular una materia determinada, aunque se ven constreñidos, entre otros límites, por la necesidad de respetar lo dispuesto en las normas imperativas. Tratándose de la determinación de las modalidades de contratación y de sus requisitos, la regulación estatutaria constituye, como ha tenido la oportunidad de destacar el Tribunal Supremo, un núcleo de derecho necesario indisponible para las partes, de forma que el Estatuto de los Trabajadores impone exigencias o límites a los negociadores, que no pueden rebasar "las facultades y posibilidades" que el legislador les concede (por todas, SSTS de 23 de septiembre de 2002, Rec. 222/2002 y 7 de marzo de 2003, Rec. 36/2002). Entre las exigencias o límites impuestos a los negociadores se encuentran las habilitaciones expresas a favor de niveles negociales específicos para regular determinados aspectos de las modalidades de contratación (SSTS de 17, 18 y 20 de noviembre de 2003 y 19 de enero de 2004, Rec. 4582/2002, 4895/2002, 4579/2002 y 1363/2003). En esta esfera, la voluntad de privilegiar, en determinados casos, los niveles superiores de negociación y, con ellos, regulaciones homogéneas capaces de garantizar el "uso adecuado de las modalidades de contratación" no es, ni mucho menos, nueva[94]. Tampoco es nueva la posibilidad de compatibilizar esa cierta centralización de la materia —excluida, además, en principio, de la afectación autonómica— con la descentralización permitida en el artículo 84.2: como indicaba el AINC de 1997 y sigue precisando el vigente AENC, se trata de que la negociación colectiva desarrolle "las llamadas que la norma hace a la negociación colectiva". Así lo confirma la literalidad del artículo 84.2 del ET, que únicamente admite la afectación por parte de los convenios de empresa y asimilados para adaptar los "aspectos de las modalidades de contratación que se atribuyen por esta ley a los convenios de empresa", excluyendo aquellos otros aspectos atribuidos en exclusiva al convenio sectorial. De esta forma, cuando las normas sobre modalidades de contratación delimitan lo establecido en

---

94 El Acuerdo Interconfederal sobre Negociación colectiva de 1997 ya aludía expresamente a ello, y la referencia se recoge, igualmente, en el vigente Acuerdo para el Empleo y la Negociación Colectiva: "es necesario contribuir desde los convenios colectivos a fomentar la estabilidad en el empleo y el uso adecuado de las modalidades contractuales, desarrollando las llamadas que la norma hace a la negociación colectiva, especialmente tras dicha Reforma". No creo, por ello, que pueda entenderse —CALVO GALLEGO, F., J., "La reforma de la contratación temporal coyuntural en el RDL 32/2021", *Trabajo, Persona, Derecho, Mercado, Revista de Estudios sobre Ciencias del Trabajo y Protección Social,* nº 5, p. 141; GOERLICH PESET, J. M., "El contrato fijo-discontinuo: innovación y...", *op. cit.*, p. 168— que las remisiones a la regulación por parte del convenio sectorial únicamente impliquen la prioridad aplicativa de este convenio, pero sin impedir la entrada a convenios o acuerdos de empresa en defecto de aquel.

el artículo 84 actúan como *lex specialis* frente al mismo, detallando, a modo de articulación legal, en qué casos procede y en qué casos no procede la negociación adaptativa concurrente por parte de los niveles de empresa y asimilados. Creo que otra interpretación podría haberse abierto paso si se hubiera mantenido la redacción inicial del Real Decreto-ley 32/2021, pero tras la vuelta a la literalidad anterior del artículo 84.2 d)[95] resulta claro que en materia de concurrencia de convenios deben primar simplemente, como ya ocurría en las anteriores versiones del precepto, las normas del ET sobre modalidades de contratación, que, como se ha dicho, especifican o concretan las reglas del artículo 84. Por todo ello, la prioridad aplicativa del convenio de empresa para adaptar aspectos de las modalidades de contratación —del fijo discontinuo en nuestro caso— no funcionará cuando la habilitación se haya hecho al convenio sectorial reservando a ese ámbito la regulación de dicho aspecto.

Entrando ya en los contenidos, las remisiones a la negociación colectiva atienden, por un lado, a la formación y mejora de la empleabilidad de las personas fijas-discontinuas durante los períodos de inactividad. Así, los convenios sectoriales podrán establecer, además del plazo máximo de inactividad entre subcontratas al que ya se ha hecho referencia (art. 16.4.2º), una

95 La literalidad inicial del Real Decreto-ley 32/2021 aludía a "la adaptación de los aspectos de las modalidades de contratación que se atribuyen por esta ley a los convenios colectivos". Sin embargo, tras la revisión efectuada por el artículo cuarto del Real Decreto-ley 1/2022, de 18 de enero, se ha vuelto, en efecto, a la literalidad original ("La adaptación de los aspectos de las modalidades de contratación que se atribuyen por esta ley a los convenios de empresa").

bolsa sectorial de empleo en la que se podrán integrar las personas fijas-discontinuas durante los periodos de inactividad (art. 16.5.1°). El objetivo declarado expresamente —favorecer la contratación y la formación continua durante los períodos de inactividad— se entiende, lógicamente, sin perjuicio del cumplimiento de las obligaciones en materia de contratación y llamamiento efectivo de cada una de las empresas que el propio precepto implanta. Ello se complementa, por cierto, con la consideración de las personas fijas-discontinuas como colectivo prioritario para el acceso a las iniciativas de formación del sistema de formación profesional para el empleo en el ámbito laboral durante los periodos de inactividad (art. 16.8 ET)[96].

También podrán los convenios sectoriales acordar la obligación de las empresas de elaborar un censo anual del personal fijo-discontinuo (art. 16.5 ET), cuya utilidad hay que poner en relación con el control de los eventuales fraudes que puedan cometerse en el cumplimiento de la regulación de este tipo de contratos[97]. En la misma línea de mejora de la empleabilidad, pero dando cabida a los acuerdos de

---

96 Como indica GOERLICH PESET, J. M., "La reforma de la contratación...", *op. cit.*, p. 93, las personas fijas-discontinuas ya se mencionaban en la formación programada por las empresas en los artículos 9.1 de la Ley 30/2015, de 9 de septiembre, por la que se regula el Sistema de Formación Profesional para el empleo en el ámbito laboral, y 5.1 a) del Real Decreto 694/2017, de 3 de julio, que lo desarrolla. En consecuencia, el hecho de que las personas fijas-discontinuas tengan ahora esta consideración de colectivo "prioritario" constituye una "llamada de atención a los organizadores de las diferentes modalidades de formación".

97 GARCÍA ORTEGA, J., "El contrato fijo-discontinuo tras el RDL 32/2021, de 28 de diciembre...", *op. cit.*; SALA

empresa, se establece ahora expresamente (art. 16.7 ET) la obligación empresarial de informar a las personas fijas-discontinuas y a la representación legal de las personas trabajadoras sobre la existencia de puestos de trabajo vacantes de carácter fijo ordinario, de manera que aquellas puedan formular solicitudes de conversión voluntaria "de conformidad con los procedimientos que establezca el convenio colectivo sectorial o, en su defecto, el acuerdo de empresa".

En el artículo 16 se efectúan, por otro lado, remisiones a la negociación colectiva sectorial dirigidas a acentuar, en su caso, la tutela de las personas fijas-discontinuas. Claramente tiende a ello la posibilidad de fijar un periodo mínimo de llamamiento anual y una cuantía por fin de llamamiento a satisfacer por las empresas a las personas trabajadoras, cuando este coincida con la terminación de la actividad y no se produzca, sin solución de continuidad, un nuevo llamamiento (art. 16.5.3°). En estos supuestos, de innegable finalidad tuitiva, a falta de regulación por parte del convenio sectorial, habría tenido todo el sentido, en principio, dar entrada expresamente a la negociación en la empresa, tanto de carácter formal como informal[98]. No hay que olvidar, sin embargo, que la articulación entre el nivel sectorial y el de empresa pretendida por la reforma no busca únicamente evitar posibles reducciones de condiciones de trabajo en los niveles de empresa; también aspira a evitar distorsiones en la capacidad competitiva de las empresas.

FRANCO, T., *Los contratos indefinidos fijos discontinuos...*, *op. cit.*, p. 31.

98 En este sentido, GOERLICH PESET, J. M., "La reforma de la contratación...", *op. cit.*, p. 72-73.

Quizá por eso quepa interpretar que, en este caso, tratándose de materias relacionadas con la jornada y la retribución, pretende respetarse el correcto reparto de papeles entre el convenio sectorial y el de empresa diseñado en la Exposición de Motivos, en cuya virtud: "los convenios de empresa deben comportarse como instrumentos de regulación de aquellos aspectos organizativos que no admiten otro nivel de negociación por su propia naturaleza, como los horarios o la adaptación de la clasificación profesional, correspondiendo la negociación colectiva sectorial los aspectos salariales, retribuciones y jornada".

22. Contratos fijos-discontinuos a tiempo parcial. En fin, se atribuye también a los convenios sectoriales la trascedente misión de acordar la celebración a tiempo parcial de los contratos fijos-discontinuos. Más concretamente, la literalidad del artículo 16.5.2º del ET indica que estos convenios "podrán acordar, cuando las peculiaridades de la actividad del sector así lo justifiquen, la celebración a tiempo parcial de los contratos fijos-discontinuos".

Según un sector doctrinal, ello supone que estamos ante una "autorización" obligatoria del convenio sectorial que parece encontrar su fundamento en la necesidad de garantizar que, en estos casos, la disponibilidad del trabajador no será excesiva, a pesar de sumarse en el contrato la flexibilidad propia del trabajo a tiempo parcial —motivada, fundamentalmente, por el régimen de las horas complementarias— y la flexibilidad característica del trabajo fijo-discontinuo[99].

---

[99] BALLESTER PASTOR, M. A., *La reforma laboral..., op. cit.*, p. 99 o GOERLICH PESET, J. M., "El contrato fijo-discon-

Es evidente, sin embargo, que dicho tenor literal admite una lectura diferente, pues cabría entender que el precepto se refiere al "acotamiento" de la parcialidad en convenio colectivo en función de la actividad del sector, sin perjuicio del mantenimiento de la posibilidad de contratar a tiempo parcial en caso contrario. Esta interpretación es la que venía admitiéndose con anterioridad en el caso del contrato fijo-discontinuo y, además, no es extraña en el ámbito de las remisiones estatutarias en materia de contratación: así, por ejemplo, nadie dudaría que la intención del legislador era introducir una posibilidad de acotamiento y no una prohibición legal cuando indicaba en el antiguo artículo 15 que los convenios colectivos "podrán determinar las actividades en las que puedan contratarse trabajadores eventuales, así como fijar criterios generales relativos a la adecuada relación entre el volumen de esta modalidad contractual y la plantilla total de la empresa" o cuando disponía que "podrán identificar aquellos trabajos o tareas con sustantividad propia dentro de la actividad normal de la empresa que puedan cubrirse con contratos de esta naturaleza" (vid., por todas, SSTS de 26 de octubre de 1999, Rec. 818/1999 y 7 de marzo de 2003, Rec. 36/2002). A su favor juega, desde luego, la intacta literalidad del artículo 12 del ET y del propio artículo 16, que en su apartado segundo obliga a mencionar la jornada sin circunscribirla necesariamente al tiempo parcial. Pero, sobre todo, a su favor juegan las posibilidades de que, en la práctica, las exigencias produc-

tinuo: innovación y...", *op. cit.*, p. 184, quien indica que, de hecho, los negociadores de los convenios colectivos que recogen esta posibilidad la condicionan al cumplimiento de ciertos límites.

tivas de las empresas determinen la necesidad de fijos discontinuos a tiempo parcial[100]. Fijar obstáculos a la celebración de contratos a tiempo parcial sería, además, contrario a lo indicado en la cláusula 5ª.1 de la Directiva 97/81, de 15 de diciembre, relativa al Acuerdo marco sobre el trabajo a tiempo parcial, que se refiere a la necesidad de "identificar y examinar los obstáculos de naturaleza jurídica o administrativas que pudieran limitar las posibilidades de trabajo a tiempo parcial y, en su caso, eliminarlos"[101].

Sea como fuere, no hay que olvidar que, aunque se cierre la puerta al fijo-discontinuo a tiempo parcial, queda abierta la posibilidad de acudir, de ser las fechas ciertas, a contratos a tiempo parcial en cómputo anual —sin cobertura por desempleo— con presta-

---

100 LAHERA FORTEZA, J.; VICENTE PALACIO, A., *Los contratos de trabajo fijos discontinuos…, op. cit.*, apartado II.5 y III.24 de la v.e.; LABOR 10 ASESORES, "¿Se puede celebrar un contrato fijo discontinuo a tiempo parcial tras la entrada en Vigor del Real Decreto-ley 32/2021?", en https://labor10.com/real-decreto-ley-32-2021-contrato-fijo-discontinuo-a-tiempo-parcial/. En el caso de las empresas de trabajo temporal hay que tener presente que para la atención a las necesidades temporales de mano de obra de las empresas usuarias se efectúa una remisión al artículo 15. Como tanto los contratos por circunstancias de la producción como los de sustitución admiten la contratación a tiempo parcial se ha interpretado —PÉREZ DE LOS COBOS ORIHUEL, F.; OLEART GODIA, R., "Las ETT ante la reforma de la…", *op. cit.*, p. 234— que respecto de las ETT siempre será factible la contratación fija discontinua a tiempo parcial, sin necesidad de autorización convencional previa.

101 Así lo advierte CRUZ VILLALÓN, J., "Texto y contexto de la reforma laboral de 2021…", *op. cit.*, p. 62-63.

ciones de servicios diarias o semanales inferiores a la ordinaria[102].

23. El régimen de llamamiento. Especial atención merece también la remisión a la negociación colectiva efectuada en relación con el régimen de llamamiento —aplicable a todas las modalidades del contrato a falta de diferenciación legal[103]— que es, por razones evidentes, uno de los núcleos fundamentales del trabajo fijo-discontinuo.

En esta ocasión, el Estatuto de los Trabajadores da entrada al convenio colectivo de cualquier ámbito, así como a los acuerdos de empresa, para que establezcan los criterios "objetivos y formales" por los que debe regirse el llamamiento de las personas fijas-discontinuas. Como ocurría con anterioridad a la reforma, la exigencia de que la negociación colectiva fije los criterios del llamamiento cumple con la finalidad de garantizar que esa llamada se haga con arreglo a un sistema objetivo previamente conocido por los interesados que les permita conocer su derecho y, en su caso, protegerse frente a un posible despido encubierto, por lo que no cabrá, desde luego, que tales criterios sean discriminatorios, ni que su determinación se deje en manos del libre poder de dirección del empre-

---

102 Así se recuerda también en GOERLICH PESET, J. M., "El contrato fijo-discontinuo: innovación y…", *op. cit.*, p. 184; o en LABOR 10 ASESORES, "¿Se puede celebrar un contrato fijo discontinuo…", *op. cit.*

103 Coinciden con ello, entre otros, CAVAS MARTÍNEZ, F., "El nuevo contrato fijo-discontinuo en la reforma…", *op. cit.*, p. 134; GOERLICH PESET, J. M., "La reforma de la contratación…", *op. cit.*, p.86; GORELLI HERNÁNDEZ, J., "El nuevo régimen jurídico del contrato fijo discontinuo…", *op. cit.*, p. 235-236.

sario (*vid.* STS de 7 de marzo de 2003, Rec. 36/2002). Es cierto que ya no se requiere expresamente que los convenios colectivos fijen "el orden" del llamamiento, pero, pese a ello, parece necesario establecer un cierto orden en la reincorporación, pues las diferencias en las necesidades productivas de cada período de actividad podrán tener como consecuencia que no sean necesarios todos los trabajadores fijos-discontinuos[104]. A este respecto, el Tribunal Supremo reconoció expresamente que la falta de llamamiento de los trabajadores fijos-discontinuos estacionales o de temporada no constituye un despido que requiera el tratamiento procedimental oportuno si existe una comunicación dirigida por el empresario a los trabajadores en la que no cabe apreciar voluntad resolutoria del contrato, al contener tan solo la advertencia de que los trabajadores no serán llamados en ese año por la caída del consumo, bastando con el personal fijo, procediendo el año siguiente la empresa al llamamiento de una parte de los mismos (SSTS de 23 y 24 de abril de 2012, Rec. 3106/2011 y 3340/2011, respectivamente)[105]. Tras la

---

104 En este sentido, GORELLI HERNÁNDEZ, J., "El nuevo régimen jurídico del contrato fijo discontinuo…", *op. cit.*, p. 235. En contra, BALLESTER PASTOR, M. A., *La reforma laboral…, op. cit.*, p. 100, para quien todas las personas de la lista tienen derecho a ser llamadas cuando llega el período de referencia que consta en su contrato.

105 La STS de 19 de julio de 2023 (Rec. 103/2021.), si bien se refiere a la aplicación del Real Decreto-ley 8/2020, de 17 de marzo, de medidas urgentes extraordinarias para hacer frente al impacto económico y social del COVID-19, recuerda que el Tribunal ha sostenido históricamente que "en determinados contextos la falta de llamamiento puede estar justificada (STS de 8 de junio de 1988) así como la comunicación de que no podrán atender la

reforma, una interpretación en esta clave —que desvincula la falta de llamamiento del recurso a las técnicas de regulación de empleo cuando la actividad no puede comenzar o no puede dar ocupación a todos los trabajadores— puede sostenerse sin dificultad cuando, por la modalidad de contrato fijo discontinuo, la expectativa de empleo sea incierta como en los fijos-discontinuos clásicos. Sin embargo, cuando la expectativa sea cierta —como sucede ahora, según se dijo, con los contratos de prestación intermitente y períodos de ejecución ciertos, o con los que tienen un límite a la situación de inactividad— la falta de llamamiento exigirá el recurso a las técnicas de regulación de empleo, como vendría a corroborar el inciso final del artículo 16.4 del ET[106].

El mayor problema de la nueva regulación es, con todo, que sigue sin concretarse, criticablemente, criterio legal alguno que pueda aplicarse de forma supletoria. Puesto que se ha optado por deslegalizar la materia, a falta de regulación en el convenio o en el acuerdo de empresa, parece que será necesario acudir a otros instrumentos negociales (acuerdos de la

---

actividad por un descenso drástico de la misma (STS de 24 de abril de 2012, rcud 3340/2011), o el retraso en el llamamiento (SSTS de 22 de diciembre de 1983, de 8 de junio de 1992)". Al respecto se ha señalado —LÓPEZ BALAGUER, M.; RAMOS MORAGUES, F., *La contratación laboral en la reforma...*, *op. cit.*, p. 131— la conveniencia de fijar convencionalmente como "criterios objetivos" las causas —sean caídas de consumo, sean causas naturales u otras— que pueden justificar la limitación del llamamiento.

106 GOERLICH PESET, J. M., "El contrato fijo-discontinuo: innovación y...", *op. cit.*, p. 194.

comisión paritaria, por ejemplo[107]); a la vía contractual individual (art. 3.1 c) ET); o a la costumbre local y profesional (art. 3.4 ET)[108]. En todo caso, cuando el tema se regula, los convenios siguen acudiendo con frecuencia, como era de prever, al criterio de la antigüedad, mencionado históricamente en la legislación, en combinación con la clasificación o especialización profesional del trabajador; pero también se acude a otros criterios nuevos que tienen en cuenta la duración del período de inactividad o las necesidades organizativas o productivas de las empresas[109].

El régimen del llamamiento se completa en el artículo 16.3 mediante tres indicaciones más. La primera de ellas alude a la forma y tiempo en las que debe efectuarse el llamamiento y, en su virtud, éste deberá realizarse por escrito o por otro medio "que permita dejar constancia de la debida notificación a la persona interesada". Existe, pues, un paralelismo evidente y lógico, dadas las consecuencias que podría tener la falta de llamamiento, con el sistema de comunicación

---

107 *Vid.* STS de 19 de enero de 2016, Rec. 1777/2014, en la que la comisión paritaria del convenio colectivo para el personal laboral de la Comunidad de Madrid, en ausencia de criterio convencional, adopta un orden de prelación relativo a los llamamientos.

108 MARTÍNEZ BARROSO, R., "Luces y sombras de la ordenación...", *op. cit.*; GOERLICH PESET, J. M., "La reforma de la contratación...", *op. cit.*, p. 87; SALA FRANCO, T., *Los contratos indefinidos fijos discontinuos...*, *op. cit.*, p. 24-25.

109 GORELLI HERNÁNDEZ, J., "El nuevo régimen jurídico del contrato fijo discontinuo...", *op. cit.*, p. 238; MARTÍNEZ BARROSO, R., "Luces y sombras de la ordenación...", *op. cit.*; GOERLICH PESET, J. M., "El contrato fijo-discontinuo: innovación y...", *op. cit.*, p. 190.

del despido[110], de manera que habría que admitir, por ejemplo, el correo certificado o el burofax con acuse de recibo[111], o la notificación mediante medios electrónicos (correo electrónico o, incluso, whatsapp[112]). La referencia a la notificación a la persona interesada apuntaría, por lo demás, a la imposibilidad de efectuar llamamientos genéricos, debiéndose llamar siempre a cada persona trabajadora fija-discontinua de forma individualizada[113].

Las alusiones a la forma y tiempo en las que hay que realizar el llamamiento se completan con la necesidad de que consten en él las indicaciones precisas de las condiciones de la incorporación y de que se efectúe con una “antelación adecuada”. Es el momento, como se dijo, de concretar, entre otros extremos, la duración del período de actividad, así como la jornada y su distribución horaria, y de hacerlo, en cumplimiento de lo previsto en el artículo 10 de la Directiva 2019/1152, garantizando un “preaviso razonable”. Como el precepto no define tal preaviso, sino que se limita a utilizar, pese

---

110 BALLESTER PASTOR, M. A., *La reforma laboral…, op. cit.*, p. 101.

111 *Cfr.* Artículo 25 del el Acuerdo de modificación del VI Convenio colectivo general del sector de la construcción.

112 Así lo ha entendido la SAN 162/2022, de 5 de diciembre: “La comunicación del llamamiento utilizando WhatsApp, las aplicaciones de mensajería habituales en los teléfonos móviles, o empleando la aplicación de correo electrónico con que cuentan los ordenadores, se realizan por escrito y de ellas queda constancia suficiente para adverar su existencia y contenido. También ocurre igual cuando se utilizan los buzones de voz como medio de comunicación no escrito”.

113 GORELLI HERNÁNDEZ, J., “El nuevo régimen jurídico del contrato fijo discontinuo…”, *op. cit.*, p. 237.

a la inseguridad jurídica que ello implica, un concepto jurídico indeterminado, será necesario que la negociación colectiva especifique la "antelación adecuada" de la que habla el precepto[114], suscitándose, de nuevo, la duda de qué sucederá a falta de previsión convencional[115]. Resulta especialmente criticable, por ello, que los negociadores se limiten a reproducir la exigencia de que la antelación sea "adecuada" pese a desarrollar con detalle el régimen del llamamiento[116].

La segunda de las indicaciones con las que se completa el régimen del llamamiento se encuentra conectada con la anunciada mejora de la transparencia[117],

---

114 SALA FRANCO, T., *Los contratos indefinidos fijos discontinuos…*, *op. cit.*, p. 25; GORELLI HERNÁNDEZ, J., "El nuevo régimen jurídico del contrato fijo discontinuo…", *op. cit.*, p.237. En la misma línea se ha pronunciado la SAN 162/2022, de 5 de diciembre. Debe tenerse en cuenta que el artículo 10 de la Directiva 2019/1152 remite al establecimiento de un preaviso razonable "de conformidad con la legislación, los convenios colectivos o la práctica nacionales". Aunque muchos convenios colectivos están concretando dicho plazo,

115 Una posible solución apuntada en sede doctrinal —GOERLICH PESET, J. M., "La reforma de la contratación…", *op. cit.*, p. 86— sería la aplicación extensiva del preaviso de tres días establecido en el artículo 12.5 d) del ET para las horas complementarias. El autor reconoce, no obstante, que ello podría no ser adecuado dependiendo de los tiempos de actividad e inactividad en cada contrato.

116 Así sucede, por ejemplo, en el I Convenio colectivo Randstad Empleo ETT, SAU. Lo normal es, sin embargo, que se especifique el plazo dependiendo de las características de la actividad. *Vid.* GOERLICH PESET, J. M., "El contrato fijo-discontinuo: innovación y…", *op. cit.*, p. 188.

117 GORELLI HERNÁNDEZ, J., "El nuevo régimen jurídico del contrato fijo discontinuo…", *op. cit.*, p. 239.

ya que se refiere a la obligación empresarial de trasladar a la representación legal de las personas trabajadoras, con la suficiente antelación, al inicio de cada año natural, un calendario con las previsiones de llamamiento anual, o, en su caso, semestral, así como los datos de las altas efectivas de las personas fijas discontinuas una vez se produzcan.

La tercera indicación es la relativa, por último, a la posibilidad de que las personas fijas-discontinuas ejerzan las acciones que procedan en caso de incumplimientos relacionados con el llamamiento, iniciándose el plazo para ello desde el momento de la falta de éste o desde el momento en que la conociesen. Se supera, de este modo, la anterior referencia exclusiva a la posibilidad de ejercicio de la acción de despido, ya que, frente al incumplimiento del régimen de llamamiento, podrían ser procedentes otras acciones, (por ejemplo, de reconocimiento de derechos, o reclamaciones de cantidad si no se respetó el orden del llamamiento o el período mínimo de llamamiento pactado en el convenio colectivo, como sucedía en el supuesto enjuiciado por la STS de 21 de enero de 2014, Rec. 1194/2013). La referencia al *dies a quo* en caso de falta de llamamiento (momento de la falta de llamamiento o momento de su conocimiento por parte de la persona fija-discontinua) se ha puesto en relación[118] con la jurisprudencia que permitía que, ante los posibles cambios de expectativas de una campaña a otra, la persona fija-discontinua reclamase cuando efectivamente no se le llamaba, aunque con anterioridad ya se le hubiera advertido que no se le

---

118 BALLESTER PASTOR, M. A., *La reforma laboral…, op. cit.*, p. 102.

iba a llamar. De esta forma, por ejemplo, en supuestos como el discernido en la STS de 27 de marzo de 2002 (Rec. 2267/2001), relativo a contratos fijos-discontinuos vinculados al curso escolar, la nueva literalidad del precepto permitiría entender que el *dies a quo* para la determinación de la fecha de despido es tanto el momento de la finalización del curso escolar, con firma de recibo de finiquito y recepción de una carta en la que se comunica una eventual nueva contratación en el siguiente curso escolar de precisarse los servicios de la persona trabajadora (momento del conocimiento de la falta de llamamiento por parte de la persona fija-discontinua), como el momento en que iniciado el nuevo curso escolar las personas trabajadoras no son llamadas (momento de la falta de llamamiento).

II. EL CONTRATO DE TRABAJO INDEFINIDO ADSCRITO A OBRA

24. La desaparición del "contrato fijo de obra". Siguiendo la tradición de nuestro ordenamiento en materia de fomento de la contratación indefinida, el Real Decreto-Ley 32/2021 ha creado, específicamente para el sector de la construcción, un nuevo contrato indefinido —el contrato indefinido adscrito a obra— caracterizado por su peculiar régimen de extinción. Para ello, su artículo segundo ha procedido a modificar la disposición adicional tercera de la Ley 32/2006, de 18 de octubre, reguladora de la subcontratación en el Sector de la Construcción, de forma que ahora lleva por título "Extinción del contrato indefinido por motivos inherentes a la persona trabajadora en el sector de la construcción".

El nuevo contrato viene a sustituir la figura —temporal pese a su denominación— del "contrato fijo de obra", cuyos orígenes se remontan a la Reglamentación de Trabajo aprobada por la Orden de 3 de abril de 1946 y a la Ordenanza laboral de 1970, y que, con posterioridad, fue objeto de regulación convencional[119]. Como es sabido, la legalidad de dicha regulación se puso en cuestión, en la medida en que la figura contractual excedía de lo previsto en la ley, a pesar de tratarse de un *numerus clausus* el de los posibles contratos temporales de los artículos 15.1 y 17.3 ET. En efecto, aunque con carácter general el contrato estaba pensado para una sola obra (con independencia de su duración, hasta finalizar los trabajos del oficio y categoría del trabajador en dicha obra), el Convenio General del Sector de la Construcción permitía, desde su versión 2002-2006, que el personal fijo de obra prestara servicios a una misma empresa, y en distintos centros de trabajo de una misma provincia, siempre que existiese acuerdo expreso para cada uno de los distintos centros sucesivos, durante un período máximo de tres años consecutivos, "salvo que los trabajos de su especialidad en la última obra se prolongasen más allá de dicho término". Aunque ello implicaba terminar con la tradicional transformación en fijo de

---

119 Sobre los orígenes y posterior regulación convencional del contrato puede verse ARAGÓN GÓMEZ, C., "Del contrato fijo de obra al contrato indefinido adscrito a obra. Un cambio meramente estético a efectos estadísticos", *Labos, vol. 3,* número extraordinario "La reforma laboral de 2021", 2022, p. 45- 50; o CALVO GALLEGO, F. J.; ASQUERINO LAMPARERO, M. J., "Del contrato fijo de obra a la relación indefinida adscrita a obra y su extinción por razones formalmente inherentes a la persona del trabajador", *Temas Laborales,* nº 161, 2022, p. 184-194.

plantilla por el mero transcurso de tres años[120], la STS de 30 de junio de 2005 (Rec. 2004/2426) admitió la figura por entender que asumía "una antigua y pacífica práctica contractual, la prestación por el trabajador fijo de obra de sucesivos servicios en obras distintas de la contratada, que ya encontraba apoyo legal en el art. 43 de la antigua y derogada Ordenanza de Trabajo de la Construcción del año 70". A juicio del Tribunal, la previsión convencional no diseñaba un nuevo contrato temporal al margen del artículo15 ET, pues lo que pretendía el convenio era "evitar las cargas burocráticas que supondría la formalización de sucesivos contratos con un mismo trabajador, para ajustarse mejor a las necesidades productivas de la empresa, a la vez que facilitar una mayor estabilidad en el empleo de los trabajadores". No obstante, condicionaba la validez del contrato al cumplimiento de la exigencia de identificación individualizada de cada obra.

Además, la disposición adicional 3ª de la Ley 32/2006, de 18 de octubre, de subcontratación en el sector de la construcción, dio cobertura legal expresa al "contrato fijo de obra" en dicho sector, dejando en el aire la legalidad de aquellas figuras contractuales similares establecidas en otros convenios colectivos sectoriales para las que no existía una paralela cobertura legal[121]. Aunque el objetivo declarado era garantizar

---

120 ARAGÓN GÓMEZ, C., "Del contrato fijo de obra al contrato indefinido adscrito a obra…", *op. cit.*, p. 47; o CALVO GALLEGO, F. J.; ASQUERINO LAMPARERO, M. J., "Del contrato fijo de obra a la relación indefinida adscrita a obra…", *op. cit.*, p. 191.

121 En su virtud "Con el objetivo de mejorar la calidad en el empleo de los trabajadores que concurren en las obras de construcción y, con ello, mejorar su salud y seguridad

una mayor estabilidad en el empleo, lo cierto es que la regulación convencional, basándose en la existencia de un único contrato, trató primero de impedir la aplicación de los límites a la concatenación de contratos temporales introducidos por la reforma de 2006 en el artículo 15.5 ET, y evitó después lo dispuesto en materia de concatenación de contratos y duración máxima del contrato de obra o servicio tras la reforma de 2010 en los artículos 15.5 y 15.1 a) del Estatuto. De hecho, la disposición adicional 1ª de la Ley 35/2010, de 17 de septiembre, reconoció a este respecto que lo dispuesto en el artículo 15.1.a), 15.5 y 49.1.c) del ET se entendía sin perjuicio de "lo que se establece o pueda establecerse" sobre el contrato fijo de obra, incluida su indemnización por cese, en la negociación colectiva de conformidad con la disposición adicional 3.ª de la Ley 32/2006, de 18 de octubre. Tras quedar derogada la disposición adicional 1.ª de la Ley 35/2010 por obra de la disposición derogatoria única del Real Decreto Legislativo 2/2015, de 23 de octubre, por el que se aprueba el texto refundido de la Ley del Estatuto de los Trabajadores, su contenido pasó a conformar la disposición adicional 3ª del ET, que el Real Decreto-ley 32/2021 ha mantenido.

25. La STJUE de 24 de junio de 2021 y el régimen transitorio. No resulta extraño, a la vista de todo ello, que las tasas de temporalidad en el sector de la cons-

---

laborales, la negociación colectiva de ámbito estatal del sector de la construcción podrá adaptar la modalidad contractual del contrato de obra o servicio determinado prevista con carácter general mediante fórmulas que garanticen mayor estabilidad en el empleo de los trabajadores, en términos análogos a los actualmente regulados en dicho ámbito de negociación".

trucción hayan superado a la ya de por sí elevada media nacional[122], ni que la inaplicación de los límites legales generales a la contratación temporal condujese al "fuerte cuestionamiento" de la figura efectuado por la jurisprudencia comunitaria en su sentencia de 24 de junio de 2021, C-550/19, *Obras y Servicios Públicos y Acciona Agua*, que está en el origen de la reforma[123].

La sentencia, relativa a un supuesto de encadenamiento de seis contratos "fijos de obra" a lo largo de veintiún años, se plantea, tras reformular las cuestiones prejudiciales primera y segunda, si la cláusula 5, apartado 1, del Acuerdo Marco sobre el Trabajo de Duración Determinada, celebrado el 18 de marzo de 1999, que figura en el anexo de la Directiva 1999/70/CE del Consejo, de 28 de junio de 1999[124], debe interpretarse

---

122 Un análisis sobre el uso del contrato fijo de obra y las cifras de temporalidad en el sector puede encontrarse, por ejemplo, en CALVO GALLEGO, F. J.; ASQUERINO LAMPARERO, M. J., "Del contrato fijo de obra a la relación indefinida adscrita a obra…", *op. cit.*, p. 194-196, o RODRÍGUEZ ESCANCIANO, S., "El nuevo contrato "indefinido adscrito a obra" en el sector de la construcción". En: J. L. Monereo Pérez; Rodríguez Escanciano, S.; Rodríguez Iniesta, G., *La reforma laboral de 2021: estudio técnico de su régimen jurídico*, Murcia, Laborum, 2022, p. 146-147.

123 La única referencia que puede encontrarse en la Exposición de Motivos del Real Decreto-Ley 32/2021 sobre los motivos de la reforma en este punto es, en efecto, la relativa a la desaparición "de la posibilidad de celebrar contratos para obra o servicio determinado, modalidad contractual fuertemente cuestionada por las jurisprudencias interna y comunitaria (STS1137/2020, de 29 de diciembre de 2020 y STJUE de 24 de junio de 2021 —C 550/19—)".

124 Resulta útil recordar que, según dicha cláusula, a efectos de prevenir los abusos como consecuencia de la utiliza-

en el sentido de que se opone a una normativa como el artículo 24 del Convenio Colectivo General del sector de la construcción, con arreglo a la cual pueden celebrarse sucesivos contratos de duración determinada "fijos de obra" de manera tal que los trabajadores que hayan celebrado este tipo de contratos mantengan su condición de trabajadores de duración determinada indefinidamente, o si, en cambio, la renovación de estos contratos puede considerarse justificada por "razones objetivas" —en el sentido del apartado 1, letra a), de esta cláusula— meramente porque esa normativa nacional prevé que dichos contratos se celebran con carácter general para una sola obra, con independencia de su duración. El Tribunal recuerda, en primer lugar, que corresponde al órgano jurisdiccional remitente apreciar en qué medida los requisitos de aplicación y la ejecución efectiva de las disposiciones pertinentes del derecho interno hacen que estas constituyan una medida apropiada para prevenir y, en su caso, sancionar el uso abusivo de sucesivos contratos o relaciones laborales de duración determinada (STJUE de 11 de

---

ción sucesiva de contratos o relaciones laborales de duración determinada los Estados miembros, previa consulta con los interlocutores sociales y conforme a la legislación, los acuerdos colectivos y las prácticas nacionales, y/o los interlocutores sociales, cuando no existan medidas legales equivalentes para prevenir los abusos, introducirán de forma que se tengan en cuenta las necesidades de los distintos sectores y/o categorías de trabajadores, una o varias de las siguientes medidas: a) razones objetivas que justifiquen la renovación de tales contratos o relaciones laborales; b) la duración máxima total de los sucesivos contratos de trabajo o relaciones laborales de duración determinada; c) el número de renovaciones de tales contratos o relaciones laborales.

febrero de 2021, C-760/18, *M. V. y otros*). Pero, a continuación, señala que, no obstante ello, el Tribunal de Justicia, al pronunciarse en un procedimiento prejudicial, puede aportar precisiones destinadas a orientar a dicho órgano jurisdiccional en su apreciación, y a este respecto advierte que "en cualquier caso" tal normativa nacional no puede ser aplicada por las autoridades españolas de un modo tal que la renovación de sucesivos contratos de duración determinada "fijos de obra" se considere justificada por "razones objetivas", en el sentido de la cláusula 5, apartado 1, letra a), del Acuerdo Marco, meramente porque cada uno de esos contratos se suscriba con carácter general para una sola obra, con independencia de su duración "puesto que tal normativa nacional no impide, en la práctica, al empleador de que se trate atender a través de dicha renovación necesidades de personal permanentes y estables".

Vista la contundencia de la jurisprudencia comunitaria acerca de la figura, se suscita la duda del sentido que debe otorgarse al régimen previsto en la disposición transitoria 3ª del Real Decreto-Ley 32/2021, en cuya virtud los contratos fijos de obra que estén vigentes a 31 de diciembre de 2021 resultarán aplicables hasta su duración máxima, en los términos recogidos en el artículo 24 del VI Convenio Colectivo General del Sector de la Construcción. Concretamente, se ha cuestionado la posibilidad de calificar estos contratos como temporales, planteándose, en consecuencia, si deben ser contratos indefinidos ordinarios o contratos indefinidos adscritos a obra[125]. Por el momento,

---

125 BELTRÁN DE HEREDIA RUIZ, I., "Régimen normativo del contrato fijo discontinuo...", *op. cit.*, p. 124.

en cumplimiento de lo dispuesto en la mentada disposición transitoria 3ª, el Acuerdo de modificación del VI Convenio Colectivo General del Sector de la Construcción se ha limitado a renombrar, manteniendo idéntico régimen, el artículo 24 como "Disposición transitoria primera. Contrato fijo de obra".

26. El nuevo contrato indefinido adscrito a obra. Sea como fuere, desde el 31 de diciembre de 2021, resultará de aplicación la regulación del contrato indefinido adscrito a obra que contiene la nueva disposición adicional tercera de la Ley 32/2006 (*vid.* disposición final octava del Real Decreto-Ley 32/2021)[126].

---

[126] Parece razonable entender, por tanto, que desde el 31 de diciembre de 2021 el régimen de la nueva disposición adicional 3ª de la Ley 32/2006 ha sustituido al contenido en el artículo 24 del VI Convenio Estatal de la Construcción, por lo que los contratos posteriores a esta fecha deben ajustarse a lo establecido en ella. De este modo, a pesar de que el contrato fijo de obra siempre ha sido un contrato de obra o servicio, no parece que le resulte de aplicación lo dispuesto en la disposición transitoria cuarta del Real Decreto-Ley 32/2021, que dispone que los contratos para obra y servicio determinado celebrados desde el 31 de diciembre de 2021 hasta el 30 de marzo de 2022, se regirán por la normativa legal o convencional vigente en la fecha en que se han concertado y su duración no podrá ser superior a seis meses. En este sentido, GOERLICH PESET, J. M., "La reforma de la contratación…", *op. cit.*, p. 59 y DE LA PUEBLA PINILLA, A., "RDL 32/2021: el fin de los contratos temporales que conocíamos. Régimen transitorio hasta su definitiva desaparición", *Brief de la AEDTSS*, disponible en https://www.aedtss.com/wp-content/uploads/2022/01/Contratos-temporales.-Regimen-transitorio-ana.pdf. En sentido contrario se ha pronunciado ARAGÓN GÓMEZ, C., "Del contrato fijo de obra al contrato indefinido adscrito a obra…", *op. cit.*, p. 57.

Su apartado primero aporta, en su párrafo segundo, la definición del contrato, indicando que tendrán la consideración de contratos indefinidos adscritos a obra aquellos que tengan por objeto tareas o servicios cuya finalidad y resultado estén vinculados a obras de construcción, teniendo en cuenta las actividades establecidas en el ámbito funcional del Convenio General del Sector de la Construcción[127]. El contra-

---

[127] El artículo 3 del VI Convenio General del Sector de la Construcción dispone a este respecto su obligado cumplimiento en todas las actividades propias del sector de la construcción, que son las siguientes: a) Las dedicadas a la construcción y obras públicas; b) La conservación y mantenimiento de infraestructuras; c) Canteras, areneras, graveras y la explotación de tierras industriales; d) Embarcaciones, artefactos flotantes y ferrocarriles auxiliares de obras y puertos; e) El comercio de la construcción mayoritario y exclusivista. En todo caso, el propio Convenio indica que las actividades que integran su campo de aplicación se relacionan y detallan, a título enunciativo y no exhaustivo, en el Anexo I del mismo (artículo 3.2), y que quedan integradas en el campo de aplicación del Convenio, asimismo, las empresas y los centros de trabajo que, sin estar incluidas expresamente en el Anexo I, tengan como actividad principal las propias del sector de la construcción, de acuerdo con el principio de unidad de empresa (artículo 3.3). En fin, teniendo en cuenta la concurrencia de empresas en un mismo centro de trabajo, la complicación de la gestión de la prevención en estos y lo dispuesto en la Ley reguladora de la subcontratación en el sector de la construcción, también se entienden sometidas a lo dispuesto en el Libro II en relación con las disposiciones mínimas de seguridad y salud aplicables en las obras de construcción y en canteras areneras, graveras y la explotación de tierras industriales, todas aquellas empresas que ejecuten trabajos en los centros de trabajo considerados como obras (artículo 3.4).

to está pensado, pues, como el desaparecido fijo de obra, únicamente para las empresas a las que resulte de aplicación la negociación colectiva del sector de la construcción, sin que esté prevista la ampliación convencional de su ámbito funcional por Convenios Generales distintos, por mucho que históricamente hubiesen desarrollado modalidades contractuales similares al contrato fijo de obra[128]. Así lo demuestran la recién mencionada alusión, las de los apartados segundo y sexto a la negociación colectiva estatal del sector de la construcción y al Convenio General del Sector de la Construcción, y la referencia del apartado tercero a los sindicatos representativos del sector[129]. La celebración del contrato exige, además, que se trate de trabajadores "adscritos a obra", es decir, que exista una vinculación con las obras de construcción, motivo por el que se excluye al llamado "personal de estructura".

27. La finalización de la obra y sus consecuencias. Lo esencial de la nueva regulación es, no obstante, que, tratándose de un contrato indefinido, la finalización de la obra en la que presta servicios la persona trabajadora no conduce, sin más, a la extinción del contrato, sino que determina la obligación para la empresa de efectuarle una propuesta de recolocación, previo desarrollo, de ser preciso, de un proceso de formación (apartado 2 de la disposición adicional 3ª Ley 32/2006).

---

128 CALVO GALLEGO, F. J.; ASQUERINO LAMPARERO, M. J., "Del contrato fijo de obra a la relación indefinida adscrita a obra…", *op. cit.*, p. 208.

129 GOERLICH PESET, J. M., "La reforma de la contratación laboral…", *op. cit*, p. 60.

Siguiendo lo establecido en el artículo 24 del Convenio General del Sector de la Construcción, el apartado tercero de la disposición adicional comentada enumera, en primer lugar, los supuestos en que cabe hablar de "finalización de las obras y servicios": la terminación real, verificable y efectiva de los trabajos desarrollados por esta; la disminución real del volumen de obra por la realización paulatina de las correspondientes unidades de ejecución debidamente acreditada; así como la paralización, definitiva o temporal, de entidad suficiente, de una obra, por causa imprevisible para la empresa y ajena a su voluntad. Más novedosa es la tramitación formal impuesta, que implica poner en conocimiento la finalización de la obra de la representación legal de las personas trabajadoras, en su caso, así como de las comisiones paritarias de los convenios de ámbito correspondiente o, en su defecto, de los sindicatos representativos del sector, con cinco días de antelación a su efectividad[130].

En cuanto al proceso de formación, se prevé, en segundo lugar, que será la negociación colectiva de ámbito estatal del sector de la construcción la que determinará los requisitos de acceso, duración y modalidades de formación adecuadas según las cualificaciones requeridas para cada puesto, nivel, función y grupo profesional. Pero sí se precisa que será "siempre" a cargo de la empresa —que podrá realizarla di-

---

130 Como indica NOGUEIRA GUASTAVINO, M., "En búsqueda de la estabilidad perdida: la reforma de los fijos discontinuos...", *op. cit.*, es novedosa la obligación de comunicar, siquiera subsidiariamente, a los sindicatos representativos del sector. Además, con anterioridad, únicamente era obligatoria la comunicación en caso de paralización temporal.

rectamente o a través de una entidad especializada, siendo preferente la formación que imparta la Fundación Laboral de la Construcción con cargo a las cuotas empresariales— y que el proceso de formación podrá desarrollarse con antelación a la finalización de la obra. Aunque se ha planteado si ello significa que el período de formación únicamente será retribuido si tiene lugar con anterioridad a la finalización de la obra[131], la literalidad legal es lo suficientemente clara como para entender que la empresa deberá asumir, en todo caso, junto a los gastos del proceso, las retribuciones de la persona trabajadora mientras este dure, de manera que, si tiene lugar después de finalizar la obra, será preciso asignar la condición de tiempo de trabajo al invertido en formación[132].

En fin, por lo que a la propuesta de recolocación respecta, la disposición adicional 3ª dispone, en su apartado cuarto, que será formalizada por escrito mediante una cláusula que se anexará al contrato de trabajo, que deberá precisar las condiciones esenciales, ubicación de la obra y fecha de incorporación a la misma, así como las acciones formativas exigibles para ocupar el nuevo puesto. Se establece, además, que con quince días de antelación a la finalización del trabajo en la obra en la que se encuentre prestando servicios la persona trabajadora, deberá ser sometida a su aceptación.

28. La extinción por motivos inherentes a la persona trabajadora. Ahora bien, no cabe olvidar que, si

---

131 RODRÍGUEZ ESCANCIANO, S., "El nuevo contrato "indefinido adscrito a obra" en el sector…", *op. cit.*, p. 178.

132 GOERLICH PESET, J. M., "La reforma de la contratación…", *op. cit.*, p. 62.

bien "sin perjuicio de lo previsto en la sección 4.ª del capítulo III del título I del Estatuto de los Trabajadores"[133], lo característico de los contratos indefinidos adscritos a obra es que podrán extinguirse "por motivos inherentes a la persona trabajadora" conforme a lo dispuesto en la disposición adicional 3ª, que "resultará aplicable con independencia del número de personas trabajadoras afectadas".

Es en el apartado quinto de la mencionada disposición adicional donde se concretan las circunstancias cuya concurrencia permite "una vez efectuada la propuesta de recolocación" extinguir el contrato por tales motivos inherentes a la persona trabajadora:

a) La persona trabajadora afectada rechaza la recolocación. En realidad, en este caso se precisa que la persona trabajadora deberá notificar por escrito a la empresa la aceptación o rechazo de la propuesta en el plazo de siete días desde que tenga conocimiento de la comunicación empresarial y que, transcurrido dicho plazo sin contestación, se entenderá que la persona trabajadora rechaza la propuesta de recolocación.

b) La cualificación de la persona afectada, incluso tras un proceso de formación o recualificación, no resulta adecuada a las nuevas obras que tenga la empresa en la misma provincia[134] o no

---

[133] Artículos 49 a 56 sobre "Extinción del contrato".

[134] La literalidad de esta causa es, ciertamente oscura, pues, como indica ARAGÓN GÓMEZ, C., "Del contrato fijo de obra al contrato indefinido adscrito a obra...", *op. cit.*, p. 53, no queda claro si el legislador se refiere a que la recualificación en la práctica no sea viable o a que el tra-

permite su integración en estas, por existir un exceso de personas con la cualificación necesaria para desarrollar sus mismas funciones. Hay que tener en cuenta que se encomienda a la negociación colectiva de ámbito estatal del sector correspondiente, la determinación de los criterios de prioridad o permanencia que deben operar en caso de concurrir estos motivos en varias personas trabajadoras de forma simultánea en relación con la misma obra.

c) La inexistencia en la provincia en la que esté contratada la persona trabajadora de obras de la empresa acordes a su cualificación profesional, nivel, función y grupo profesional una vez analizada su cualificación o posible recualificación.

Tanto en este supuesto como en el anterior, la empresa deberá notificar la extinción del contrato a la persona trabajadora afectada con una antelación de quince días a su efectividad[135]. Además, la extinción

---

bajador no haya superado satisfactoriamente el curso de formación, con el agravante de que si existieron carencias en el proceso formativo no podría hablarse de motivos inherentes a la persona trabajadora.

135 Pese a que la literalidad legal permite la extinción "una vez efectuada la propuesta de recolocación", es lógico entender —GOERLICH PESET, J. M., "La reforma de la contratación…", *op. cit.*, p. 63; CALVO GALLEGO, F. J.; ASQUERINO LAMPARERO, M. J., "Del contrato fijo de obra a la relación indefinida adscrita a obra…", *op. cit.*, p. 212— que, de no ser posible la propuesta de recolocación, como sucede en los casos de inexistencia de obras o exceso de personas con la cualificación necesaria, esta notificación sustituirá la propuesta de recolocación.

del contrato por estas causas deberá ser puesta en conocimiento de la representación legal de las personas trabajadoras con una antelación de siete días a su efectividad y dará lugar a una indemnización del siete por ciento calculada sobre los conceptos salariales establecidos en las tablas del convenio colectivo que resulte de aplicación y que hayan sido devengados durante toda la vigencia del contrato, o la superior establecida por el Convenio General del Sector de la Construcción (apartado sexto de la disposición adicional 3ª de la Ley 32/2006). Igualmente, la extinción del contrato provocará que la persona trabajadora se considere en situación legal de desempleo, pues el artículo 3 del Real Decreto-Ley 32/2021 ha modificado el artículo 267.1 de la LGSS, que ahora integra la extinción del contrato "por motivos inherentes a la persona trabajadora" regulada en la disposición adicional 3ª.

Pues bien, como la doctrina ya se ha encargado de señalar, la interpretación del régimen descrito —que introduce cambios "meramente estéticos" convirtiendo en "mera decoración" el calificativo indefinido del contrato[136]— suscita numerosos interrogantes e importantes problemas interpretativos de no siempre fácil solución.

El más llamativo de ellos es, sin duda alguna, el que guarda relación con la calificación de las causas que

---

136 VICENTE PALACIO, A., "Contrato para obra o servicio determinado: Descanse en paz. ¡Viva el contrato fijo-discontinuo!". Brief de la AEDTSS disponible en https://www.aedtss.com/wp-content/uploads/2022/01/OBITUARIO-ARANTCHA.pdf; ARAGÓN GÓMEZ, C., "Del contrato fijo de obra al contrato indefinido adscrito a obra...", *op. cit.*, p. 54.

permiten la extinción como "motivos inherentes a la persona trabajadora" cuando resulta evidente que no todas ellas encajan en dicha definición (piénsese, por ejemplo, en la existencia de un exceso de personas con la cualificación necesaria para desarrollar las mismas funciones o en la inexistencia en la provincia de obras de la empresa acordes a la cualificación profesional, nivel, función y grupo profesional, que sin lugar a dudas cabe calificar como organizativas o productivas[137]). Contrariamente, muchas de las circunstancias que dan lugar a la extinción tienen cabida en el concepto comunitario de despido de la Directiva 98/59 del Consejo, de 20 de julio de 1998, relativa a la aproximación de las legislaciones de los Estados miembros que se refieren a los despidos colectivos, pues, como es de sobra conocido, la jurisprudencia del Tribunal de Justicia tiene declarado que el concepto de despido es un concepto de Derecho de la Unión "que no puede ser definido mediante remisión a las legislaciones de los Estados miembros" y que "engloba cualquier extinción del contrato de trabajo no deseada por el trabajador y, en consecuencia, sin su consentimiento" (SSTJUE de 11 de noviembre de 2015, *Pujante Rivera*, C-422/14; de 7 de septiembre de 2006, *Agorastoudis* y otros, C-187/05 a C-190/05; o de 12 de octubre de 2004, *Comisión/Portugal*, C-55/02, entre otras).

El inconveniente es, por tanto, que cuando se trate de "motivos no inherentes a la persona de los trabaja-

---

137 En este sentido, por ejemplo, ARAGÓN GÓMEZ, C., "Del contrato fijo de obra al contrato indefinido adscrito a obra...", *op. cit.*, p. 55, o RODRÍGUEZ ESCANCIANO, S., "El nuevo contrato "indefinido adscrito a obra" en el sector...", *op. cit.*, p. 180-181.

dores", resulta necesario —por imponerlo con claridad la Directiva 98/59- el cómputo de las extinciones realizadas a efectos de definir el carácter colectivo o no del despido, por mucho que la norma trate de evitarlo. Además, de ser colectivo el despido, resultarían aplicables las garantías establecidas en la Directiva —período de consultas, comunicación a la autoridad laboral— que no han quedado incluidas, según se ha visto, en el procedimiento descrito por la disposición adicional 3ª. Habrá que coincidir, pues, en el más que posible planteamiento de una cuestión prejudicial[138].

Al margen de ello, de forma paralela a lo que ya sucediera en el caso del contrato de apoyo a emprendedores, se han planteado dudas acerca de la conformidad del régimen descrito con el principio de extinción causal impuesto por el marco internacional y constitucional, dada la amplitud de la descripción de las causas de extinción "por motivos inherentes a la

---

138 BELTRÁN DE HEREDIA RUIZ, I., "Régimen normativo del contrato fijo discontinuo...", *op. cit.*, p. 122-123; GOERLICH PESET, J. M., "La reforma de la contratación...", *op. cit.*, p. 68-69; CALVO GALLEGO, F. J.; ASQUERINO LAMPARERO, M. J., "Del contrato fijo de obra a la relación indefinida adscrita a obra...", *op. cit.*, p. 214-216; o LAHERA FORTEZA, J., "El contrato indefinido adscrito a obra en la construcción". En: J. Thibault Aranda; A. Jurado Segovia (dirs.), *Interpretación, aplicación y desarrollo de la última reforma laboral*, 1ª ed., Madrid, La Ley, 2023, p. 253, para quien puede plantear un problema de constitucionalidad desde la óptica de la igualdad de trato porque es difícil justificar con objetividad y proporcionalidad la exclusión de reglas de despido colectivo, en causas organizativas y productivas de este sector, cuando todas las empresas del resto de sectores tienen que cumplirlas.

persona trabajadora", en la que ni se tiene en cuenta la heterogeneidad de situaciones, ni se muestra con claridad la causa originaria que permitió hablar de la finalización de la obra o servicio[139]. Además, el carácter necesariamente causal de la extinción ha llevado, por cierto, a defender que la falta de forma y los defectos formales que impliquen insuficiencia de concreción de la justificación deben convertir la extinción en irregular, permitiendo, en caso de recurso, su tratamiento como despido improcedente conforme a las reglas generales[140].

Con independencia de las dificultades relacionadas con las causas extintivas, se ha llamado también la atención[141] sobre lo problemático que resulta el reconocimiento de la prestación por desempleo en los casos de rechazo de la oferta de recolocación, estando

---

139 BELTRÁN DE HEREDIA RUIZ, I., "Régimen normativo del contrato fijo discontinuo...", *op. cit.*, p. 122. A juicio del autor, la respuesta legal homogénea pretende "neutralizar" o "esconder" la causa originaria que motivó la "novación", siendo el efecto más importante de esta uniformización extintiva la previsión de una única indemnización con independencia del motivo extintivo "una especie de despido libre indemnizado".

140 GOERLICH PESET, J. M., "La reforma de la contratación...", *op. cit.*, p. 64-65. El autor entiende, sin embargo, que esta extensión analógica no procedería si el defecto formal se refiere a la falta de notificación a la representación legal o a la falta de puesta a disposición simultánea de la indemnización o a su abono incompleto, aunque ello podría defenderse con fundamento en la remisión al régimen general ("sin perjuicio de lo previsto en la sección 4.ª del capítulo III del título I del Estatuto de los Trabajadores") que efectúa la disposición adicional 3ª.

141 ARAGÓN GÓMEZ, C., "Del contrato fijo de obra al contrato indefinido adscrito a obra...", *op. cit.*, p. 56.

la protección de la contingencia de desempleo dirigida, a decir del artículo 262.1 de la LGSS, a quienes "pudiendo y queriendo trabajar, pierdan su empleo o vean suspendido su contrato o reducida su jornada ordinaria de trabajo". Para superar esta disfunción hay que recordar que los únicos supuestos de resolución voluntaria del contrato generadores de la situación legal de desempleo son, en virtud de lo dispuesto en el artículo 267.1.a) 5° de la LGSS, los previstos en los artículos 40, 41.3, 49.1.m) y 50 del ET. En consecuencia, parece oportuno entender que solamente será posible acceder a las prestaciones por desempleo cuando el rechazo de la oferta de recolocación sea causal, en los términos del mencionado artículo 267.1.a) 5° de la LGSS[142].

142 GOERLICH PESET, J. M., "La reforma de la contratación...", *op. cit.*, p. 68.

Capítulo III

La reforma de la contratación temporal

29. La modificación del artículo 15 del ET. A estas alturas, es de todos conocido que la reducción de la tasa de temporalidad es un objetivo "evidente e ineludible" de la reforma laboral de 2021 y que, incluso, su consecución se considera, como se indica en la Exposición de Motivos del Real Decreto-Ley 32/2021, "medida del éxito de la misma". El Real Decreto-Ley incorpora, efectivamente, una previsión de seguimiento específico de los resultados de la reforma sobre este parámetro en la nueva disposición adicional vigesimocuarta del ET, que con el título "compromiso de reducción de la tasa de temporalidad" recoge la intención del Gobierno de efectuar una evaluación de la reforma mediante el análisis de los datos de contratación temporal e indefinida en enero del año 2025, procediendo a la publicación oficial, a estos efectos, de la tasa de temporalidad general y por sectores. Se prevé, además, la repetición de dicha evaluación cada dos años y, para el caso de que los resultados de la evaluación demuestren que no se avanza en la reducción de la tasa de temporalidad, ya sea en la general o en la de los diferentes sectores, se dispone que el Gobierno elevará a la mesa de diálogo social una propuesta de medidas adicionales que permitan la consecución de dicho objetivo, general o sectorial, para su discusión y eventual acuerdo con los interlocutores sociales.

Desde luego, hay que coincidir en que la limitación de un uso abusivo, injustificado y desproporcionado de la contratación temporal, junto a la promoción de la estabilidad en el empleo, constituye un elemento positivo por sí mismo, ya que supone "un crecimiento del empleo sostenible en el tiempo, mejora las condiciones de trabajo, refuerza los sistemas públicos de protección social, genera inversiones en las empresas en capital tecnológico y humano y fomenta una auténtica capacidad de adaptación de las mismas, haciéndolas menos volátiles y sensibles a los desajustes coyunturales de cada momento"[142]. La vía para lograrlo se enmarca, como se adelantó, en el Componente 23 del Plan de Recuperación, Transformación y Resiliencia, cuya reforma 4 se refiere a

---

[142] La doctrina —por todos, SALA FRANCO, T.; PÉREZ INFANTE, J. I.; LÓPEZ TERRADA, E., *Las modalidades de la contratación laboral,* Valencia, Tirant lo Blanch, 2009, p. 214-215— venía denunciando que la excesiva tasa de temporalidad resulta perniciosa para todos: para la Seguridad Social, la rotación de trabajadores significa el incremento del gasto en las prestaciones por desempleo y, al tiempo, se traduce, por la escasa duración de los contratos, en una exigua protección; para los trabajadores individuales repercute en la imposibilidad de planificación personal y familiar y, según se ha comprobado estadísticamente, en su seguridad y salud; para los sindicatos supone una menor afiliación y fuerza reivindicativa; para las empresas, peligro de "dumping social" —como consecuencia de la existencia de empresas formadas, casi en exclusiva, por trabajadores temporales—, mayores costos de formación profesional y, en términos macroeconómicos, la excesiva temporalidad, dada la reducción de la demanda agregada de bienes y servicios que comporta, ralentización de la economía y consiguiente pérdida de beneficios empresariales.

una "simplificación de los contratos" comprensiva del refuerzo de la causalidad de la contratación temporal. De ahí que la reforma aborde, según se analiza a continuación, la modificación del artículo 15 del ET, en el que se precisan, entre otras cosas, las causas que justifican, tras la desaparición de los contratos para obra o servicio determinado, el recurso a la contratación de duración determinada y en el que se incluyen nuevas reglas comunes a este tipo de contratos.

I. LA INTENSIFICACIÓN DE LA PREFERENCIA POR LA CONTRATACIÓN INDEFINIDA

1. La presunción del carácter indefinido del contrato y el refuerzo de la causalidad

30. El nuevo artículo 15.1 ET. Los objetivos de la reforma laboral de 2021 quedan reflejados, en primer lugar, en la recuperación de la literalidad original del artículo 15.1 del ET —procedente, a su vez, de la Ley 16/1976, de 8 de abril, de relaciones laborales[143]— que vuelve a indicar que el contrato de trabajo "se presume concertado por tiempo indefinido". Con anterioridad, como consecuencia de la reforma de 1994, el artículo 15.1 otorgaba, en principio, libertad al empresario para concertar el contrato de trabajo por tiempo indefinido o por tiempo determinado, aunque se trataba de una libertad de opción limitada,

---

143 BALLESTER PASTOR, I., "La reformulación de los contratos temporales causales: avances, inercias y nuevos peligros", *Revista Crítica de Relaciones de Trabajo, Laborum*, n °2, 2022, p. 105.

ya que, si bien podía contratarse libremente por tiempo indefinido, solo podía contratarse por duración determinada en los supuestos tasados por la ley. Ya existía, pues, pese al cambio terminológico operado por la Ley 11/1994, una preferencia por la contratación indefinida frente a la contratación temporal en el ordenamiento laboral. El propio Tribunal Supremo lo confirmaba, subrayando que el contrato de duración determinada "solo es posible en los casos que la norma explicita, la cual ha mantenido parecidas conversiones en tiempo indefinido, si el trabajador no es alta en Seguridad Social, si se ha cometido fraude de ley o se ha prescindido de la forma escrita legalmente pedida" (STS de 6 de mayo de 2003, Rec. 2941/2002).

No hay duda, sin embargo, que tras la reforma la preferencia legal por la contratación indefinida trata de reforzarse en sus distintas manifestaciones. Así, en cuanto al carácter tasado de los supuestos de contratación temporal, desaparecido el contrato de obra o servicio, el artículo 15.1 deja constancia expresamente de que el contrato de trabajo de duración determinada "solo" podrá celebrarse por circunstancias de la producción o por sustitución de persona trabajadora. Además, para que se entienda que concurre causa justificada de temporalidad, se introduce ahora un control formal que implica especificar con precisión en el contrato la causa habilitante de la contratación temporal, las circunstancias concretas que la justifican y "su conexión con la duración prevista", mejorando con ello el régimen del RD 2720/1998 (cuyo artículo 3.2 a) únicamente aludía, en el caso del contrato eventual, a la identificación de la causa o la circunstancia y a la determinación de la duración), tanto desde el punto de vista de la vigorización de la causalidad como de la mejora del posterior examen administrativo y judicial[144]. En cuanto a las conversiones por tiempo indefinido, es evidente, como se analiza *infra*, su potenciación tanto en caso de incumplimiento del régimen legal (artículo 15.4 ET), como en el de concatenación de contratos temporales (artículo 15.5 ET).

31. Entrada en vigor y régimen transitorio. La correcta valoración de la primera vía elegida para acentuar la preferencia por la contratación indefinida —consistente en limitar a dos los supuestos de contratación por tiempo determinado— requiere efectuar, pese a la contundente literalidad del artículo 15.1, dos tipos de consideraciones de interés.

El primer tipo de consideraciones atiende a la secuencia temporal escogida para proceder a la desaparición de los anteriores contratos temporales del artículo 15. A este respecto, hay que reparar en lo establecido por la disposición final octava respecto a la entrada en vigor del Real Decreto-Ley 32/2021, ya que una de las excepciones a la regla general —entrada en vigor al día siguiente de su publicación en el

---

144 Así lo destacan, entre otros, BALLESTER PASTOR, M. A., *La reforma laboral de 2021…, op. cit.*, p. 56-57; NOGUEIRA GUSTAVINO, M., "El contrato por circunstancias de la producción en el RDL 32/2021", Brief de la AEDTSS disponible en https://www.aedtss.com/wp-content/uploads/2022/01/aedtss-corto-reforma-contratos-temporales-fin-1.pdf; o SALA FRANCO, T., *La reforma laboral: la contratación temporal y la negociación colectiva*, Valencia, Tirant lo Blanch, p. 49. En relación con este control formal pueden verse las sentencias del TSJ de Castilla y León (Valladolid) de 1 de diciembre de 2023 (Rec. 1879/2023) y del TSJ de Madrid de 14 de mayo de 2024 (Rec. 262/2024), que declaran, respectivamente, el cumplimiento y el incumplimiento del mismo.

BOE, el 31 de diciembre de 2021— es, precisamente, la relativa a las modificaciones del artículo 15, que entraron en vigor a los tres meses de su publicación en el BOE, es decir, el 31 de marzo de 2022. Tratándose de contratos anteriores a esa fecha, se diferencia según se trate de contratos vigentes a 31 de diciembre de 2021 y contratos celebrados entre el 31 de diciembre de 2021 y el 30 de marzo de 2022.

En el caso de los contratos vigentes a 31 de diciembre de 2021, la disposición transitoria tercera dispone, por lo que ahora interesa, que los contratos para obra y servicio determinado, los contratos eventuales y los de interinidad "basados en lo previsto" en el artículo 15.1.a), 15.1 b) y 15.1 c), según la redacción vigente antes de la entrada en vigor de la reforma, se regirán hasta su duración máxima por lo establecido en dicha redacción[145]. Pues bien, la literalidad de este régimen transitorio suscita, al menos, dos dudas interpretativas de interés.

La primera de ellas se refiere a la posible "legitimación" de los contratos de obra o servicio que se celebraron justificando su temporalidad en la existencia de un vínculo mercantil de la empresa con un ter-

---

[145] En su párrafo segundo, añade la disposición transitoria tercera 1 que: "Asimismo, los contratos por obra o servicio determinados celebrados por las Administraciones Públicas y sus organismos públicos vinculados o dependientes, previstos en normas con rango de ley, vinculados a un proyecto específico de investigación o de inversión de duración superior a tres años y que estén vigentes en la fecha señalada en el párrafo anterior, mantendrán su vigencia hasta el cumplimiento de la duración fijada de acuerdo a su normativa de aplicación, con el límite máximo de tres años contados a partir de la citada fecha".

cero: ¿la disposición transitoria los está legitimando, permitiendo su aplicación hasta la duración máxima de tres años, o cuatro de establecerlo un convenio colectivo, que mencionaba el artículo 15.1 a) del ET? A mi juicio, tal "legalización" carece de fundamento pues, tratándose de contratos de obra o servicio vigentes a 31 de diciembre de 2021, la aplicación del artículo 15.1 a) debe efectuarse de conformidad con la interpretación que del mismo realizó el Tribunal Supremo a partir de su sentencia de 29 de diciembre de 2020, de modo que no cabría aceptar que la remisión a dicho precepto por parte de la disposición transitoria tercera altere la imposibilidad de vincular contratos de obra o servicio y contratas o concesiones administrativas. Así pues, se trataría de un contrato indefinido cuya extinción constituiría un despido improcedente.

La segunda duda interpretativa que suscita la literalidad de la disposición transitoria tercera alude al alcance de la remisión al artículo 15 en su versión anterior a la reforma. En este terreno, la claridad de la norma —que remite exclusivamente al artículo 15.1 a), b) y c)— y su comparativa con la redacción de la disposición transitoria cuarta —que remite a la normativa legal o convencional vigente en la fecha en que se han concertado los contratos— han llevado a entender que el mantenimiento del régimen anterior de los contratos temporales abarca su causa y duración (que son los extremos regulados en los apartados a), b) y c) del artículo 15), pero no el resto del régimen jurídico del artículo. De ser ello así, les resultaría de aplicación, por ejemplo, la nueva conversión automática que el artículo 15.4 del ET recoge en caso de incumplimiento del régimen legal, lo cual favorecería a los trabajadores eventuales o interinos que superen la duración máxima de sus contratos a partir del 31 de marzo de 2022[146]. La necesidad de garantizar la seguridad jurídica, así como la interpretación lógica y sistemática del precepto abonan, sin embargo, una interpretación distinta. En efecto, en el primer sentido, los criterios "normales" en materia transitoria (*cfr.* disposición transitoria primera del Código Civil) conducen a la aplicación de la regulación anterior a los contratos celebrados de forma previa a la reforma[147]. En cuanto a la interpretación lógica y sistemática del régimen transitorio de los contratos, resulta imposible justificar que algunas de las nuevas previsiones del artículo 15 se declaren aplicables a contratos ya vigentes a 31 de diciembre de 2021, pero se cierre la puerta, a continuación, a su aplicación a los celebrados entre el 31 de diciembre de 2021 y el 30 de marzo de 2022. La diferencia entre la literalidad de ambas disposiciones transitorias parece deberse, más bien, a la introducción de duraciones máximas distintas: si son contratos vigentes a 31 de diciembre de 2021, la duración máxima será la establecida en el artículo 15.1 a), b) y c) (de ahí, probablemente, la referencia expresa a la aplicación de la anterior redacción de dichos apartados del precepto); sin embargo, para determinados contratos celebrados desde el 31 de diciembre de 2021 hasta el 30 de marzo de 2022, la duración no podrá ser superior a seis meses[148].

---

146 DE LA PUEBLA PINILLA, A., "RDL 32/2021: el fin de los contratos temporales que conocíamos…", *op. cit.*, p. 3-4.

147 GOERLICH PESET, J. M., "La reforma de la contratación…", *op. cit.*, p. 33.

148 Desde la doctrina se da por hecho que el mantenimiento de la vigencia tiene lugar de conformidad con el régimen jurídico vigente a 31 de diciembre de 2021. Así, por

En cuanto a los contratos celebrados entre el 31 de diciembre de 2021 y el 30 de marzo de 2022, la previsión de la disposición transitoria cuarta ("Los contratos para obra y servicio determinado y los contratos eventuales por circunstancias del mercado, acumulación de tareas o exceso de pedidos, celebrados desde el 31 de diciembre de 2021 hasta el 30 de marzo de 2022, se regirán por la normativa legal o convencional vigente en la fecha en que se han concertado y su duración no podrá ser superior a seis meses") origina, también, varios interrogantes. El primero tiene que ver con el silencio que guarda la disposición transitoria comentada respecto a los contratos de interinidad celebrados desde el 31 de diciembre de 2021 hasta el 30 de marzo de 2022, silencio que la doctrina, rechazando la hipótesis de un posible olvido del legislador, ha asociado mayoritariamente con la singularidad de estos contratos, cuya causa es determinante de su duración en el caso de la interinidad por sustitución, tanto antes como ahora, por lo que no se precisa el ajuste transitorio; y cuya duración es necesariamente inferior a seis meses en la interinidad por vacante, pues tanto antes como después de la reforma se establece una duración máxima de tres meses que hace igualmente prescindible el ajuste transitorio[149]. Un se-

---

todos, BALLESTER PASTOR, M. A., *La reforma laboral de 2021…, op. cit.*, p. 61; o NAVARRO NIETO, F., "El contrato temporal de sustitución", *Temas Laborales*, nº 161, 2022, p. 153.

149 ROJO TORRECILLA, E., "Las disposiciones transitorias de la reforma laboral de 2021". Brief de la AEDTSS, disponible en: https://www.aedtss.com/wp-content/uploads/2022/01/BRIEF-AEDTSS-eduardo-rojo.pdf; DE LA PUEBLA PINILLA, A., "RDL 32/2021: el fin de los contratos temporales que conocíamos…", *op. cit.*, p. 3;

gundo interrogante exige aclarar si, llegado el plazo máximo de seis meses, cabría extinguir el contrato de obra o servicio pese a la persistencia de causa o si, por el contrario, la subsistencia de la causa convertiría el contrato en indefinido y su extinción en un despido improcedente. El carácter causal del contrato, cuya extinción se vincula necesariamente a la realización de la obra o servicio, abogaría, como antes de la reforma, por esta segunda solución[150].

BALLESTER PASTOR, M. A., *La reforma laboral de 2021…, op. cit.*, p. 61; NAVARRO NIETO, F., "El contrato temporal de…", *op. cit.*, p. 154; o MOLINA HERMOSILLA, O., "El contrato para la sustitución de persona trabajadora". En: J. L. Monereo Pérez; S. Rodríguez Escanciano; G. Rodríguez Iniesta (dirs.), *La reforma laboral de 2021: estudio técnico de su régimen jurídico*, Murcia, Laborum, 2022, p. 113.

150 DE LA PUEBLA PINILLA, A., "RDL 32/2021: el fin de los contratos temporales que conocíamos…", *op. cit.*, p. 3; GOERLICH PESET, J. M., "La reforma de la contratación…", *op. cit.*, p. 33. Cabe recordar que, según un sector doctrinal, la reforma de 2010 "desconectó" la causa de la temporalidad y la vigencia del contrato, de forma que la causa seguía justificando el recurso a la temporalidad, pero no determinaba completamente la duración del contrato, que se podría extinguir por cumplimiento de la duración máxima legal aunque subsistiese la causa (Entre otros, DE LA VILLA GIL, L.E., "La reforma laboral intempestiva, provisional, anodina y nebulosa. Comentario de urgencia al Real Decreto-ley 10/2010, de 16 de junio, de medidas urgentes para la reforma del mercado de trabajo", *Revista General de Derecho del Trabajo y Seguridad Social*, nº 22, 2010, p. 12; SEMPERE NAVARRO, A.V.; PÉREZ CAMPOS, A., "Contrato para obra o servicio determinado". En: A. Sempere Navarro (dir.), *La reforma laboral de 2010*, 1ª ed., Aranzadi, Pamplona, 2010, p. 283; o BLASCO PELLICER, A., "La duración máxima del contrato para obra o servicio determinado", *Actualidad Laboral*, nº

32. Carácter tasado de los supuestos de contratación temporal. El segundo tipo de consideraciones guarda relación, por su parte, con la simplificación del régimen de contratación, puesto que no es tan radical como pudiera parecer tras la lectura del nuevo artículo 15.1 del ET. Así, por un lado, tanto en el contrato por circunstancias de la producción como en el contrato por sustitución de una persona trabajadora la justificación causal admitida tras la reforma es múltiple, de manera que, como se analizará *infra,* existen diferentes modalidades de cada uno de estos contratos. Por otro lado, es notoria la existencia, junto a los supuestos del artículo 15 del ET, de otros casos en los que la duración del contrato es igualmente temporal.

2, 2011, p. 6 de la v.e.). Otro sector de la doctrina negaba, sin embargo, que el empresario pudiese extinguir el contrato llegado el plazo máximo en los casos en que la obra justificativa del contrato se prolongase más de ese tiempo. Para ello se manejan dos argumentos fundamentales que cabe traer aquí: uno, el carácter causal que continuaba teniendo la figura, que cabe derivar del mantenimiento literal de la definición del contrato; y, dos, la finalidad pretendida con la fijación del plazo máximo, que no era otra que la de propiciar la adquisición de fijos de los trabajadores sujetos a este tipo de contratos (GOERLICH PESET, J.M., "La contratación laboral en la reforma laboral de 2010". En: I. García-Perrote; J.R. Mercader, *et. al., La reforma del mercado de trabajo,* Lex Nova, Valladolid, 2010, p. 49; MELLA MÉNDEZ, L., "La desincentivación de la contratación temporal en España por la reforma laboral de 2010", *Documentación Laboral,* nº 90, 2010, p. 63-64; o GARCÍA RUBIO, M.A., "La extinción del contrato de trabajo por expiración del tiempo convenido o realización de la obra o servicio objeto del contrato". En: I. Albiol, *et. al., Extinción del contrato de trabajo,* Valencia, Tirant lo Blanch, 2011, p. 143-144).

El propio Estatuto regula, como es sabido, el contrato formativo en el artículo 11 (con sus dos modalidades: contrato de formación en alternancia y contrato formativo para la obtención de la práctica profesional adecuada al nivel de estudios) y el contrato de relevo en el artículo 12.7, cuya finalidad de fomento del empleo también concurre en los contratos temporales de trabajadores con discapacidad regulados por la disposición adicional primera de la Ley 43/2006, de 29 de diciembre, y en los contratos celebrados por empresas de inserción del artículo 15 de la Ley 44/2007, de 13 de diciembre.

Lo mismo sucede con el nuevo "contrato para la mejora de la ocupabilidad y la inserción laboral" que pueden realizar las administraciones públicas y, en su caso, las entidades sin ánimo de lucro, que es resultado de la introducción por el Real Decreto-Ley 32/2021 (disposición final segunda) de una nueva disposición adicional novena en la Ley de Empleo. En su virtud, la contratación de duración determinada vinculada a los programas de activación para el empleo podrá llevarse a cabo en el marco de un nuevo contrato temporal de causa específica, distinta a las modalidades a las que hace referencia el artículo 15 del ET[151], cuya duración no podrá exceder de doce meses.

---

[151] *Vid.* la "Nota informativa sobre modificaciones en los modelos de contratos de acuerdo con la reforma de la contratación laboral del Real Decreto-Ley 32/2021, de 28 de diciembre, de medidas urgentes para la reforma laboral, la garantía de la estabilidad en el empleo y la transformación del mercado de trabajo", de 29 de marzo de 2022, y la "Nota informativa sobre la utilización del contrato para la mejora de la ocupabilidad y la inserción laboral en el marco de los programas de activación para el empleo de-

Constituye, igualmente, un nuevo contrato temporal con causa específica el "contrato de duración determinada vinculado a programas financiados con fondos europeos", que deriva de lo previsto en la disposición adicional quinta del Real Decreto-Ley 32/2021, en la que se permite la suscripción de contratos de duración determinada por parte de las entidades que integran el sector público, reguladas en el artículo 2 del Real Decreto-Ley 36/2020, de 30 de diciembre, siempre que dichos contratos se encuentren asociados a la estricta ejecución de Plan de Recuperación, Transformación y Resiliencia y solo por el tiempo necesario para la ejecución de los citados proyectos. Se permite, además, la suscripción de contratos de duración determinada que resulten necesarios para la ejecución de programas de carácter temporal cuya financiación provenga de fondos de la Unión Europea[152]. En uno y otro caso se exige la sujeción

sarrollados por las entidades locales", de 10 de mayo de 2022, ambas del SEPE.

152 Debe advertirse que la disposición adicional décima de la Ley 17/2022, de 5 de septiembre, por la que se modifica la Ley 14/2011, de 1 de junio, de la Ciencia, la Tecnología y la Innovación, restringe en su ámbito esta posibilidad a los "contratos necesarios para la ejecución de programas de carácter temporal cuya financiación dependa de fondos europeos no competitivos", contribuyendo con ello (según indica MORENO GENÉ, J., "La reforma de la Ley de la Ciencia: ¿el fin de la temporalidad y la precariedad laboral en el sector de la investigación?", Brief de la AEDTSS, disponible en https://www.aedtss.com/wp-content/uploads/2022/09/josep-2.pdf, p. 5) a la contratación indefinida del personal investigador vinculado a proyectos de investigación europeos. Los contratos celebrados antes, al amparo de la citada disposición adicional quinta, mantendrán su vigencia hasta el cumplimiento de

a los principios constitucionales de igualdad, mérito y capacidad y en los términos establecidos en la Ley 20/2021, de 28 de diciembre, de medidas urgentes para la reducción de la temporalidad en el empleo público.

Por otro lado, puede destacarse también la existencia de un nuevo contrato de duración determinada para artistas, técnicos y personal auxiliar tras la reforma llevada a cabo por el Real Decreto Ley 5/2022, de 22 de marzo, de la normativa reguladora de la relación laboral de carácter especial de los artistas en espectáculos públicos, establecida en el Real Decreto 1435/1985, de 1 de agosto.

En fin, a pesar de la significativa referencia de la disposición derogatoria única. 3 del Real Decreto-Ley 32/2021 a la derogación de las disposiciones referidas a los contratos temporales de obra o servicio contenidas, en particular, en la Ley Orgánica 6/2001, de 21 de diciembre, de Universidades, y en la Ley 14/2011, de 1 de junio, de la Ciencia, la Tecnología y la Innovación, cabe remarcar que vienen a completar el panorama que se describe los contratos de duración determinada que regulan los artículos 19 y siguientes de la Ley 14/2011, de 1 de junio, de la Ciencia, la Tecnología y la Innovación tras la reforma llevada a cabo la Ley 17/2022, de 5 de septiembre, sin olvidar los que reconoce la Ley Orgánica 2/2023, de 22 de marzo, del Sistema Universitario.

---

la duración fijada, con el límite máximo de tres años contados a partir de la fecha de entrada en vigor de la ley (7 de septiembre de 2022).

2. *Las consecuencias del incumplimiento del régimen legal*

33. La distinción entre el fraude de ley y la ilegalidad. Como se ha adelantado, la preferencia por la contratación indefinida venía apoyándose tradicionalmente en un conjunto de preceptos que decretaban, en determinadas situaciones, la duración indefinida del contrato. En teoría, sin embargo, cabía diferenciar las contrataciones efectuadas en fraude de ley de aquellas que se limitaban a contravenir lo dispuesto en la normativa reguladora de la contratación temporal.

Así, cuando los contratos temporales se habían celebrado en fraude de ley se presumían por tiempo indefinido, sin posibilidad de prueba en contrario (presunción *iuris et de iure* de fijeza, anteriores artículos 15.3 del ET y 9.2 de RD 2720/1998). De ahí que, para afirmar la existencia de dicho fraude, la jurisprudencia exigiera la constatación de una conducta con apariencia de licitud que posibilitase, al amparo de una norma legal vigente, la obtención de un resultado o un beneficio no debido ni pretendido por la norma a la que se acogió quien, con su actuar, procedió anómala e irregularmente y cuya plena prueba resulta inexcusable "en orden a la acreditación de su obligado soporte fáctico" (SSTS, ud., de 5 de febrero y 16 de junio de 1986). Más concretamente, se entendía que se "daba vida" al fenómeno descrito en el artículo 6.4 del Código Civil si el contrato de trabajo, pese a concluirse al amparo de una norma que autoriza la contratación temporal, eludía otra norma sobre preeminencia o prioridad del contrato concertado por tiempo indefinido, cuya aplicación no se puede impedir (STS, ud. de 6 de mayo de 2003, Rec. 2941/2002, relativa a un caso en que se trataba de burlar la preferencia del contrato indefinido presente en el artículo 15. 1 del ET por tratarse de una situación laboral que "no implica eventualidad alguna, sino que es una clara manifestación del desarrollo normal y habitual de la actividad gestionada"). En estos casos, el cese del trabajador debía considerarse como un despido improcedente (SSTS, ud., de 13 de octubre de 1986, de 31 de mayo de 1994, Rec. 1906/1993, y de 25 de mayo de 1995, Rec. 2876/1994)[153].

---

[153] Se consideró oportuna la consideración de fraude de ley en supuestos como los siguientes: la celebración de un contrato temporal después de haber puesto término a una relación laboral indefinida (STS, ud., de 18 de mayo de 1992, Rec. 1501/1991); fijar un término a un contrato que inicialmente se pactó como indefinido o debería haber sido indefinido (SSTS, ud., de 19 de junio de 1990; de 22 de diciembre de 1995, Rec. 2154/1995 y de 11 de marzo de 1997, Rec. 3410/1996); la realización de actividades naturales y ordinarias en un contrato de obra o servicio que no es posible calificar de autónomas y diferenciadas de las cotidianas y normales de la empresa (entre otras muchas, SS. TS, ud., de 26 de octubre de 1999, Rec. 818/1999; 27 de marzo de 2002, Rec. 2267/2001; 8 de noviembre de 2005, Rec. 3779/2004 y 22 de febrero de 2007, Rec. 4969/2004, relativas a los profesores cuya ocupación consiste en impartir materias obligatorias y comunes; o SSTS, ud., de 19 de julio de 1999, Rec. 4166/1998; 11 de mayo de 2005, Rec. 4162/2003; 24 de abril de 2006, Rec. 2028/2004; y 20 de octubre de 2010, Rec. 3007/2009 sobre desempeño de actividades habituales en un Instituto de investigación, en un Instituto Municipal de Empleo y Formación, en una Comunidad Autónoma como veterinario, y en el Ejército como intérprete-traductor, respectivamente); destinar al trabajador a puestos de trabajo distintos de la obra o servicio determinado para la que fue contratado (SSTS de 2 de marzo de 1990; de 19 de julio de 1998, Rec. 4295/1997; de 19 de enero de

Pero en otras ocasiones —falta de observancia de las exigencias de formalización escrita, falta de alta en la Seguridad Social o falta de denuncia más allá de la correspondiente duración máxima— la normativa reguladora de la contratación temporal anudaba como consecuencia a la ilegalidad cometida la presunción de que el contrato se celebró por tiempo indefinido, salvo prueba en contrario que acreditase la naturaleza temporal de la prestación (presunción *iuris tantum*, artículo 8.2, anteriores 15.2 y 49.1 c) del ET y 8.2, 9.1 y 9.2 del RD 2720/1998)[154]. Por eso, algunos pronunciamientos del Tribunal Supremo estimaban que no

---

1999, Rec. 1543/1997 y de 21 de septiembre de 1999, Rec. 341/1999) o bien, cuando las actividades que justifican la contratación eventual y las actividades normales de la empresa difieren, ocupar al trabajador eventual en las tareas ordinarias de la empresa y no en la ejecución de las concretas y esporádicas exigencias circunstanciales del mercado, acumulación de tareas o exceso de pedidos que justifican la contratación eventual (SSTS, ud., de 11 de marzo de 1997, Rec. 3940/1996, de 18 de noviembre de 1998, Rec. 317/1997); utilizar el contrato eventual para atender necesidades permanentes de la empresa (por todas, STS, ud., de 6 de mayo de 2003, Rec. 2941/2002); superar la duración del contrato eventual mediante una o sucesivas prórrogas (por todas, SSTS, ud., de 27 de julio de 1993, Rec. 2206/1992 y de 23 de diciembre de 1993, Rec. 2269/1992); la inexistencia o la falta de identificación de la plaza vacante o del trabajador sustituido (por todas, SSTS, ud., de 18 de junio de 1994, Rec. 182/1994 y de 8 de junio de 1995, Rec. 3982/1995).

154 Sin embargo, la inobservancia del período de preaviso de quince días de los contratos de duración superior al año llevaba aparejada el pago de una indemnización equivalente al salario correspondiente a los días en que dicho plazo se hubiese incumplido (artículo 8.3 RD 2720/1998).

podían declararse constitutivos de fraude, por ejemplo, la falta de identificación de la obra o servicio o de la causa del contrato eventual, la trasgresión de los requisitos administrativos exigibles o la elección errónea de la modalidad contractual temporal. El efecto de la infracción no siempre era el mismo: en el primer caso, se presumía *iuris tantum* el carácter indefinido de la contratación (SSTS, ud., de 10 de mayo de 1993, Rec. 1525/1992; de 26 de marzo de 1996, Rec. 2634/1995; de 14 de marzo de 1997, Rec. 1571/1996; de 21 de marzo de 2002, Rec. 1701/2001; de 11 de mayo de 2005, Rec. 4162/2003; de 30 de junio de 2005, Rec. 2426/2004); en el segundo, sencillamente se descartaba la existencia de fraude de ley y la aplicación de la presunción de conversión en un contrato por tiempo indefinido (SSTS de 13 de diciembre de 1987 y de 18 de julio de 1988); mientras que en el tercero se consideraban los contratos como temporales con base en la causa real de la contratación temporal (por todas, SSTS, ud., de 16 de enero de 1996, Rec. 693/1995; de 7 de octubre de 1998, Rec. 5095/1997; o de 8 de abril de 2009, Rec. 788/2008).

Era obvio, no obstante, que la distinción entre las contrataciones temporales no ajustadas a derecho y las efectuadas en fraude de ley no siempre se mostraba con toda la claridad deseable. La confusión derivaba, en esencia, de la mención y tratamiento conjunto de los incumplimientos constitutivos de fraude de ley —que, en el fondo, cabía reconducir a la ausencia de causa de temporalidad— y la comisión de ilegalidades, que llevaba a razonamientos como los siguientes: "la contratación temporal en nuestro sistema es causal, es decir, si la temporalidad no trae su origen de alguna de las modalidades contractuales prevista en el artículo 15 del Estatuto de los Trabajadores, la relación es indefinida. Para la validez de los contratos temporales no solamente es necesario que concurra la causa que los legitima, sino que ha de explicitarse en el propio contrato y, puesto que la temporalidad no se presume, si no se acredita su concurrencia, opera la presunción a favor de la contratación indefinida, pues así se deduce de lo dispuesto en los artículos 15.3 del Estatuto de los Trabajadores y 9.1 del Real Decreto 2720/1998, de 18 de diciembre. Por esa razón los artículos 2, 3 y 4 del Real Decreto de referencia exigen que en el texto de los contratos escritos se expresen, con claridad y precisión, todos los datos aplicables que justifican la temporalidad (...) y si bien la omisión de tales datos no es motivo de nulidad del contrato, la presunción de indefinidad de la relación opera con todas sus consecuencias, si no queda desvirtuada con la prueba que en contrario se practique" (por ejemplo, SSTS de 5 de mayo de 2004, Rec. 4063/2003, de 20 de octubre de 2010, Rec. 3007/2009, de 25 de enero de 2011, Rec. 658/2011, o de 7 de junio de 2011, Rec. 3028/2010).

De esta forma, aunque el carácter fraudulento de la contratación no debía derivar del "desconocimiento" de la normativa aplicable al caso —en cuanto a la necesaria consignación de la causa o la duración del contrato— sino de la inexistencia de causa de temporalidad y consiguiente perjuicio del principio de estabilidad en el empleo, fueron numerosos los pronunciamientos que no diferenciaron adecuadamente uno y otro plano. Así, por ejemplo, en la STS de 29 de marzo de 1993 (Rec.795/1993) se afirmaba que no era dudoso el fraude "cuando la contratación a la que se quiere dar el carácter temporal se hace (cual sucede en el caso de autos con los llamados contratos eventuales) desconociendo toda normativa sobre el particular, omitiendo la consignación de causa, asignando igual trabajo a las mismas contratantes en las sucesivas y prácticamente consecutivas relaciones laborales establecidas, y dando a tales relaciones una duración superior al mínimo legal establecido". Por su parte, en las SSTS, ud., de 27 de julio de 1993 (Rec. 2206/1992) y de 23 de diciembre de 1993 (Rec. 2269/1992) el carácter fraudulento de la contratación parecía tener su origen en el incumplimiento de las previsiones del RD 2720/1998 sobre la prórroga de los contratos eventuales: "En cualquier caso, lo único que aquí existen son prórrogas, que en modo alguno reflejan la voluntad de estipular un nuevo contrato de duración determinada, y que al ir en contra de lo preceptuado en el aludido art. 3.º, dos, b) del Real Decreto 2104/1984, determinan que la comunicación de cese por finalización de contrato, por el juego de lo dispuesto en el art. 6.4 del Código Civil y en los arts. 9.1 y 15.7 del Estatuto de los Trabajadores, implique la existencia de un despido improcedente". Y, en una línea muy similar, en las SSTS, ud., de 11 de marzo de 1997 (Rec. 3940/1996) y de 18 de noviembre de 1998 (Rec. 317/1997) el carácter fraudulento de la contratación se fundamentaba, sin distinción alguna, en la ocupación del trabajador en tareas diferentes de aquéllas para las que fue contratado, en la superación del tiempo máximo de duración del contrato y en la omisión de la concreción de la causa de la eventualidad: "partiendo de que el válido acogimiento de la modalidad contractual (...) no sólo requiere que "se concierten para atender las exigencias circunstanciales del mercado, acumulación de tareas o exceso de pedidos, aun tratándose de la actividad normal de la empresa", sino además que, al ser concertado, sea consignada con precisión y claridad la causa o circunstancia que lo justifique y que, en el desarrollo de la relación laboral, el trabajador sea ocupado en la ejecución de tales tareas, circunstancias estas últimas que no concurren en el supuesto enjuiciado, lo que unido al exceso en el plazo máximo fijado para tal modalidad contractual y al hecho de que no pueda entenderse que realmente el fin perseguido por la empleadora fuera la cobertura provisional de plazas vacantes, lo que excluye también reconducir la causa de la temporalidad a la que sirve la figura de la interinidad, comporta, en suma, entender que la relación laboral traída al proceso devino en por tiempo indefinido".

34. La adquisición automática de fijeza. A la vista de las dificultades descritas, cabe aplaudir la decisión adoptada por el Real Decreto-Ley 32/2021 que, dando una nueva redacción al artículo 15.4 del ET, declara la adquisición automática de fijeza (sin posibilidad, pues, de prueba en contrario) ante cualquier incumplimiento, causal o no, de lo previsto en el artículo 15: "Las personas contratadas incumpliendo lo establecido en este artículo adquirirán la condición de fijas". Añade el propio precepto que también adquirirán la condición de fijas las personas trabajadoras temporales "que no hubieran sido dadas de alta en la Seguridad Social una vez transcurrido un plazo igual al que legalmente se hubiera podido fijar para el periodo de prueba".

En todos los casos en que la adquisición de fijeza proceda —comprensivos del incumplimiento de las reglas del artículo 15.5 que se analizan a continuación— el artículo 15.9 del ET exige que la empresa facilite por escrito a la persona trabajadora, en los diez días siguientes al cumplimiento de los plazos, un documento justificativo sobre su nueva condición de persona trabajadora fija de la empresa, debiendo informar además a la representación legal de los trabajadores sobre dicha circunstancia. En previsión, probablemente, de que la empresa no admita su incumplimiento[155] indica el precepto que "en todo caso" la persona trabajadora podrá solicitar, por escrito al servicio público de empleo correspondiente un certificado de los contratos de duración determinada o temporales celebrados, a los efectos de poder acreditar su condición de persona trabajadora fija en la empresa. El Servicio Público de Empleo deberá emitir dicho documento y lo pondrá en conocimiento de la empresa en la que la persona trabajadora preste sus servicios y de la Inspección de Trabajo y Seguridad Social, si advirtiera que se han sobrepasado los límites máximos temporales establecidos.

A pesar de los cambios señalados, persiste en la nueva regulación el problema de la posible insuficiencia de la declaración de fijeza del trabajador temporal, que sigue conduciendo, simplemente, al pago de una indemnización por despido improcedente cuya cuantía, además, dada la escasa duración de la inmensa mayoría de contratos temporales, ni disuade al empresario del recurso a la contratación temporal, ni incentiva la posible reclamación del trabajador. Puesto que esta ineficacia oscurece el robustecimiento de la preferencia por la contratación indefinida, estuvo sobre la mesa durante las negociaciones de la reforma la incorporación de una nueva causa de nulidad para el despido de las personas trabajadoras que hubiesen suscrito un contrato de duración determina-

---

155 LÓPEZ BALAGUER, M.; RAMOS MORAGUES, F., *La contratación laboral en la reforma…*, *op. cit.*, p. 93.

da al margen de las razones justificativas previstas en el ordenamiento laboral[156]. Aunque la propuesta no prosperó, es evidente que continúa abierto el debate, entre otras cosas porque no han sido descartados por completo en la doctrina de suplicación ni el reconocimiento, con fundamento en el artículo 10 del Convenio n°158 de la OIT y en el artículo 24 la Carta Social Europea, de una indemnización adicional a la del despido improcedente cuando esta no resulte "adecuada", ni la integración en esa indemnización adecuada de la correspondiente, en su caso, a los daños y perjuicios causados[157].

---

156 NIETO ROJAS, P., "La contratación temporal en el RD Ley 32/2021. Nuevas reglas en materia de encadenamiento, sanciones y presunciones", *Labos*, vol. 3, Número extraordinario "La reforma laboral de 2021", 2022, p. 34-35, por todos.

157 SS.TSJ de Cataluña de 23 de abril, 20 de mayo o 14 de julio de 2021 (Rec. 826/2021, 5234/2020 y 1811/2021), que aplican por analogía el artículo 281.2 b) de la LRJS, relativo a la ejecución de sentencias firmes en materia de despido sin descartar que "la "indemnización adecuada" en determinadas situaciones pueda integrar también otros conceptos resarcitorios cuando la con ducta extintiva del empleador cause perjuicios a la persona asalariada que superen el mero lucro cesante. Al respecto pueden verse también las sentencias del TSJ de Castilla y León (Valladolid) de 1 de marzo de 2021 (Rec. 103/2021) y del TSJ de Navarra de 24 de junio de 2021 (Rec. 198/2021). En sentido contrario, entre otras, SS.TSJ de Madrid de 3 de noviembre de 2020, Rec. 587/2020; del País Vasco de 12 de enero de 2021, Rec. 1507/2020 y 1563/2020, y de 1 de junio de 2021, Rec. 901/2021; o de Asturias de 21 de diciembre de 2021, Rec. 2295/2021. Como es sabido, también se ha cuestionado el sistema español de indemnización tasada en las reclamaciones colectivas interpuestas por UGT y CCOO

La adquisición de fijeza *iuris et de iure* ante cualquier incumplimiento de lo previsto en el artículo 15 del ET plantea, por lo demás, la necesidad de cohonestar esta conversión ante el incumplimiento de la exigencia formal del artículo 15.1 (especificar con precisión en el contrato la causa habilitante de la contratación temporal, las circunstancias concretas que la justifican y su conexión con la duración prevista) y el mantenimiento de la presunción *iuris tantum* del artículo 8.2 del ET en caso de incumplimiento de la forma escrita[158]. Si bien la preservación de esta regla

---

ante el Comité Europeo de Derechos Sociales del Consejo de Europa. En su contestación a la presentada por el sindicato UGT (decisión de 20 de marzo de 2024, publicada el 29 de julio de 2024), el Comité confirma que la legislación española vulnera el artículo 24 de la Carta Social Europea, que garantiza el derecho de los trabajadores a una protección adecuada en caso de despido, indicando que la compensación establecida por la ley española, fija y predecible, no es suficiente para cubrir los daños reales sufridos por las personas trabajadoras despedidas injustificadamente y no tiene un efecto disuasorio suficiente para los empleadores. En este contexto, adquieren especial importancia las sentencias del Tribunal Supremo de 28 de marzo y 11 de mayo de 2022 (Rec. 471/2020 y 1170/2021), cuyo comentario puede encontrarse, junto a un análisis del tema del control de convencionalidad en LÓPEZ TERRADA, E., "El control de convencionalidad, la aplicabilidad de la carta social europea y la indemnización tasada de los despidos sin causa". En: T. Sala Franco, *et. al.*, *Jurisprudencia Social a debate. 2ª Edición corregida y aumentada*, Valencia, Tirant lo Blanch, 2023, p. 167 y ss.

158 El Proyecto de Ley por el que se modifican el Texto Refundido de la Ley del Estatuto de los Trabajadores, aprobado por el Real Decreto Legislativo 2/2015, de 23 de octubre, y otras disposiciones en materia laboral, para la

sobre formalización del contrato conduce a otra interpretación[159], la finalidad de la reforma, unida a la contundencia de la literalidad del artículo 15.1 —que actuaría aquí como norma especial— permiten pensar en una declaración de fijeza *iuris et de iure* cuando el contrato temporal del artículo 15 incumpla la forma escrita y, en consecuencia, no se especifiquen los

---

transposición de la Directiva (UE) 2019/1152 del Parlamento Europeo y del Consejo, de 20 de junio de 2019, relativa a unas condiciones laborales transparentes y previsibles en la Unión Europea (BOCG de 16 de febrero de 2024), actualiza la literalidad del artículo 8.2 del ET y la modifica en relación con la obligación de que figuren por escrito los contratos de trabajo, incluyendo los de duración inferior a cuatro semanas, pero conserva la presunción *iuris tantum* de no observarse la exigencia de forma escrita: "Deberán constar por escrito los contratos de trabajo cuando así lo exija una disposición legal y, en todo caso, los contratos formativos, los contratos a tiempo parcial y de relevo, fijos-discontinuos y los contratos temporales y de duración determinada. Deberán constar igualmente por escrito los contratos de trabajo de las pescadoras y pescadores, de las personas que trabajen a distancia y de las personas contratadas en España al servicio de empresas españolas en el extranjero. De no observarse la exigencia de forma escrita, el contrato de trabajo se presumirá celebrado por tiempo indefinido y a jornada completa, salvo prueba en contrario que acredite su naturaleza temporal o el carácter a tiempo parcial de los servicios. Cualquiera de las partes podrá exigir que el contrato se formalice por escrito, incluso durante el transcurso de la relación laboral".

159 GOERLICH PESET, J. M., "La reforma de la contratación...", *op. cit.*, p. 52; NIETO ROJAS, P., "La contratación temporal en el RD Ley 32/2021...", *op. cit.*, p. 34; SALA FRANCO, T., *La reforma laboral: la contratación temporal y...*", *op. cit.*, p. 52.

extremos indicados[160]. Y es que el nuevo artículo 15.1, al supeditar la causa de temporalidad a su especificación en el contrato, viene a confirmar la interpretación jurisprudencial comentada *supra*, que vinculaba el fraude de ley y la consiguiente declaración de fijeza *iuris et de iure* no solo a la inexistencia de causa, sino también a la omisión en el contrato de la concurrencia de la misma[161]. Por eso, al quebrar la lógica que cabía reclamar antes de la reforma —presunción *iuris tantum* si faltaba la forma escrita o en caso de falta de consignación de la causa; presunción *iuris et de iure* únicamente de faltar la causa justificativa— no resulta extraño que la conversión de fijeza *iuris et de iure* tam-

---

160 En este sentido, IGARTUA MIRÓ, M. T., "Las medidas sancionadoras frente a la contratación temporal abusiva", *Temas Laborales*, nº 161, 2022, p. 271; LÓPEZ BALAGUER, M.; RAMOS MORAGUES, F., *La contratación laboral en la reforma…*, *op. cit.*, p. 87; o GIL PLANA, J. "Reforma de la contratación laboral". En: J. Thibault Aranda; A. Jurado Segovia (dirs.), *Interpretación, aplicación y desarrollo de la última reforma laboral*, 1ª ed., Madrid, La Ley, 2023, p. 83.

161 En este sentido, por ejemplo, pueden verse las sentencias del Tribunal Superior de Justicia de Cataluña de 14 de febrero de 2024, Rec. 6304/2023 ("…con la norma vigente desde el 30-3-2022, una vez han sido incumplidos en el momento de la contratación los requisitos formales que sustentan la temporalidad del contrato, estos devienen en insubsanables y la relación laboral es de carácter indefinido") y del Tribunal Superior de Justicia de Madrid de 14 de mayo de 2024,Rec. 262/2024 ("…se introduce la necesidad de que el plazo fijado para atender a la circunstancia del mercado que justifica la contratación temporal tenga conexión con el plazo fijado para llevarla a cabo y que se especifique ese extremo. No basta con que concurra. Es preciso que se haga constar").

bién se produzca tratándose de contratos temporales del artículo 15 sin forma escrita.

3. Los límites legales al encadenamiento de contratos temporales

35. Encadenamiento de contratos temporales y adquisición de fijeza. En la misma línea de "encarecimiento" de la contratación temporal se sitúan las novedades acaecidas en materia de limitación al encadenamiento de contratos temporales.

Cuando el encadenamiento afecta al mismo trabajador, la nueva dicción del artículo 15.5 ET circunscribe su ámbito de aplicación, en cuanto a las modalidades contractuales a tener en cuenta, al contrato por circunstancias de la producción, tras desaparecer el contrato de obra o servicio determinado[162]. Además, el período de tiempo y el plazo máximo de duración de la contratación relevantes para la adquisición de

---

162 Cabe señalar que permanece vigente el apartado tercero de la disposición adicional decimoquinta del ET, ya que la disposición derogatoria única del Real Decreto-Ley 32/2021 solo se refiere a los apartados primero y segundo. En su virtud, "Para la aplicación del límite al encadenamiento de contratos previsto en el artículo 15.5, solo se tendrán en cuenta los contratos celebrados en el ámbito de cada una de las Administraciones Públicas sin que formen parte de ellas, a estos efectos, los organismos públicos, agencias y demás entidades de derecho público con personalidad jurídica propia vinculadas o dependientes de las mismas. En todo caso, lo dispuesto en dicho artículo 15.5 no será de aplicación respecto de las modalidades particulares de contrato de trabajo contempladas en la Ley Orgánica 6/2001, de 21 de diciembre, de Universidades o en cualesquiera otras normas con rango de ley".

fijeza se restringen de manera notable: si antes el plazo máximo era de veinticuatro meses en un período de treinta, ahora es de dieciocho en un período de veinticuatro. De este modo, adquirirán la condición de personas trabajadoras fijas las que en un periodo de veinticuatro meses hubieran estado contratadas durante un plazo superior a dieciocho meses "con o sin solución de continuidad, para el mismo o diferente puesto de trabajo con la misma empresa o grupo de empresas, mediante dos o más contratos por circunstancias de la producción, sea directamente o a través de su puesta a disposición por empresas de trabajo temporal". Esta previsión sigue siendo aplicable cuando se produzcan supuestos de sucesión o subrogación empresarial conforme a lo dispuesto legal o convencionalmente (artículo 15.5.1° del ET) y, desde luego, sigue siendo inocua la duración de la solución de continuidad (de más o menos de veinte días) si se cumplen los parámetros temporales previstos.

Cuando se trata del encadenamiento de contratos con distintos trabajadores para ocupar un mismo puesto de trabajo, por fin se han establecido explícitamente por la ley medidas destinadas a combatir los abusos en la utilización sucesiva de la contratación temporal, frente a la anterior y poco efectiva remisión a la negociación colectiva[163]. Dichas medidas,

---

[163] La adopción de dichas medidas se venía reclamando tiempo atrás —*vid.* SALA FRANCO, T.; PÉREZ INFANTE, J. I.; LÓPEZ TERRADA, E., *Las modalidades de la contratación..., op. cit.*, p. 225— para adecuar nuestra normativa de contratación temporal a las exigencias de la Directiva comunitaria 99/70/CEE, dado que la negociación colectiva únicamente trataba el tema de forma aislada —por todos, VALVERDE ASENCIO, A. J., "La limitación a la su-

con objeto de disuadir del recurso a la contratación temporal y de promocionar la reclamación por parte del trabajador[164], implican que la condición de fija alcanzará a la persona "que ocupe un puesto de trabajo que haya estado ocupado con o sin solución de continuidad, durante más de dieciocho meses en un periodo de veinticuatro meses mediante contratos por circunstancias de la producción, incluidos los contratos

---

cesión de contratos temporales. Un análisis del artículo 15.5 del Estatuto de los Trabajadores (I)", *Relaciones Laborales*, nº 13, 2008, p. 33-34. Para hacer frente a las situaciones de rotación de trabajadores en un mismo puesto de trabajo, se había sugerido doctrinalmente (CAMPS RUIZ, L. M., "La reforma de la contratación temporal en la Ley 35/2010". En: C. L. Alfonso, *et al., La reforma laboral en la Ley 35/2010*, 2010, Valencia, Tirant lo Blanch, p. 41) la incorporación de algún tipo de regla especial sobre caducidad de la acción por despido, pues en estos casos, por mucho que el trabajador tuviera la constancia de que la empresa había contratado otro trabajador para sustituirlo, lo normal es que le resultase ya imposible impugnar su cese por dicha causa. Durante la tramitación parlamentaria del Real Decreto-Ley 3/2012, con un enfoque distinto, pero idéntica finalidad, el Grupo Parlamentario de IU-ICV-EUiA, CHA —La Izquierda Plural— presentó una enmienda a la Mesa de la Comisión de Empleo y Seguridad Social (la número 126) que incluía, entre otras cosas, un nuevo inciso final en el artículo 15.5 del siguiente tenor: "A falta de cláusula convencional al efecto, un mismo puesto de trabajo no podrá ser ocupado por diferentes trabajadores al amparo de contratos temporales durante un plazo superior a veinticuatro meses".

164 Como señala BALLESTER PASTOR, M. A., *La reforma laboral de 2021…, op. cit.*, p. 54, no se trata, por tanto, de encontrar a la persona trabajadora "con mejor derecho a ocupar la plaza con carácter indefinido en atención, por ejemplo, al tiempo que la hubiera ocupado".

de puesta a disposición realizados con empresas de trabajo temporal". Vuelve a suscitarse, pues, el debate, acerca de qué cabe entender por "puesto de trabajo". Al interpretar la literalidad original del artículo 15.5 del ET, introducido por la reforma laboral de 2006, la doctrina de suplicación avanzó, esencialmente, tres tesis interpretativas diferentes de muy diversos "efectos colaterales" (cara a la encadenamiento de contratos temporales de obra o servicio determinado coincidentes con la contratación mercantil de obras o servicios de los contratistas o subcontratistas): 1ª) Una interpretación restrictiva, de carácter locativo o geográfico, que situaba el puesto de trabajo necesariamente en el mismo centro de trabajo; 2ª) Una interpretación más amplia que identificaba "puesto de trabajo" con "funciones desempeñadas" por el trabajador, con independencia del centro de trabajo donde realizase esas funciones; y 3ª) Una interpretación aún más amplia que identificaba "puesto de trabajo" con las "funciones correspondientes a la categoría o grupo profesional" en que se encontrase clasificado el trabajador[165]. Finalmente, en la doctrina sentada por el Tribunal Supremo acerca de la interpretación del artículo 15.5 en la redacción dada por la Ley 43/2006, se distinguieron aquellas situaciones en las que incidía la regulación convencional del sector de la construcción de aquellas otras en que no ocurre así. En

---

165 Extensamente, entre otros, ALFONSO MELLADO, C. L., Las actuaciones para reducir la temporalidad en los contratos laborales, *Temas Laborales*, nº 107, 2010, p. 112; GOERLICH PESET, J. M., "La contratación temporal en la reforma laboral de 2010". En: I. García-Perrote; J.R. Mercader, *et al.*, *La reforma del mercado de trabajo*, 2010, Valladolid, Lex Nova, p. 54.

el primer escenario, la diferente localización de las obras fue determinante para la consideración de que el puesto de trabajo no era el mismo[166]. Sin embargo, en el segundo tipo de realidades analizadas, relativas a encadenamientos de contratos en Administraciones Públicas, ante el desempeño de servicios en la misma ubicación, si bien para distintas programaciones, se consideró que no concurrían las condiciones que permiten apreciar diferencia en el puesto de servicio a lo largo de la duración de los años del contrato[167]. La sentencia de 22 de junio de 2011 (Rec. 4556/2010) ilustra la postura adoptada por el Tribunal Supremo en este segundo tipo de pronunciamientos: "las dos últimas contrataciones de la demandante (...) han de entenderse referidas al mismo puesto de trabajo porque las funciones desempeñadas por ella, acordes a su condición y categoría de Titulada Superior, aunque diferentes en razón de las diversas fases del mismo y único proyecto de investigación a las que era adscrita, no han variado en lo sustancial. Son precisamente esas funciones técnicas, exclusivas y características de la titulación superior que posee, las que definen y dan sentido a la prestación laboral, lo cual, unido a la identidad del lugar en el que siempre se han ejercido (el Instituto de Catálisis y Petroquímica de Cantoblan-

---

166 SS.TS de 25 de mayo de 2011 (Rec. 1907/2010); de 15 de junio de 2011 (Rec.2005/2010); de 19 de julio de 2011 (Rec. 1961/2010) y de 8 de febrero de 2012 (Rec.2839/2011).

167 SS.TS de 19 de julio de 2010 (Rec. 3655/2009); de 9 de diciembre de 2010 (Rec. 321/2010); de 15 de febrero de 2011 (Rec. 1804/2010); de 19 de abril de 2011 (Rec. 2013/2010); de 24 de mayo de 2011 (Rec. 2524/2010); de 22 de junio de 2011 (Rec. 4556/2010); y de 13 de septiembre de 2011 (Rec. 3335/2010).

co), conduce a asegurar, como afirma el Ministerio Fiscal, que en todos los contratos, y desde luego en los dos últimos, desempeñó funciones equivalentes a un mismo puesto de trabajo, que es lo que exige el art. 15.5 ET, en la redacción que aquí resulta de aplicación (Ley 43/2006), para adquirir la fijeza pero que, en este caso, y dada la condición de organismo público de la entidad demandada, ha de calificarse como indefinida en razón a los principios constitucionales de publicidad, mérito y capacidad que rigen en el acceso al empleo público".

Este nuevo régimen sobre encadenamiento de contratos, según indica la disposición transitoria quinta del Real Decreto-Ley 32/2021, será de aplicación a los contratos de trabajo suscritos a partir de la entrada en vigor del mismo (es decir, a partir del 30 de marzo de 2022, por indicación de la disposición final octava 2. b). Tratándose de contratos suscritos con anterioridad —habrá que entender de obra o servicio o eventuales, por ser los que computaban antes de la reforma[168]— a los efectos del cómputo del número de contratos, del período y del plazo previsto en el artículo 15.5, se tomará en consideración sólo el contrato vigente a 31 de diciembre de 2021, por ser la fecha de entrada en vigor del Real Decreto-ley. Desde la doctrina se han efectuado a este respecto dos puntualizaciones de interés: una, que el contrato vigente a 31 de diciembre computa desde su entrada en vigor, esto es, en toda su duración, tanto a efectos de la duración máxima como del período de referencia de 24 meses; otra, que por coherencia con esta regla,

---

168 BELTRÁN DE HEREDIA RUIZ, I., "Régimen normativo del contrato fijo discontinuo...", *op. cit.*, p. 55.

tendrán que computar también los contratos suscritos al amparo de la disposición transitoria cuarta del Real Decreto-Ley 32/2021 (contratos de obra y servicio o eventuales celebrados desde el 31 de diciembre de 2021 hasta el 30 de marzo de 2022)[169].

4. *El fortalecimiento de las garantías colectivas de los contratos de duración determinada*

36. Los nuevos derechos de información. En el terreno de las garantías legales de la contratación temporal, junto al indispensable mantenimiento, a la luz de la Directiva 1999/70/CE, de la equiparación de los trabajadores temporales y los fijos del artículo 15.6 del ET, se observa un indiscutible refuerzo de las garantías de carácter colectivo.

Así, de un lado, pueden destacarse nuevos derechos de información de los representantes de los trabajadores que facilitan, sin duda alguna, el control colectivo del cumplimiento de la normativa reguladora de la contratación temporal[170]. En efecto, en la nueva literalidad del artículo 15.7, además de mantenerse la obligación empresarial antes recogida en el apartado 4 ("Las empresas habrán de notificar, asimismo a la representación legal de las personas trabajadoras los

---

169 DE LA PUEBLA PINILLA, A., "RDL 32/2021: el fin de los contratos temporales que conocíamos…", *op. cit.*, p. 4; NIETO ROJAS, P., "La contratación temporal en el RD Ley 32/2021…", *op. cit.*, p. 37.

170 UGT, "Análisis del Real Decreto-Ley 32/2021, de 28 de diciembre. La nueva regulación sobre contratación temporal", *Servicio de Estudios UGT*, nº 35, 2022, p. 10, GOERLICH PESET, J. M., "La reforma de la contratación…", *op. cit.*, p. 50.

contratos realizados de acuerdo con las modalidades de contratación por tiempo determinado previstas en este artículo, cuando no exista obligación legal de entregar copia básica de los mismos"), se introduce la necesidad de trasladar a la representación legal de las personas trabajadoras la información sobre la existencia de puestos de trabajo vacantes a la que se refiere el párrafo primero del precepto[171]. A ello se añade la obligación establecida ahora en el ya comentado artículo 15.9 del ET, que se refiere al deber empresarial, en los supuestos previstos en los apartados 4 y 5 del artículo 15 del ET, de facilitar por escrito a la persona trabajadora, en los diez días siguientes al cumplimiento de los plazos, un documento justificativo sobre su nueva condición de persona trabajadora fija de la empresa "debiendo informar a la representación legal de los trabajadores sobre dicha circunstancia".

37. El papel de los convenios colectivos. De otro lado, cabría aludir a las competencias atribuidas a la negociación colectiva en el artículo 15.8 del ET, que han quedado claramente intensificadas, pues ahora los convenios colectivos podrán establecer planes de reducción de la temporalidad; fijar criterios generales relativos a la adecuada relación entre el volumen de

---

171 Según el artículo 15.7.1º: "La empresa deberá informar a las personas con contratos de duración determinada o temporales, incluidos los contratos formativos, sobre la existencia de puestos de trabajo vacantes, a fin de garantizarles las mismas oportunidades de acceder a puestos permanentes que las demás personas trabajadoras. Esta información podrá facilitarse mediante un anuncio público en un lugar adecuado de la empresa o centro de trabajo, o mediante otros medios previstos en la negociación colectiva, que aseguren la transmisión de la información".

la contratación de carácter temporal y la plantilla total de la empresa; criterios objetivos de conversión de los contratos de duración determinada o temporales en indefinidos; así como fijar porcentajes máximos de temporalidad y las consecuencias derivadas del incumplimiento de los mismos. Se permite, igualmente, que los convenios colectivos establezcan criterios de preferencia entre las personas con contratos de duración determinada o temporales, incluidas las personas puestas a disposición. Y, además, se menciona que los convenios "establecerán" medidas para facilitar el acceso efectivo de estas personas trabajadoras a las acciones incluidas en el sistema de formación profesional para el empleo, a fin de mejorar su cualificación y favorecer su progresión y movilidad profesionales.

Pues bien, en relación con esta previsión, parece conveniente realizar varias precisiones de muy distinto tipo.

La primera de ellas atiende a la importancia de concretar en el convenio colectivo las consecuencias derivadas del incumplimiento de los compromisos en materia de control del empleo temporal, a la vista de los tradicionales problemas de eficacia planteados por los compromisos de empleo, que se han considerado por la jurisprudencia como meras "obligaciones de hacer" inexigibles judicialmente[172].

---

172 GOERLICH PESET, J. M., "El ingreso del trabajador en la empresa". En: J. M. Goerlich (dir.), *Derecho del trabajo*, Valencia, Tirant lo Blanch, 2021, p. 218. Existen, con todo, excepciones relevantes como la constituida por la STS de 26 de abril de 2007 (Rec. 84/2006), en la que se calificó como "inequívocamente normativa" una cláusula convencional por la que la empresa se comprometía a dotar

La segunda precisión se refiere, por su parte, al desigual tratamiento otorgado a la negociación colectiva en materia de contratación temporal por parte de la reforma. A este respecto, cabe destacar que el incremento de funciones descrito no debe ocultar la existencia de un menor número de remisiones a los convenios colectivos en materia de contratación temporal que, seguramente, guarde relación con la tendencia seguida con anterioridad a la reforma por la mayoría de convenios, ampliatoria de los plazos de duración máxima de los contratos temporales[173]. Tras la reforma, únicamente se permite ampliar al convenio colectivo de ámbito sectorial la duración máxima del contrato por circunstancias de la producción (hasta un año) y, además, desaparecen las reglas que invitaban a la concreción de las causas de temporalidad[174]. Como, obviamente, ello no significa que la negociación colectiva, dentro del respeto a los límites legales, no pueda proceder a dicha concreción, es

---

veinte nuevas plazas a cubrir por el sistema de promoción interna.

173 CRUZ VILLALÓN, J., "Texto y contexto de la reforma laboral de 2021…", *op. cit.*, p. 62; GOERLICH PESET, J. M., "La reforma de la contratación…", *op. cit.*, p. 48.

174 En efecto, la ley permitía la posibilidad de que se concretase en los convenios colectivos sectoriales y de ámbito inferior, incluidos los convenios de empresa, aquellos trabajos o tareas "con sustantividad propia dentro de la actividad normal de la empresa" que podían cubrirse con contratos de obra o servicio (anterior artículo 15.1 a) del ET y 2.1 del RD 2720/1998); igualmente, se permitía que por convenio colectivo —necesariamente estatutario, SSTS de 17, 18 y 20 de noviembre de 2003, Rec. 4482/2002, 526/2002 y 4579/2002, relativas a la ampliación de la duración— se determinasen las actividades en las que se puede contratar trabajadores eventuales.

importante recordar que la jurisprudencia rechazó, pese a la delegación anterior, por ejemplo, el "contrato eventual interrumpido" introducido por convenio colectivo, mediante el que el trabajador estaba a disposición del empresario cuando hubiera trabajo (por aumento de la producción o por necesidades estacionales o de campaña, SSTS de 17 de diciembre de 2001, Rec. 66 y 68/2001) o los intentos de "rescatar" el contrato de lanzamiento de nueva actividad (SSTS de 23 de septiembre de 2002, Rec. 222/2002 y de 5 de mayo de 2004, Rec. 4063/2003).

La última precisión, en fin, está relacionada con la mención de las modalidades de contratación en el artículo 84.2 del ET. En este terreno, la necesidad de efectuar una interpretación estricta de las materias que pueden ser objeto de la prioridad aplicativa del convenio de empresa (*cfr.* SSTS de 1 de abril de 2016, Rec. 147/2015 y 2 de diciembre de 2020, Rec. 86/2019) podría haber entrado en juego de haberse mantenido la literalidad inicial del Real Decreto-ley 32/2021, en la que se aludía a "la adaptación de los aspectos de las modalidades de contratación que se atribuyen por esta ley a los convenios colectivos". Sin embargo, como ya se ha señalado[175], la vuelta, tras la revisión efectuada por el artículo cuarto del Real Decreto-ley 1/2022, de 18 de enero, a la literalidad anterior ("La adaptación de los aspectos de las modalidades de contratación que se atribuyen por esta ley a los convenios de empresa") hace que dicho criterio interpretativo añada bastante poco en este caso. Por ello, hay que repetir, una vez más, que en la interpretación de las remisiones del artículo 84 a las modalidades

---

[175] Ver, *supra*, apartados 16 y 21.

de contratación deben primar simplemente, como ya ocurría en las anteriores versiones del precepto, las normas del ET sobre modalidades de contratación, que especifican o concretan las reglas del artículo 84, actuando como *lex specialis* frente al mismo.

5. Vías "extraestatutarias" de encarecimiento de la contratación temporal

38. Responsabilidad administrativa y cotización a la Seguridad Social. Al margen de la reforma del artículo 15 del ET, pero en idéntica línea disuasoria de la contratación temporal, cabría mencionar, finalmente, dos modificaciones más llevadas a cabo por el Real Decreto-Ley 32/2021.

La primera de ellas, relativa a la responsabilidad administrativa, supone su endurecimiento en caso de incumplimiento empresarial de la normativa reguladora de la contratación temporal y comprende, a su vez, dos tipos de medidas: las que guardan relación con la individualización de la infracción, reclamada desde hacía tiempo por el cuerpo de inspectores de trabajo[176], y las atinentes al incremento de la cuantía

---

176 NIETO ROJAS, P., "La contratación temporal en el RD Ley 32/2021...", *op. cit.*, p. 42 e IGARTUA MIRÓ, M. T., "Las medidas sancionadoras frente a...", *op. cit.*, p. 277, indican que este objetivo ya estaba presente en las Memorias anuales de 2009 y 2011. Por su parte, el Plan Estratégico de la ITSS 2021-2023 —que se propone incidir, precisamente, en la lucha contra el fraude en la contratación temporal (*cfr.* Objetivo 1, actuación 1.3, y Objetivo 15, actuación 15.1)— consideraba "imprescindible" modificar el texto refundido de la Ley sobre Infracciones y Sanciones en el Orden Social para garantizar el carácter

de la sanción[177]. El primer tipo de medidas se concreta, para las infracciones graves correspondientes, en la consideración de una infracción por cada una de las personas trabajadoras afectadas, bien en caso de contratación directa (artículo 7.2 LISOS), bien en caso de contratación a través de empresas de trabajo temporal [(artículos 19.2.b); 19 bis.1.b) y 19 ter.2.b)]. Es interesante subrayar que el primero de dichos preceptos mantiene la necesidad de que concurra fraude de ley en la transgresión de la normativa sobre contratación temporal, lo cual se traducirá, según se ha señalado, en la obligación de que dicho fraude sea probado por la Inspección de Trabajo para que sea posible sancionar en los términos del artículo 7.2 de la LISOS[178]. El segundo tipo de medidas implica que las infracciones señaladas se sancionen en su grado mínimo, de 1.000 a 2.000 euros; en su grado medio, de 2.001 a 5.000 euros y, en su grado máximo, de 5.001 a 10.000 euros (artículo 40.1.c.bis) de la LISOS).

---

disuasorio de las medidas sancionadoras y reforzar la proporcionalidad de estas.

177 Como consecuencia del principio de irretroactividad en materia sancionadora, la disposición transitoria novena del Real Decreto-Ley 32/2021 afirma que las infracciones en el orden social cometidas con anterioridad a su entrada en vigor “se sancionarán conforme a las cuantías y se someterán al régimen de responsabilidades vigente con anterioridad a dicha fecha”. Según se ha advertido desde la doctrina —GOERLICH PESET, J. M., “La reforma de la contratación…”, *op. cit.*, p. 54— como ello implica que el nuevo régimen de la LISOS no está sujeto a la *vacatio legis* que sí afecta a la contratación temporal, dicho régimen resultará de aplicación a las infracciones que se cometan de conformidad con la legislación anterior.

178 BALLESTER PASTOR, I., “La reformulación de los contratos temporales…”, *op. cit.*, p. 108.

No hay que olvidar que ello se completa con la posibilidad, también reciente, de iniciar procedimientos sancionadores mediante actas de infracción automatizadas (*vid.* artículo 53.1. a) LISOS en la redacción dada por la disposición final cuarta del Real Decreto-Ley 2/2021, de 28 de enero, desarrollado por el RD 688/2021, de 3 de agosto). Aunque más eficaces en normativas que contemplen porcentajes temporales de contratación temporal —su introducción en nuestro ordenamiento se desechó en la negociación de la reforma— este nuevo tipo de actas pueden funcionar también respecto a topes de duración máxima o de encadenamiento y rotación de contratos que sí se recogen en el caso de los contratos por circunstancias de la producción[179].

La segunda modificación —que se ha calificado como compensatoria de la repercusión económica de los contratos de corta duración más que como disuasoria de su utilización[180]— consiste en el establecimiento de una cuota adicional a la Seguridad Social a cargo del empresario a la finalización de los contratos de duración determinada inferior a 30 días, sean o no fraudulentos[181]. La medida, que sustituye al anterior

---

179 GOERLICH PESET, J. M., "La reforma de la contratación...", *op. cit.*, p. 54; IGARTUA MIRÓ, M. T., "Las medidas sancionadoras frente a...", *op. cit.*, p. 277.

180 UGT, "Análisis del Real Decreto-Ley 32/2021, de 28 de diciembre...", *op. cit.*, p. 11.

181 Se descarta así la propuesta doctrinal encaminada a focalizar la penalización únicamente en la contratación fraudulenta. Puede verse, por todos, CASAS BAAMONDE, M. E., "La contratación temporal: problemas y soluciones. Un debate necesario", *Derecho de las Relaciones Labores*, nº 11, 2017, p. 1107; o SALA FRANCO, T.; LÓPEZ TERRA-

incremento de la cuota empresarial por contingencias comunes del 40% en los contratos temporales de cinco o menos días, viene a unirse a la penalización existente en el tipo de cotización por desempleo, más elevado en el caso de los contratos temporales[182]. Así lo establece el nuevo artículo 151 de la LGSS[183] que, no obstante, no resultará de aplicación a los contratos celebrados con trabajadores incluidos en el Sistema Especial para Trabajadores por Cuenta Ajena Agrarios, en el Sistema Especial para Empleados de Hogar o en el Régimen Especial para la Minería del Carbón, ni a los contratos por sustitución (artículo 151.3 LGSS). Esta nueva cotización adicional en contratos de duración determinada se calculará "multiplicando por tres la cuota resultante de aplicar a la base mínima diaria de cotización del grupo 8 del Régimen General de la

---

DA, E., "Propuestas para un debate sobre la reforma de la contratación temporal", *Derecho de las Relaciones Labores*, n °11, 2017, p. 1097.

182 El tipo de cotización por desempleo en la contratación de duración determinada, a tiempo completo o parcial, es del 8,30 por ciento, del que el 6,70 por ciento será a cargo del empresario y el 1,60 por ciento, a cargo del trabajador (artículo 106. Once.2.b) de la Ley 22/2021, de 28 de diciembre, de Presupuestos Generales del Estado para el año 2022; artículo 31.2.a) de la Orden PCM/244/2022, de 30 de marzo, por la que se desarrollan las normas legales de cotización a la Seguridad Social, desempleo, protección por cese de actividad, Fondo de Garantía Salarial y formación profesional para el ejercicio 2022.

183 En el Boletín de Noticias RED nº 1 de 2022, de 14 de enero, se indica que la nueva cotización adicional se aplicará a los contratos de duración inferior a 30 días que hayan finalizado a partir del día 31 de diciembre de 2021, con independencia de que el contrato se hubiese formalizado antes de dicha fecha.

Seguridad Social para contingencias comunes, el tipo general de cotización a cargo de la empresa para la cobertura de las contingencias comunes". Ello equivale, en la actualidad, a 27,53 euros (conforme a lo establecido en el apartado 2 del artículo 151 de la LGSS y en el artículo 26.1 de la Orden PCM/244/2022, de 30 de marzo, por la que se desarrollan las normas legales de cotización a la Seguridad Social, desempleo, protección por cese de actividad, Fondo de Garantía Salarial y formación profesional para el ejercicio 2022), importe que, al aplicarse con independencia de la duración del contrato y de la retribución de la persona trabajadora, penaliza más a contratos de duración breve y baja retribución[184].

II. EL CONTRATO POR CIRCUNSTANCIAS DE LA PRODUCCIÓN

39. Las causas justificativas del contrato. Además de en la reforma de los extremos indicados, la modificación del artículo 15 del ET se ha traducido en una redefinición de las causas que justifican el recurso a la contratación de duración determinada que, cabe recordar, ahora "solo" podrá celebrarse por circunstancias de la producción o por sustitución de persona trabajadora (artículo 15.1. ET).

Comenzando por el contrato por circunstancias de la producción, hay que tener en cuenta que los supuestos justificativos de su utilización se describen en

---

184 En este sentido, por ejemplo, BALLESTER PASTOR, M. A., *La reforma laboral de 2021...*, *op. cit.*, p. 55; o GOERLICH PESET, J. M., "La reforma de la contratación...", *op. cit.*, p. 55-56.

el artículo 15.2 del ET con una redacción ciertamente oscura, que sin duda compromete los objetivos de simplificación del régimen de los contratos y refuerzo de la causalidad.

El primero de ellos —cuya duración máxima será de seis meses ampliables a doce por convenio sectorial— asimila las circunstancias de la producción que legitiman el recurso al contrato al "incremento ocasional e imprevisible de la actividad y las oscilaciones, que aun tratándose de la actividad normal de la empresa, generan un desajuste temporal entre el empleo estable disponible y el que se requiere, siempre que no respondan a los supuestos incluidos en el artículo 16.1". Precisa el precepto que entre las oscilaciones "se entenderán incluidas aquellas que derivan de las vacaciones anuales".

El segundo supuesto en que cabe recurrir al contrato por circunstancias de la producción, descrito en el párrafo cuarto del artículo 15.2, permite formalizar estos contratos "para atender situaciones ocasionales, previsibles y que tengan una duración reducida y delimitada" en los términos que el propio párrafo prevé.

Ahora bien, según advierte en su último párrafo el artículo 15.2, no se podrá identificar como causa de este contrato "la realización de los trabajos en el marco de contratas, subcontratas o concesiones administrativas que constituyan la actividad habitual u ordinaria de la empresa, sin perjuicio de su celebración cuando concurran las circunstancias de la producción en los términos anteriores". Como ya se indicó *supra* al tratar el contrato fijo-discontinuo, ello implica que, cuando se enmarque la prestación en una actividad extraordinaria, cabrá acudir al contrato por circunstancias de la producción (artículo 15.2. último párrafo, *a contrario*), que también podrá celebrarse, aun estando referida la contrata a la actividad habitual y ordinaria de la empresa, si concurren durante su ejecución las circunstancias de la producción descritas en el artículo 15.2 del ET.

Pues bien, la regulación legal de las causas justificativas del contrato provoca, por razones evidentes a la vista de la confusa literalidad de la norma, importantes dudas interpretativas que complican la aplicación del precepto y hacen predecible la necesidad de una pronta intervención judicial. Mientras esta se produce, cabe destacar la existencia de posturas doctrinales encontradas que deben ser analizadas críticamente.

1. El contrato por circunstancias de la producción "largo"

40. El incremento ocasional e imprevisible de la actividad y las oscilaciones. El primer problema interpretativo guarda relación con la necesidad de otorgar un significado preciso a las "oscilaciones" que el primer supuesto menciona, ya que su alcance cambia por completo según se acepte o se rechace que las cualidades de "ocasionales" e "imprevisibles" también deben concurrir en ellas.

La cuestión resulta clara en el caso de los "incrementos" que, al ser obligatoriamente ocasionales e imprevisibles, pueden reconducirse sin dificultad a los anteriores supuestos de contratación eventual (circunstancias del mercado, acumulación de tareas, exceso de pedidos) en los que se producía, a juicio de la jurisprudencia, precisamente, una necesidad de trabajo "coyuntural, imprevisible y fuera de cualquier ciclo regular" que diferenciaba estos contratos de los fijos-discontinuos (y de los desaparecidos fijos periódicos), en los que la necesidad de trabajo debía ser, como ahora en algunas de sus modalidades, de carácter intermitente o cíclico o en intervalos temporales separados pero reiterados en el tiempo y dotados de una cierta homogeneidad (SS.TS, ud, de 5 de julio de 1999, Rec. 1998/2958, 4 de mayo de 2004, Rec. 2003/4326, 17 de septiembre de 2004, Rec. 2003/4671, 26 de noviembre de 2004, Rec. 2003/5031, 8 de noviembre de 2005, Rec. 2004/3779 o de 11 de abril de 2006, Rec. 2003/22). El contrato por circunstancias de la producción puede celebrarse, en consecuencia, como el desaparecido contrato eventual, cuando tenga lugar "un exceso anormal en las necesidades habituales de la empresa, que no puede ser atendido con la plantilla actual ni razonablemente aconseja, por su excepcionalidad, un aumento de personal fijo" (SS.TS, ud, de 20 de marzo de 2002, Rec. 1676/2001, o de 6 de mayo de 2003 (Rec. 2941/2002), es decir, cuando exista "en el proceso productivo o en la prestación de servicios un desajuste entre la plantilla de la empresa y la actividad a desarrollar que presenta un carácter transitorio" (SSTS, ud, de 21 de abril y de 5 de mayo de 2004, Rec. 1678/2003 y 4063/2003).

Por expresa indicación del artículo 15.2, cuando el contrato por circunstancias de la producción se justifique en las "oscilaciones"[185] deberá producirse

[185] Se descarta, pues, que el significado de los "incrementos" sea idéntico al de las "oscilaciones", aunque desde la doctrina se ha advertido que cabría defender, en términos lógicos, que no se trata de supuestos distintos, sino que los "incrementos" de la actividad empresarial son la causa de las "oscilaciones" del personal. SALA FRANCO, T., *La reforma laboral: la contratación temporal y…*, *op. cit.*, p. 44, que, no obstante, también descarta la interpretación.

también ese desajuste transitorio en la plantilla ("desajuste temporal entre el empleo estable disponible y el que se requiere"), e idénticas necesidades de trabajo ocasionales, diversas de las reiteradas del contrato fijo discontinuo ("siempre que no respondan a los supuestos incluidos en el artículo 16.1"). La cuestión es, por tanto, si tales oscilaciones deben ser también "imprevisibles" o si, contrariamente, habría que admitir que pueden ser "previsibles".

A favor de esta segunda interpretación se ha manifestado ya, aunque con diversos matices, un sector de la doctrina con fundamento en la literalidad de la norma y en la indubitada inclusión en las "oscilaciones" de las derivadas de las vacaciones anuales, que son perfectamente previsibles[186]. Desde este punto de

---

[186] BELTRÁN DE HEREDIA RUIZ, I., "Régimen normativo del contrato fijo discontinuo...", *op. cit.*, p. 48; TODOLÍ SIGNES, A., "Análisis del nuevo contrato temporal "por circunstancias de la producción" y sus tres modalidades", disponible en https://adriantodoli.com/2022/01/03/analisis-nuevo-contrato-temporal-por-circunstancias-de-la-produccion-y-sus-tres-modalidades/; GOERLICH PESET, J. M., "La reforma de la contratación...", *op. cit.*, p. 40; MONREAL BRINGSVAERD, E., "Las causas del contrato temporal por circunstancias de la producción y del contrato fijo discontinuo: problemas de seguridad jurídica", *Revista General de Derecho del Trabajo y de la Seguridad Social*, nº 62, 2022, p. 43; LAHERA FORTEZA, J., "Las cuatro modalidades del contrato temporal por circunstancias de producción", Brief de la Asociación Española de Derecho del Trabajo y de la Seguridad Social, disponible en https://www.aedtss.com/wp-content/uploads/2022/10/29_LAHERA_ContratosCP-1110022.pdf; CABEZA PEREIRO, J., "Contratos por circunstancias de la producción y por sustitución y reglas generales de contratación temporal: la hora del análisis", Revista de

vista, a diferencia del incremento de la actividad, que atendería a circunstancias "exógenas" a la actividad productiva, las oscilaciones —vinculadas al desajuste temporal de la plantilla— harían más bien referencia a necesidades de personal de carácter interno o "endógenas"[187], derivadas de la situación de la plantilla estable (como las necesidades relativas a las vacaciones anuales, a las que cabría añadir otro tipo de ausencias), o de las propias estrategias empresariales (como las necesidades relativas a la puesta en marcha de nuevas actividades o a necesidades específicas distintas de las habituales, antes asumidas por el contrato de obra o servicio)[188].

Existen, sin embargo, otros argumentos que han llevado a sostener otra conclusión.

Así, por un lado, resulta difícil aceptar que la norma introduce en su párrafo primero la posibilidad de acudir a este contrato cuando concurran oscilaciones

---

Derecho Social, nº 98, 2022, p. 42; GIL PLANA, J. "Reforma de la contratación…", *op. cit.*, p. 94. Con dudas, SALA FRANCO, T., *La reforma laboral: la contratación temporal y…*, *op. cit.*, p. 44-45.

187 Por todos, GOERLICH PESET, J. M., "La reforma de la contratación…", *op. cit.*, p. 40; o GIL PLANA, J. "Reforma de la contratación…", *op. cit.*, p. 93-94.

188 TODOLÍ SIGNES, A., "Análisis del nuevo contrato temporal "por circunstancias de la producción"…", *op. cit.*; GOERLICH PESET, J. M., "La reforma de la contratación…", *op. cit.*, p. 40; MONREAL BRINGSVAERD, E., "Las causas del contrato temporal por circunstancias de…, *op. cit.*, p. 44. BELTRÁN DE HEREDIA RUIZ, I., "Régimen normativo del contrato fijo discontinuo…", *op. cit.*, p. 48, advierte, no obstante, que el concepto de "oscilación" es extensible a las variaciones provocadas por las vacaciones, pero no para otro tipo de descansos.

previsibles (que, como se ha indicado, deben ser necesariamente ocasionales) cuando su párrafo cuarto añade ("igualmente") como causa justificativa del contrato, precisamente, la atención de "situaciones ocasionales, previsibles y que tengan una duración reducida y delimitada". Se ha dicho a este respecto que la diferencia estribaría en que el contrato "corto" del párrafo cuarto sí puede utilizarse para actividades estacionales o de temporada de corta duración[189]; pero, como ya se indicó[190], cabe interpretar que la causalidad del contrato por circunstancias de la producción —que la reforma pretende reforzar— identifica siempre —y no unas veces sí y otras no— "ocasionalidad" con una lógica de no reiteración[191], de manera que

---

189 TODOLÍ SIGNES, A., "Análisis del nuevo contrato temporal…", *op. cit.* También para GÓMEZ ABELLEIRA, F. J., "Las causas de contratación temporal tras el Real Decreto-ley 32/2021", *Labos*, Vol. 3, Número extraordinario "La reforma laboral de 2021", 2022, p. 26, en el caso del contrato "corto" la ocasionalidad puede ser algo que se repite. Como se dijo, un sector de la doctrina —CAVAS MARTÍNEZ, F., "El nuevo contrato fijo-discontinuo en la reforma…", *op. cit.*, p. 131-132; CARRIZOSA PRIETO, E., "La nueva regulación del contrato fijo discontinuo…", *op. cit.*, p. 54; LAHERA FORTEZA, J., "Las cuatro modalidades del contrato temporal por…", *op. cit.*— acepta que en campañas o temporadas de carácter previsible y breve duración (faenas agrícolas, rebajas o Navidades) quede a criterio de la empresa recurrir al contrato fijo-discontinuo o al contrato por circunstancias de la producción siempre que no se superen los noventa días discontinuos en el año natural.

190 Ver, *supra*, número 9.

191 SALA FRANCO, T., *Los contratos indefinidos fijos discontinuos…*, *op. cit.*, p. 14; GORDO GONZÁLEZ, L., "El contrato fijo-discontinuo: nuevo pilar de…", *op. cit.*, p. 44-45;

el contrato por circunstancias de la producción para atender situaciones ocasionales y previsibles sí podría utilizarse en campañas o temporadas de carácter previsible y breve, pero, por ejemplo, porque excepcionalmente (ocasionalmente) no sea suficiente con el llamamiento del personal fijo-discontinuo[192].

En cuanto a la referencia a las vacaciones, se ha dicho desde este punto de vista que el motivo de su mención podría ser el mantenimiento, pese a la existencia de reticencias doctrinales, de la interpretación jurisprudencial favorable a la celebración de contratos eventuales para la cobertura de las vacaciones[193]. La cuestión está, por tanto, relacionada con la polémica aceptación de las causas organizativas como causa del contrato eventual.

GORELLI HERNÁNDEZ, J., "El nuevo régimen jurídico del contrato fijo discontinuo…", *op. cit.*, p. 229; MORENO VIDA, N. "Del contrato eventual por circunstancias de la producción al contrato temporal por razones productivas". En: J. L. Monereo Pérez; Rodríguez Escanciano, S.; Rodríguez Iniesta, G., *La reforma laboral de 2021: estudio técnico de su régimen jurídico*, Murcia, Laborum, 2022, p. 79-80; NOGUEIRA GUSTAVINO, M., "El contrato por cir cunstancias de la producción…", *op. cit*; COSTA REYES, A., "La reforma de la contratación laboral temporal…", *op. cit.*, p. 50; LÓPEZ AHUMADA, J. E., "La reforma del sistema de contratación temporal desde la perspectiva del fomento de la contratación indefinida y la reducción del abuso de la temporalidad: análisis del Real Decreto-Ley 32/2021", *Estudios Latinoa*, nº 13, 2022, p. 21; LÓPEZ BALAGUER, M.; RAMOS MORAGUES, F., La contratación laboral en la reforma…, *op. cit.*, p. 74.

192 BALLESTER PASTOR, M. A., *La reforma laboral de 2021…*, *op. cit.*, p. 69.

193 BALLESTER PASTOR, M. A., *La reforma laboral de 2021…*, *op. cit.*, p. 65.

Inicialmente, como es sabido, el Tribunal Supremo admitió de manera excepcional la licitud de las contrataciones eventuales efectuadas por las Administraciones Públicas para remediar las situaciones de insuficiencia de plantilla debido a las "especificidades" que cabe apreciar en esta situación en el ámbito del sector público[194]. Aclaraba el Tribunal a este respec-

---

194 La STS de 16 de mayo de 2005 (Rec. 2412/2004), con cita de jurisprudencia anterior, recuerda que en el caso de las Administraciones Públicas la insuficiencia de plantilla puede actuar como un supuesto de "acumulación de tareas", pues en un ámbito en el que no puede recurrirse a la interinidad por vacante si el puesto de trabajo no se ha creado como tal y no se ha incluido en la relación de puestos de trabajo, se produce esa "desproporción existente entre el trabajo que se ha de realizar y el personal que se dispone, de forma tal que el volumen de aquél excede manifiestamente de las capacidades y posibilidades de éste". La doctrina de la Sala aclara que "si bien en el ámbito de la empresa privada no pueden calificarse como propios de la acumulación de tareas los casos en que el indicado desequilibrio o desproporción se debe exclusivamente a la existencia de vacantes o puestos fijos sin cubrir en la plantilla de la misma, toda vez que tales vacantes han de ser cubiertas normalmente por medio de contratación indefinida, la cual, en dicha área, se puede llevar a cabo con igual o mayor rapidez que la contratación temporal; en cambio, en la Administración Pública, aunque en definitiva las vacantes existentes terminarán siendo provistas en la forma reglamentaria establecida, hay que tener en cuenta que tal provisión exige el cumplimiento de una serie de requisitos y condiciones, lo que implica que la misma no puede tener lugar inmediatamente, ni siquiera con rapidez, sino que necesariamente ha de transcurrir un período de tiempo, que en ocasiones puede ser dilatado, hasta que se realizan los nombramientos pertinentes para ocupar tales vacantes".

to en su sentencia de 7 de diciembre de 2011 (Rec. 9351/2011) que "En principio, y de acuerdo con la definición legal, la temporalidad del contrato eventual viene justificada por factores que hacen referencia a circunstancias objetivas ("para atender a exigencias circunstanciales del mercado, acumulación de tareas o exceso de pedidos, aun tratándose de la actividad normal de la empresa") y, desde esta perspectiva, un déficit de plantilla, entendido como un número de trabajadores empleados inferior al necesario para hacer frente a la actividad normal de la empresa habría de considerarse como una circunstancia interna a la organización empresarial que no justifica el recurso a la contratación eventual (...) Sin embargo, esta Sala IV del Tribunal Supremo, en varias sentencias (...) ha admitido que, en el caso de las Administraciones Públicas, el déficit de plantillas puede constituir una causa de eventualidad; y en este sentido, la STS de 23 de mayo de 1994 (Rec. 871/1993) señala que el déficit puede deberse a que exista un número de puestos de trabajo no cubiertos reglamentariamente o a la circunstancia de que los titulares no acudan a prestar servicio por distintas causas, y esta polémica doctrina se sostuvo también cuando se producía un déficit temporal de plantilla durante el disfrute de las vacaciones, que fue considerada como posible causa de acumulación de tareas a efectos de eventualidad (STS de 15 de febrero de 1995, Rec. 1672/94 y de 5 de julio de 1994, Rec. 83/1994)".

Se rechazaba, en todo caso, que la cobertura de las vacaciones se llevara a cabo por la vía del contrato de interinidad por sustitución, ya que la "la ausencia por vacaciones no es una situación de suspensión del contrato de trabajo con derecho a reserva de plaza, sino una mera interrupción ordinaria de la prestación de servicios que no genera vacante reservada propiamente dicha" (SS.TS de 16 de mayo de 2005, Rec. 2412/2004, 12 junio de 2012, Rec. 3375/2012; 9 diciembre de 2013, Rec. 101/2013 o 30 de octubre de 2019, Rec. 1070/2017).

Con posterioridad el Tribunal ha precisado, no obstante, que ello no equivale a dar por válida "la mera y genérica invocación de la necesidad de cubrir las situaciones de vacaciones, licencias y permisos del personal de plantilla, sin mayor especificación", pues "la empresa es plenamente conocedora de que la plantilla con la que cuenta disfruta de vacaciones y descansos con la regularidad propia de tales situaciones y, por consiguiente, la respuesta al volumen de actividad habitual debe contemplar las horas de efectiva prestación. El que los trabajadores de la plantilla ejerciten sus derechos al descanso y a las vacaciones es una circunstancia plenamente previsible (...). Tales ausencias al trabajo se producen dentro del normal desarrollo del contrato de trabajo y forman parte de la previsión organizativa que corresponde llevar a cabo al empleador, alejándose de la excepcionalidad que el contrato eventual viene a solventar". En consecuencia, se exige una prueba más precisa y exhaustiva de la que "pueda deducirse la concurrencia de las circunstancias extraordinarias que justifiquen el recurso a esta modalidad de contratación temporal" (SSTS de 10 de noviembre de 2020, Rec. 2323/2018).

Al no ser suficiente, por tanto, según la jurisprudencia, su "invocación genérica", se interpreta que para que las vacaciones de la plantilla sean causa habilitante del contrato por circunstancias de la producción será necesario detallar las circunstancias extraordinarias que las justifican (tal y como se exige, además, en el artículo 15.1 ET)[195], no siendo posible acudir al contrato por circunstancias de la producción si las vacaciones tienen una planificación regular o estable[196]. En este último caso, en el que la oscilación sería previsible, y el desajuste de plantilla estructural, se entiende que procedería acudir a la contratación fija-discontinua[197].

---

195 Lo mismo cabría decir de otras interrupciones ordinarias de la prestación de servicios que no generen vacante reservada propiamente dicha, como los permisos o las licencias, puesto que siempre es exigible la obligación de especificar, para que se entienda que concurre causa de temporalidad, la causa habilitante de la contratación temporal, las circunstancias concretas que la justifican y su conexión con la duración prevista. La doctrina menciona como circunstancias que justificarían el recurso al contrato, por ejemplo, los casos del artículo 38.3 del ET, que conllevan el disfrute de las vacaciones fuera de la fecha prevista. Así, COSTA REYES, A., "La reforma de la contratación laboral temporal y formativa. Comentario a los supuestos del artículo 15 y a las novedades del artículo 11 del Estatuto de los Trabajadores tras el Real Decreto-Ley 32/2021", *Revista de Trabajo y Seguridad Social, CEF*, nº 467, 2022, p. 50.

196 NOGUEIRA GUSTAVINO, M., "El contrato por circunstancias de la producción…", *op. cit.* En la misma línea, con diferentes matices, BALLESTER PASTOR, I., "La reformulación de los contratos temporales…", *op. cit.*, p. 117; COSTA REYES, A., "La reforma de la contratación laboral temporal…", *op. cit.*, p. 50; LÓPEZ AHUMADA, J. E., "La reforma del sistema de contratación temporal…", *op. cit.*, p. 21; LÓPEZ BALAGUER, M.; RAMOS MORAGUES, F., *La contratación laboral en la reforma…*, *op. cit.*, p. 74.

197 Pese a ello, entienden que la literalidad de la ley conduce a pensar en la existencia de una regla especial para las vacaciones GOERLICH PESET, J. M., "La reforma de la con-

41. Una posible tercera vía interpretativa. En apretada síntesis, por tanto, mientras la interpretación favorable a que las oscilaciones puedan ser previsibles tiene claramente a su favor la literalidad de la norma —que no distingue entre las previsibles y las imprevisibles— la interpretación partidaria de su carácter imprevisible queda respaldada, según acaba de reproducirse, por argumentos basados en su interpretación lógica, sistemática y teleológica. Creo, sin embargo, que es posible efectuar una lectura del precepto que aúne su literalidad —que no lleva exactamente a identificar imprevisibilidad y contrato largo— con la contundencia de dichos argumentos.

El primer obstáculo que debe superarse de aceptar que las oscilaciones pueden ser previsibles o imprevisibles es la reiteración a que ello conduciría, pues si se admiten las oscilaciones ocasionales y previsibles en el contrato largo sería totalmente innecesario darles entrada también en el contrato corto. Afirmar que la solución a este problema es tolerar la celebración de contratos por circunstancias de la producción de corta duración para necesidades no ocasionales sino cíclicas o estacionales fuerza absolutamente, como

---

tratación laboral…", *op. cit.*, p. 41; LAHERA FORTEZA, J., "Las cuatro modalidades del contrato temporal por…", *op. cit.*; GARCÍA GONZÁLEZ, G., "La contratación temporal en la reforma laboral: reflexiones críticas sobre su conformación jurídica", *Estudios de Deusto. Revista de Derecho Público,* vol. 70/1, 2022, p. 295; GÓMEZ ABELLEIRA, F. J., "Las causas de contratación temporal tras…", *op. cit.*, p. 24; MONREAL BRINGSVAERD, E., "Las causas del contrato temporal por circunstancias de…, *op. cit.*, p. 43; o UGT, "Análisis del Real Decreto-Ley 32/2021, de 28 de diciembre…", *op. cit.*, p. 6.

se ha indicado[198], la literalidad legal y contradice la interpretación teleológica del precepto, fruto de una reforma que tiene el refuerzo de la causalidad de la contratación temporal como bandera. Existe, sin embargo, otra vía interpretativa que pasaría por entender que las oscilaciones del artículo 15.2.1° se están refiriendo —frente a los incrementos ocasionales e imprevisibles, que serían causas exógenas— a causas endógenas o internas, pero exclusivamente a las derivadas del estado de la plantilla (como las vacaciones u otras ausencias). Las causas endógenas o internas derivadas de estrategias empresariales (que, como se ha señalado, podrían estar relacionadas con nuevas actividades o con necesidades específicas, como mejoras productivas, muchas veces reconducibles al antiguo contrato de obra o servicio) se recogerían en el artículo 15.2.4°. Según esta lectura del precepto, respetuosa de su literalidad, el contrato largo estaría dando cabida a incrementos ocasionales e imprevisibles y a oscilaciones (previsibles o imprevisibles) derivadas del estado de la plantilla; mientras en el contrato corto (que alude a "situaciones") tendrían cabida incrementos ocasionales y previsibles (claramente, el "exceso" frente a los fijos discontinuos previstos para la temporada o campaña) y oscilaciones ocasionales y previsibles derivadas de estrategias empresariales.

El segundo problema que debe resolverse guarda relación, por su parte, con la referencia explícita a las vacaciones en el artículo 15.2.2°. Según un sector doctrinal, de esa referencia se deduce, necesariamente, la existencia de una regla especial en materia de vacaciones, antagónica a la última jurisprudencia del

---

198 Ver, *supra*, números 9 y 40.

Tribunal Supremo, en cuya virtud sería posible soslayar la figura del fijo-discontinuo a pesar de que el desajuste de plantilla por ellas provocado sea estructural. Esta conclusión no es, sin embargo, tan obvia: la parquedad con la que finalmente ha quedado redactado el precepto es tal que ni permite afirmar indubitadamente que pretende contrarrestarse esa última jurisprudencia, ni permite sostener con toda certeza que ha querido confirmarse. Dejando, pues, a un lado estas deducciones y atendiendo en exclusiva a la literalidad de la ley, lo que indica el precepto es que las vacaciones anuales se entienden incluidas "entre las oscilaciones a que se refiere el párrafo anterior", es decir, entre las oscilaciones que provocan desajustes de plantilla temporales y no conducen al tipo del fijo discontinuo. En consecuencia, cabe entender que lo establecido ahora por el precepto es que si las vacaciones causan en la empresa desajustes temporales y no estructurales de plantilla cabe acudir al contrato por circunstancias de producción. Ello se reconoce sin distinciones sobre la causa —porque ha cambiado el sistema de elección, porque se han disfrutado fuera de fecha o por cualquier otro motivo, sea cual sea el sistema de planificación de las vacaciones— y sin entrar en la discusión de si se podía haber previsto por el empresario ese desajuste temporal o no. Y, lógicamente, ello se vincula a la justificación en el contrato de la causa del contrato, pero no porque sea aplicable sin ningún género de duda la jurisprudencia anterior a la reforma, sino porque esta lo impone en su artículo 15.1 como una de sus señas de identidad.

Cabría añadir, en fin, que, si las vacaciones no son una de las oscilaciones del párrafo primero, este vería muy restringido su contenido. En efecto, descartado que pueda tratarse de oscilaciones derivadas de estrategias empresariales, sería difícil imaginar los supuestos que integrarían el artículo 15.1.1º más allá de los permisos, licencias u otro tipo de ausencias de los trabajadores.

42. La duración del contrato por circunstancias de la producción "largo". Cuando el contrato de duración determinada obedezca a estas circunstancias, su duración —según dispone tras la reforma el artículo 15.2 ET, prescindiendo de la mención anterior al período de referencia— no podrá ser superior a seis meses. Se permite, no obstante, que por convenio colectivo de ámbito sectorial se amplíe la duración máxima del contrato hasta un año[199]. Siguen quedando excluidos, en consecuencia, los convenios colectivos de grupo de empresas, empresariales o de ámbito inferior, así como los convenios colectivos extraestatutarios (SSTS de 17, 18 y 20 de noviembre de 2003 y 19 de enero de 2004, Rec. 4582/2002, 4895/2002, 4579/2002 y 1363/2003). Además, en caso de que el contrato se hubiera concertado por una duración

199 Los análisis de la práctica convencional más reciente (GIL PLANA, J. "Reforma de la contratación...", *op. cit.*, p. 115 y ss.) demuestran que, como sucedía en el pasado (por todos, GARCÍA QUIÑONES, J. C., "Contrato eventual por circunstancias de la producción". En: Francisco Pérez de los Cobos Orihuel (Dir.), *Contratación temporal, empresas de trabajo temporal y subcontratación en la negociación colectiva*, Madrid, Ministerio de Trabajo e Inmigración, 2010, p. 97 y ss.), es la extensión de la duración del contrato —normalmente a doce meses, y en algún supuesto a nueve— el contenido que con más frecuencia desarrollan los convenios colectivos que, en su inmensa mayoría, se limitan a remitirse al ET o reproducir el artículo 15 sin identificar, con carácter general, los supuestos incardinables en cada una de las causas legales.

inferior a la máxima legal o convencionalmente establecida, se admite su prórroga, mediante acuerdo de las partes, por una única vez, sin que la duración total del contrato pueda exceder de dicha duración máxima.

Pues bien, en estos casos en que el contrato se ha concertado por una duración inferior a la máxima legalmente establecida, habrá que aplicar la regla que el artículo 49.1.c) del ET establece tratándose de contratos de duración determinada que tengan establecido plazo máximo de duración, por lo que los contratos "se entenderán prorrogados automáticamente hasta dicho plazo cuando no medie denuncia o prórroga expresa y el trabajador continúe prestando servicios". Igualmente, habrá que entender aplicable, en principio, la regla recogida en el mismo precepto en virtud de la cual si, expirada la duración máxima, no hubiera denuncia y se continuara en la prestación laboral "el contrato se considerará prorrogado tácitamente por tiempo indefinido, salvo prueba en contrario que acredite la naturaleza temporal de la prestación".

Sucede, sin embargo, que, tras la reforma, como se ha indicado con reiteración, el artículo 15.1 del ET exige precisar la conexión de la duración prevista en el contrato con las circunstancias justificativas del mismo; y, por su parte, el artículo 15.4 prescribe la adquisición de fijeza *iuris et de iure* para las personas contratadas "incumpliendo lo establecido en este artículo". Podría pensarse, en consecuencia, que el incumplimiento se produciría de no respetarse la duración inicialmente pactada, por continuar el trabajador prestando sus servicios, especialmente si se ha agotado la duración máxima del contrato, de forma que procedería, por aplicación de la norma especial del artículo 15.4, la declaración de fijeza *iuris et de iure* y no la aplicación de las reglas del artículo 49.1 c)[200].

Aunque la concreción de la conexión entre la duración prevista y las circunstancias que justifican el contrato es ineludible, entiendo que es posible cohonestar la regla del artículo 15.4 y las del artículo 49.1 c), que permanece inalterado en este punto, pese a que el Real Decreto-Ley 32/2021 sí ha actualizado otros de sus extremos[201]. Es cierto que, tras la reforma, es difícil seguir sostenido la anterior caracterización jurisprudencial del contrato como un contrato a término en el que "se introduce una desconexión entre la causa de la temporalidad y la vigencia del contrato: la causa justifica el recurso a la temporalidad, pero no determina, al menos de forma completa, la duración del contrato" (STS de 4 de febrero de 1999, Rec. 2022/1998, por todas)[202]. Pero hay que reparar

---

200 Así la defiende, por ejemplo, LLOMPART BENNÀSSAR, M., "Otras novedades en materia de contratación temporal: conversión del contrato indefinido, encadenamiento, cotización adicional y planes de reducción de la temporalidad". En: J. Thibault Aranda; A. Jurado Segovia (dirs.), *Interpretación, aplicación y desarrollo de la última reforma laboral*, 1ª ed., Madrid, La Ley, 2023, p. 137.

201 El supuesto es diferente, por tanto, al del artículo 8.2 del ET, que se ha mantenido íntegramente, referencias a los contratos de prácticas y para la formación y el aprendizaje o a los contratos para la realización de una obra o servicio determinado incluidas.

202 En contra, BALLESTER PASTOR, I., "La reformulación de los contratos temporales…", *op. cit.*, p. 109, para quien, aunque la causa desaparezca, no debe extinguirse el contrato, al contrario de lo que ocurre en el contrato de interinidad por sustitución. Según MORENO VIDA, N. "Del contrato eventual por circunstancias de la produc-

que ello no significa que la conexión entre la duración y la causa sea rígida: así viene a demostrarlo el hecho de que el propio artículo 15.2 permita a las partes prorrogar el contrato si la duración máxima no se ha agotado. En consecuencia, cabe entender que únicamente procederá la aplicación de fijeza *iuris et de iure* del artículo 15.4 cuando la "desconexión" entre la duración prevista y la continuidad en la prestación de servicios sea "flagrante" e injustificada[203].

Sigue siendo, en definitiva, aplicable el criterio sostenido por los tribunales con anterioridad a la reforma, en cuya virtud carece de trascendencia el desfase temporal si "es mínimo e irrelevante en función de las circunstancias del caso y se revela además como adecuadamente vinculado a las necesidades productivas que de forma inmediata van a ser requeridas" (STSJ de Cataluña de 5 de febrero de 2002, Rec. 5418/2001).

2. *El contrato por circunstancias de la producción "corto"*

43. Las situaciones ocasionales, previsibles y de duración reducida y delimitada. El párrafo cuarto del artículo 15.2 añade como causa justificativa de los con-

---

ción al contrato temporal...", *op. cit.*, p. 74, la fijación de un límite temporal obedece propiamente a la naturaleza ocasional o coyuntural del contrato, considerándose que si la necesidad de personal persiste más allá del período establecido tiene ya carácter permanente.

203 Se ha dicho a este respecto que si el desajuste entre la duración y la causa es "a la baja" cabrá corregirlo con la prórroga permitida, pero si es "al alza", exagerado y carente de toda razón, podría determinar la aplicación del artículo 15.4, GÓMEZ ABELLEIRA, F. J., "Las causas de contratación temporal tras...", *op. cit.*, p. 25.

tratos por circunstancias de la producción la atención de "situaciones ocasionales, previsibles y que tengan una duración reducida y delimitada". Como ya se ha tenido la oportunidad de analizar, la interpretación de este supuesto, especialmente controvertida, ha dividido a la doctrina en dos grupos fundamentales: el de los que entienden que este contrato "corto" del párrafo cuarto sí puede utilizarse para actividades estacionales o cíclicas de corta duración, quedando a criterio de la empresa recurrir a él o al contrato fijo-discontinuo[204]; y el de los que interpretan que, en estos casos, la exigencia de ocasionalidad descarta la utilización del contrato para actividades de carácter intermitente, propias del fijo-discontinuo[205].

---

204 Con matices, TODOLÍ SIGNES, A., "Análisis del nuevo contrato temporal…", *op. cit.*; GÓMEZ ABELLEIRA, F. J., "Las causas de contratación temporal…", *op. cit.*, p. 26; CAVAS MARTÍNEZ, F., "El nuevo contrato fijo-discontinuo en la reforma…", *op. cit.*, p. 131-132; CARRIZOSA PRIETO, E., "La nueva regulación del contrato fijo discontinuo…", *op. cit.*, p. 54; o LAHERA FORTEZA, J., "Las cuatro modalidades del contrato temporal por…", *op. cit.*

205 SALA FRANCO, T., *Los contratos indefinidos fijos discontinuos…*, *op. cit.*, p. 14; GORDO GONZÁLEZ, L., "El contrato fijo-discontinuo: nuevo pilar de…", *op. cit.*, p. 44-45; GORELLI HERNÁNDEZ, J., "El nuevo régimen jurídico del contrato fijo discontinuo…", *op. cit.*, p. 229; MORENO VIDA, N. "Del contrato eventual por circunstancias de la producción al contrato temporal por razones productivas". En: J. L. Monereo Pérez; Rodríguez Escanciano, S.; Rodríguez Iniesta, G., *La reforma laboral de 2021: estudio técnico de su régimen jurídico*, Murcia, Laborum, 2022, p. 79-80; NOGUEIRA GUSTAVINO, M., "El contrato por circunstancias de la producción…", *op. cit*; COSTA REYES, A., "La reforma de la contratación laboral temporal…", *op. cit.*, p. 50; LÓPEZ AHUMADA, J. E., "La reforma del

También se ha tenido oportunidad de exponer que, pese al uso de conceptos jurídicos indeterminados, la interpretación sistemática y teleológica de la norma, fruto de una reforma que refuerza la preferencia por la contratación indefinida y la causalidad de los contratos temporales, llevan a decantarse por esta segunda opción hermenéutica: parece lógico que la "ocasionalidad" se identifique siempre, y no únicamente en el contrato "largo", con la no reiteración de las tareas. De esta forma, como ya se dijo, el contrato por circunstancias de la producción "corto" puede utilizarse para incrementos ocasionales y previsibles, como serían los derivados de la insuficiencia de fijos discontinuos para la campaña o temporada. E, igualmente, si se respetan los límites temporales, podrá utilizarse para dar cobertura a oscilaciones ocasionales y previsibles derivadas de estrategias empresariales muchas veces atendidas antes por el contrato de obra o servicio[206].

---

sistema de contratación temporal desde la perspectiva del fomento de la contratación indefinida y la reducción del abuso de la temporalidad: análisis del Real Decreto-Ley 32/2021", *Estudios Latinoa,* nº 13, 2022, p. 21; LÓPEZ BALAGUER, M.; RAMOS MORAGUES, F., *La contratación laboral en la reforma…, op. cit.,* p. 74.

206 En esta línea, BALLESTER PASTOR, M. A., *La reforma laboral de 2021…, op. cit.,* p. 69; MORENO VIDA, N. "Del contrato eventual por circunstancias de la producción… *op. cit.,* p. 76-77; NOGUEIRA GUSTAVINO, M., "El contrato por circunstancias de la producción…", *op. cit;* COSTA REYES, A., "La reforma de la contratación laboral temporal…", *op. cit.,* p. 52-53; BALLESTER PASTOR, I., "La reformulación de los contratos temporales…m", *op. cit.,* p. 120; LÓPEZ AHUMADA, J. E., "La reforma del sistema de contratación temporal…", *op. cit.,* p. 23; LÓPEZ

44. Los controles del contrato por circunstancias de la producción "corto". Hay que añadir a lo dicho que el control en la utilización de esta modalidad del contrato por circunstancias de la producción queda fortalecido, en todo caso, por el propio artículo 15.2 del ET a través de otros dos tipos de límites.

El primero, de tipo procedimental, obliga a las empresas, en el último trimestre de cada año, a trasladar a la representación legal de las personas trabajadoras una "previsión anual" de uso de estos contratos. Sin perjuicio de su utilidad frente a una utilización indebida de este supuesto, no parece que el incumplimiento de esta obligación pueda repercutir en la irregularidad del contrato: el hecho de que puedan existir empresas sin representantes, unido a la referencia legal a una mera previsión, vendrían a confirmarlo[207].

El segundo tipo de control, de carácter temporal, es sin duda más contundente. En su virtud, "las empresas solo podrán utilizar este contrato un máximo de noventa días en el año natural, independientemente de las personas trabajadoras que sean necesarias para atender en cada uno de dichos días las concretas

---

BALAGUER, M.; RAMOS MORAGUES, F., *La contratación laboral en la reforma…*, *op. cit.*, p. 79.

207 GOERLICH PESET, J. M., "La reforma de la contratación laboral…", *op. cit.*, p. 43. En contra, entre otros, CABEZA PEREIRO, J., "Contratos por circunstancias de la producción y…, *op. cit.*, p. 47-48; o GIL PLANA, J. "Reforma de la contratación…", *op. cit.*, p. 101-102, quienes defienden la consideración del contrato como indefinido de omitirse este deber de información por existir un incumplimiento de lo establecido en el artículo 15.2, salvo que la empresa no tenga representantes de los trabajadores.

situaciones, que deberán estar debidamente identificadas en el contrato. Estos noventa días no podrán ser utilizados de manera continuada". Así pues, se fija un límite máximo de noventa días que, al ser necesariamente discontinuos, deberán ser divididos, al menos, en dos períodos, pero sin restringir el número de trabajadores que pueden contratarse en cada uno de ellos. Será necesario, eso sí, ajustar la duración de cada uno de esos contratos —que nunca podrá alcanzar los noventa días ininterrumpidos— en función de las concretas situaciones que los justifiquen[208]. No se fija, por tanto, una duración máxima del contrato, por lo que la aplicación de las reglas del artículo 49.1 c) —relativas a los contratos de duración determinada que tengan establecido plazo máximo de duración— pierden aquí su sentido[209]. Probablemente, como sucede en el contrato "largo", únicamente procederá la aplicación de fijeza *iuris et de iure* del artículo 15.4 cuando se produzca una "desconexión" entre la duración prevista y la continuidad en la prestación de servicios "flagrante" e injustificada.

En cuanto al marco del cómputo de los noventa días, en fin, y aunque existen fundadas opiniones en

---

208 GÓMEZ ABELLEIRA, F. J., "Las causas de contratación temporal...", *op. cit.*, p. 27.

209 Para GÓMEZ ABELLEIRA, F. J., "Las causas de contratación temporal...", *op. cit.*, p. 27, al no existir propiamente una duración máxima, es difícil aplicar la regla del artículo 49.1 c) relativa a la prórroga hasta la duración máxima del contrato, pero sí parece que debe aplicarse la regla de conversión en indefinido, salvo prueba en contrario que acredite la naturaleza temporal de la prestación, cuando, llegada la fecha de extinción, continúe la prestación laboral.

contra[210], cabe defender, dada la claridad del tenor literal de la norma, que será el conjunto de la empresa, y no el centro de trabajo[211]. Lo contrario podría generar, además, en determinados supuestos —por ejemplo, si hay varios centros de trabajo en el mismo territorio— ventajas para las empresas de estructura compleja, que serían las únicas habilitadas para superar el límite de noventa días establecido por la ley, difícilmente justificables[212].

III. EL CONTRATO DE SUSTITUCIÓN

45. Las causas justificativas del contrato. Según anuncia el artículo 15.1 del ET, en la actualidad, el contrato de trabajo de duración determinada solo podrá celebrarse, además de por circunstancias de la producción, "por sustitución de persona trabajadora". A pesar de su denominación, el régimen jurídico del contrato de sustitución, contenido en el apartado tercero del artículo 15, continúa incluyendo los

---

210 Por todos puede verse GIL PLANA, J. "Reforma de la contratación...", *op. cit.*, p. 107.

211 Así lo entienden también GOERLICH PESET, J. M., "La reforma de la contratación laboral...", *op. cit.*, p. 43; o COSTA REYES, A., "La reforma de la contratación laboral temporal...", *op. cit.*, p. 52. Defienden como marco del cómputo el centro de trabajo con fundamento en su autonomía organizativa GÓMEZ ABELLEIRA, F. J., "Las causas de contratación temporal...", *op. cit.*, p. 27; LÓPEZ BALAGUER, M.; RAMOS MORAGUES, F., La contratación laboral en la reforma..., *op. cit.*, p. 77; o MONREAL BRINGSVAERD, E., "Las causas del contrato temporal por circunstancias de..., *op. cit.*, p. 51.

212 COSTA REYES, A., "La reforma de la contratación laboral temporal...", *op. cit.*, p. 52.

dos supuestos —sustitución y ocupación de vacante— comprendidos en el desaparecido contrato de interinidad. Habrá que seguir entendiendo, pues, que siempre que se justifiquen distintas causas de esta modalidad contractual —distintas sustituciones u ocupaciones de vacantes— serán admisibles las sucesiones de contratos de sustitución en una empresa, con la misma o con distinta persona trabajadora (SS. TS de 26 de noviembre de 1985), así como la sustitución de distintas personas trabajadoras por parte de la misma persona contratada por sustitución (SS.TS 19 de febrero de 1986 y 20 de mayo de 1998, Rec. 4350/1997), sin que resulten de aplicación los límites que el artículo 15.5 del ET establece[213].

Como se analiza a continuación, la nueva redacción del precepto, aunque aporta alguna novedad, se centra esencialmente en incorporar ciertos aspectos que con anterioridad regulaba el RD 2720/1998. Entre ellos destaca, además del recurso al contrato para completar jornadas reducidas, la mención expresa de la ocupación de vacante, ya que, como es sabido, en la medida en que la interinidad por vacante no estaba prevista en el artículo 15.1 del ET, cabía plantearse si la regulación reglamentaria era *ultra vires* y, por ello, ilegal. Si bien en la STS de 9 de diciembre de 1998 (Rec. contencioso-administrativo 140/1995) y, posteriormente, en la de 19 de junio de 2000 (Rec. contencioso-administrativo 76/1999) se fundamentó su legalidad en los artículos 6 y 7 de la Ley 14/1994, de 1 de junio, sobre empresas de trabajo temporal, no

---

213 Ni tampoco —cabe recordar— la indemnización por fin de contrato del artículo 49.1 c) del ET, ni la cotización adicional del artículo 151 de la LGSS.

parecía razonable basar la habilitación reglamentaria en una ley distinta al Estatuto de los Trabajadores. En todo caso, hay que reconocer que la jurisprudencia venía admitiendo generalizadamente esta modalidad de contratación interina —que tiene su origen en una práctica de las Administraciones Públicas anterior a la normativa reglamentaria— sin cuestionar en ningún momento su legalidad (por todas, SS.TS de 6 y 16 de noviembre y 5 de diciembre de 1996, Rec. 1435/1996, 2028/1996 y 1875/1996 o de 28 de febrero y 12 de marzo de 1998, Rec. 196/1997 y 1794/1997).

1. El contrato de sustitución por reserva de puesto de trabajo

46. La sustitución de una persona trabajadora. En primer lugar, sin que ello implique cambio alguno, se indica en el artículo 15.3 del ET que podrán celebrarse contratos de duración determinada para la sustitución de una persona trabajadora con derecho a reserva de puesto de trabajo, siempre que se especifique en el contrato el nombre de la persona sustituida y la causa de la sustitución.

El derecho a reserva de puesto podrá establecerlo tanto una norma como un convenio colectivo o un acuerdo individual (*cfr.* artículo 4.1 RD 2720/1998)[214],

[214] Por tanto, cabrá utilizar esta modalidad contractual para sustituir a trabajadores excedentes voluntarios si por convenio colectivo o contrato individual se estableciera el derecho a la reserva de puesto de trabajo en la excedencia voluntaria (cosa posible según el artículo 46.6 ET), aunque en estos casos no existe legalmente este derecho sino un simple derecho preferente al reingreso (artículo 46.5 ET).

y no debe entenderse circunscrito en exclusiva a los casos de suspensión con reserva de puesto de trabajo, sino que abarca todos aquellos en los que un trabajador deba ser sustituido por otro. Así sucede cuando el trabajador es adscrito a otro puesto con derecho de reserva del que ha dejado (por todas, STS de 11 de enero de 2023, Rec. 3844/2019, con cita de jurisprudencia anterior), si bien el Tribunal Supremo ha precisado "en aras de la seguridad jurídica" cuánto tiempo puede estar adscrito temporalmente el trabajador sustituido a otro puesto de trabajo sin desnaturalizar el contrato temporal del trabajador sustituto, considerando, como regla general, que el plazo de doce meses que diferencia el desplazamiento temporal del traslado (artículo 40.6 del ET) constituye un límite temporal para la duración de esa adscripción temporal (STS de 7 de julio de 2023, Rec. 2809/2020). Además, no parece que la actual regulación resulte incompatible con la posibilidad de utilizar esta modalidad contractual para sustituir a un trabajador autónomo, a un socio trabajador o a un socio de trabajo de una sociedad cooperativa en los supuestos de riesgo durante el embarazo o en los períodos de descanso por maternidad, adopción o acogimiento, preadoptivo o permanente (artículo 4.3 RD 2720/1998).

Sin embargo, seguirá sin poder celebrarse ni para sustituir trabajadores durante una huelga legal, salvo que se hayan incumplido los servicios de mantenimiento y seguridad o los servicios mínimos en huelgas en servicios esenciales para la comunidad (artículo 6.5 del RD 17/1977, de 4 de marzo), ni para sustituir a una persona trabajadora con contrato de trabajo suspendido por fuerza mayor temporal, por causas económicas, técnicas, organizativas o de producción o por cierre patronal legal, por tratarse de causas de suspensión del contrato que, por su propia naturaleza, excluyen la contratación por sustitución[215]. También debe quedar descartada la posibilidad de celebrar estos contratos para sustituir las ausencias por vacaciones u otras interrupciones ordinarias de la prestación de servicios que no generan vacante reservada propiamente dicha (SS.TS de 16 de mayo de 2005, Rec. 2412/2004, 12 junio de 2012, Rec. 3375/2012; 9 diciembre de 2013, Rec. 101/2013 o 30 de octubre de 2019, Rec. 1070/2017), siendo posible acudir al contrato por circunstancias de la producción en los términos analizados *supra*[216].

Tal regulación se completa con una novedad de interés, en virtud de la cual, cuando se celebren contratos para la sustitución de una persona trabajadora con

---

215 No obstante, el artículo 47.4 d) del ET dispone ahora que la prohibición de concertar nuevas contrataciones no resultará de aplicación en el supuesto en que las personas en suspensión contractual o reducción de jornada que presten servicios en el centro de trabajo afectado por nuevas contrataciones "no puedan, por formación, capacitación u otras razones objetivas y justificadas, desarrollar las funciones encomendadas a aquellas, previa información al respecto por parte de la empresa a la representación legal de las personas trabajadoras".

216 A juicio de la STSJ de Canarias (Las Palmas) de 25 de enero de 2024 (Rec. 1284/2023) no es posible prolongar la duración de este contrato para cubrir las vacaciones no disfrutadas de la persona sustituida, aunque en el supuesto el ejercicio del derecho a las vacaciones acumuladas en anualidades previas se efectuara, sin solución de continuidad, tras un permiso por nacimiento y cuidado de menor y un permiso de lactancia que siguieron al proceso de IT. Según el Tribunal, debió concluir el contrato al finalizar la situación de reserva de puesto de trabajo, coincidiendo con el inicio de las vacaciones de la sustituida.

derecho a reserva de puesto de trabajo, la prestación de servicios "podrá iniciarse antes de que se produzca la ausencia de la persona sustituida, coincidiendo en el desarrollo de las funciones el tiempo imprescindible para garantizar el desempeño adecuado del puesto y, como máximo, durante quince días". La posibilidad de que la prestación de servicios se inicie con posterioridad al momento en que se produce la causa se había admitido expresamente ya por la doctrina de suplicación en un caso de sustitución de un trabajador fijo-discontinuo, puesto que la vinculación entre la duración del contrato y el tiempo en que subsista el derecho a la reserva del puesto de trabajo no implica la obligación de celebrar el contrato desde la fecha inicial en que tiene lugar la suspensión de la relación laboral de la persona sustituida, sino que condiciona su duración hasta la reincorporación del trabajador a quien se sustituye (STSJ de Baleares, núm. 20/1993, de 22 de enero)[217]. Ahora se añade esta nueva opción de prestación de servicios simultánea, claramente razonable de cara al correcto desarrollo de la sustitución, respecto de la que es posible efectuar varias observaciones de interés:

Por un lado, se ha advertido del carácter excesivamente rígido que presenta el establecimiento de un período máximo de quince días —laborales, hay que entender[218]— cuando las características de cada

---

217 En caso de no reincorporación del trabajador sustituido, la duración del contrato quedará vinculada, bien al vencimiento del plazo legal o convencionalmente establecido para la reincorporación, bien a la extinción de la causa que dio lugar a la reserva de puesto de trabajo (artículo 8.1.c) del RD 2720/1998).

218 NAVARRO NIETO, F., "El contrato temporal de...", *op. cit.*, p. 138.

puesto de trabajo pueden aconsejar adaptaciones que bien podrían haberse remitido a la negociación colectiva[219].

Por otro lado, hay que tener en cuenta que esta coincidencia en el desarrollo de las funciones también podrá producirse, por quedar igualmente justificada, en los supuestos en que, según permite el artículo 4.2 a) del RD 2720/1998, el puesto de trabajo a desempeñar sea el de otra persona trabajadora de la empresa que pase a desempeñar el puesto de la persona sustituida[220]. Tampoco parece que existan razones para impedir la incorporación anticipada cuando el contrato de sustitución se celebre para completar la jornada reducida de otra persona trabajadora: pese a que la literalidad de la ley no lo contempla, es evidente que en estos casos la coordinación necesaria entre ambas personas podría ser, incluso, mayor[221].

Lo mismo podría suceder, en fin, en el momento final de la sustitución, ya que la naturaleza del puesto

---

219 MOLINA HERMOSILLA, O., "El contrato para la sustitución de...", *op. cit.*, p. 100.

220 En este sentido, NAVARRO NIETO, F., "El contrato temporal de...", *op. cit.*, p. 138. Sobre esta posibilidad, *vid.* la STS de 1 de diciembre de 202, Rec. 122/2020, en la que, además, el Tribunal aclara, frente a las dudas existentes en la doctrina de suplicación, que es legítimo encargar al sustituto trabajos propios de su Grupo o Subgrupo profesional, al igual que podrían habérsele encargado al trabajador sustituido "toda vez que la interinidad por sustitución no impide la utilización de la movilidad funcional, con arreglo a lo dispuesto en el art. 39.1".

221 NOGUEIRA GUSTAVINO, M., "El contrato por circunstancias de la producción...", *op. cit;* GOERLICH PESET, J. M., "La reforma de la contratación laboral...", *op. cit.*, p. 34.

o la duración de la ausencia de la persona trabajadora sustituida podrían aconsejar la prestación simultánea para el adecuado desempeño del trabajo también en ese momento[222].

2. *El contrato de sustitución para completar la jornada reducida*

47. La incorporación del supuesto al Estatuto de los Trabajadores. La regulación del contrato por sustitución se completa con la incorporación de un supuesto antes incluido en el artículo 5 del RD 2720/1998, relativo a los casos en que el contrato de interinidad podía celebrarse a tiempo parcial: "Asimismo, el contrato de sustitución podrá concertarse para completar la jornada reducida por otra persona trabajadora, cuando dicha reducción se ampare en causas legalmente establecidas o reguladas en el convenio colectivo y se especifique en el contrato el nombre de la persona sustituida y la causa de la sustitución".

Aunque podría llamar la atención que el artículo 15.3 no se refiera a la posibilidad, sí contemplada en el artículo 5.2 del RD 2720/1998, de concertar el contrato de sustitución a tiempo parcial cuando se trate de sustituir a una persona contratada a tiempo parcial[223], no parece que ello impida celebrar el con-

---

222 GÓMEZ ABELLEIRA, F. J., "Las causas de contratación temporal…", *op. cit.*, p. 30; GOERLICH PESET, J. M., "La reforma de la contratación laboral…", *op. cit.*, p. 34.

223 El artículo 5.2 del RD 2720/1998 dispone que "El contrato de interinidad deberá celebrarse a jornada completa excepto en los dos supuestos siguientes: a) Cuando el trabajador sustituido estuviera contratado a tiempo parcial o se trate de cubrir temporalmente un puesto de trabajo

trato en estos casos, que cuadran perfectamente en la nueva redacción del precepto, más genérica que la del Reglamento. Resulta claro que, puesto que no hay contradicción entre la más sintetizada regulación del artículo 15.3 y la más amplia del RD 2720/1998, esta debe entenderse vigente hasta ser reemplazada, en su caso, por otro desarrollo reglamentario[224]. Esto no significa, sin embargo, que el contrato de sustitución siempre tenga que ser a tiempo parcial en estos supuestos, pues cabría plantear la celebración de un contrato a tiempo completo para la cobertura simultánea de la reducción de jornada de varias personas trabajadoras. Dicha posibilidad quedaría, eso sí, supeditada, como la sustitución sucesiva de distintas personas trabajadoras por parte de la misma persona contratada por sustitución, a la especificación en el contrato del nombre de las personas sustituidas y de las causas justificativas de la sustitución (STS 19 de febrero de 1986)[225].

---

cuya cobertura definitiva se vaya a realizar a tiempo parcial. b) Cuando el contrato se realice para complementar la jornada reducida de los trabajadores que ejerciten los derechos reconocidos en el artículo 37, apartados 4.bis y 5 del Estatuto de los Trabajadores, o en aquellos otros casos en que, de conformidad con lo establecido legal o convencionalmente, se haya acordado una reducción temporal de la jornada del trabajador sustituido, incluidos los supuestos en que los trabajadores disfruten a tiempo parcial del permiso de maternidad, adopción o acogimiento, preadoptivo o permanente, de acuerdo con lo establecido en el párrafo sexto del apartado 4 del artículo 48, del Estatuto de los Trabajadores".

224 BALLESTER PASTOR, M. A., *La reforma laboral de 2021…*, *op. cit.*, p. 72.

225 Esta posibilidad se defiende por NAVARRO NIETO, F., "El contrato temporal de…", *op. cit.*, p. 139, quien precisa

De la posibilidad descrita resultan llamativos, por lo demás, otros dos extremos. El primero guarda relación, precisamente, con la reiteración de lo ya dispuesto en el párrafo anterior —y en el artículo 15.1 al exigir la concreción de la causa del contrato— respecto a la necesidad de especificar el nombre de la persona sustituida y la causa de la sustitución. Aunque a primera vista tal duplicidad parece innecesaria, seguramente con ella se ha querido evitar que la desaparición del requisito en este párrafo segundo sea interpretada como una eliminación de la exigencia legal en este supuesto[226]. El segundo extremo remarcable es que la celebración del contrato se autorice cuando la reducción de jornada se ampare en causas "legalmente establecidas o reguladas en el convenio colectivo", pero no se permita expresamente cuando deriva de acuerdos individuales, pese a qu e suelen constituir una fuente de mejora de las posibilidades de conciliación de las personas trabajadoras[227].

3. El contrato de sustitución por vacante

48. La diferenciación entre los sectores público y privado. Según se adelantó, el Real Decreto-Ley 32/2021 ha llevado al texto del Estatuto de los Tra-

---

que, finalizada alguna de las reducciones de jornada, deberá producirse la correspondiente conversión del contrato a tiempo completo en otro a tiempo parcial.

226 BALLESTER PASTOR, M. A., *La reforma laboral de 2021…*, *op. cit.*, p. 72.

227 GÓMEZ ABELLEIRA, F. J., "Las causas de contratación temporal…", *op. cit.*, p. 30; LÓPEZ BALAGUER, M.; RAMOS MORAGUES, F., La contratación laboral en la reforma…, *op. cit.*, p. 82.

bajadores la regulación de la antigua interinidad por vacante, contenida en el artículo 4 del RD 2720/1998. La lectura del nuevo párrafo tercero del artículo 15.3 ("El contrato de sustitución podrá ser también celebrado para la cobertura temporal de un puesto de trabajo durante el proceso de selección o promoción para su cobertura definitiva mediante contrato fijo, sin que su duración pueda ser en este caso superior a tres meses, o el plazo inferior recogido en convenio colectivo, ni pueda celebrarse un nuevo contrato con el mismo objeto una vez superada dicha duración máxima") permite apreciar, sin embargo, alguna diferencia de interés.

Así, de un lado, entre las cuestiones que ahora se indican expresamente, cabe destacar la necesidad de que el puesto de trabajo se cubra de forma definitiva "mediante contrato fijo", así como la posibilidad de que el convenio colectivo rebaje la duración máxima del contrato que, por lo demás, continúa siendo de tres meses, superados los cuales no podrá celebrarse un nuevo contrato de sustitución con el mismo objeto (con la misma persona trabajadora o con otra), ni tampoco prorrogar el contrato más allá de ese límite[228].

---

228 Cabe recordar que, desde su sentencia de 11 de abril de 2006 (Rec. 1184/2005), el Tribunal Supremo sostuvo que en las interinidades por vacante que se producen fuera del ámbito de las Administraciones Públicas era preciso distinguir entre aquellos procesos en los que el empresario actúa con plena libertad en la forma de organizar la selección y promoción, y aquellos otros en los que una norma con rango suficiente —incluido el convenio colectivo— impone unos trámites determinados, que no siempre pueden cumplirse en el período de tres meses: "Esta

Entre las cuestiones que no se han hecho constar en el artículo 15.5.3º cabe referirse, de otro lado, a la obligación, impuesta por el artículo 4.2 a) del RD 2720/1998 e implícita en el artículo 15.1 del ET[229], de identificar el puesto de trabajo cuya cobertura definitiva se producirá tras el proceso de selección externa o promoción interna. No hay que olvidar a este respecto que, según ha manifestado el Tribunal Supremo con insistencia, el objetivo principal que debe quedar cumplido es que la identificación se realice de tal forma que no quepa la posterior actitud de la empresa que produzca indefensión al interesado, por lo que basta con que tal identificación "se haga de modo

---

distinción se funda en que mientras que en el primer caso la aplicación de un plazo máximo es una garantía frente a los abusos o fraudes, en el segundo la limitación temporal específica no se justifica, pues la garantía surge de la propia regulación legal o convencional, y el empresario no tiene disponibilidad sobre la aplicación de un proceso reglado". En su inmensa mayoría, las sentencias se referían a Correos y Telégrafos que, aunque dejó de ser entidad pública empresarial, pasó a convertirse en una sociedad anónima estatal a la que le resultaba de aplicación la disposición adicional 12ª de la LOFAGE, que exceptuaba la normativa de contratación, entre otras, de la aplicación de las normas de derecho privado. Esa referencia a la contratación apuntaba, precisamente, a las reglas sobre la selección de contratistas, reglas que, según puntualizaba el Tribunal Supremo, "en el régimen laboral se conectan con los principios de igualdad, mérito y capacidad en la selección de personal", de forma que la sociedad seguía sometida "en gran medida a procesos formalizados de selección y promoción que son los propios de una Administración Pública o muy próximos a ellos".

229 NAVARRO NIETO, F., "El contrato temporal de…", *op. cit.*, p. 141.

suficiente y en condiciones de objetividad" (por todas, SSTS de 14 de enero de 1998, Rec. 1994/1997 y de 1 de junio de 1998, Rec. 4063/1997).

Pero, sobre todo, entre las cuestiones que no se incluyen en el precepto es necesario señalar el silencio acerca de la posibilidad de celebrar contratos de sustitución para la cobertura de vacantes en las Administraciones Públicas, que ahora regula en su párrafo tercero la disposición adicional cuarta del Real Decreto-Ley 32/2021, modificada por el artículo 4.2 del Real Decreto-ley 1/2022, de 18 de enero de 2022. En su virtud, podrán suscribirse estos contratos de sustitución para cubrir temporalmente un puesto de trabajo hasta que finalice el proceso de selección para su cobertura definitiva "de acuerdo con los principios constitucionales de igualdad, mérito y capacidad y en los términos establecidos en la Ley 20/2021, de 28 de diciembre, de medidas urgentes para la reducción de la temporalidad en el empleo público".

Como es de sobra conocido, la exclusión del plazo temporal en la duración de las relaciones de interinidad por vacante en las Administraciones Públicas[230] ha conducido a comportamientos abusivos en la utilización de este tipo contractual, debidamente denunciados por el Tribunal de Justicia de la Unión Europea. En apretada síntesis, como consecuencia de tales denuncias —y, más concretamente, de la STJUE de 3

230 El artículo 4.2 del RD 2720/1998 se limitaba a establecer que en los procesos de selección llevados a cabo por las Administraciones públicas para la provisión de puestos de trabajo "la duración de los contratos coincidirá con el tiempo que duren dichos procesos conforme a lo previsto en su normativa específica".

de junio de 2021, asunto C-726/19, *IMIDRA*— el Tribunal Supremo ha procedido a rectificar su doctrina, pasando a aceptar la condición de indefinido no fijo cuando el vínculo se extiende más allá de tres años: "la STJUE de 3 de junio de 2021, (...), nos indica la necesidad de realizar una interpretación conforme con el Acuerdo Marco sobre el trabajo de duración determinada incorporado como Anexo a la Directiva 1999/70/CE; y, especialmente, nos compele a aplicar el derecho interno de suerte que se satisfaga el efecto útil de la misma, especialmente por lo que aquí interesa, del apartado 5 del citado Acuerdo Marco. En cumplimiento de tales exigencias esta Sala estima que, salvo muy contadas y limitadas excepciones, los procesos selectivos no deberán durar más de tres años a contar desde la suscripción del contrato de interinidad, de suerte que si así sucediera estaríamos en presencia de una duración injustificadamente larga" (STS de 28 de junio de 2021, Rec. 3263/2019, por todas).

Esta evolución hacía necesaria, según reconoce la Exposición de Motivos de la Ley 20/2021, una intervención del legislador a fin de precisar el régimen jurídico aplicable de forma que pueda "conjugarse adecuadamente" el efecto útil de la Directiva con el aseguramiento de los principios constitucionales de igualdad, mérito y capacidad en el acceso al empleo público[231]. Ello explica que, en el caso de las interi-

---

231 Se incorpora, además, un nuevo apartado tercero en el artículo 11 de la Ley del Estatuto Básico del Empleado Público, aprobado por el Real Decreto Legislativo 5/2015, de 30 de octubre (en adelante, EBEP) en el que se dispone que "los procedimientos de selección del personal laboral serán públicos, rigiéndose en todo caso por los principios de igualdad, mérito y capacidad. En el caso del personal

nidades por vacante, la Ley 20/2021 —a la que remite la disposición adicional cuarta del Real Decreto-Ley 32/2021— establezca que, transcurridos tres años desde el nombramiento, se producirá el fin de la relación de interinidad, y la vacante sólo podrá ser ocupada por personal funcionario de carrera, salvo que el correspondiente proceso selectivo quede desierto (*vid.* artículo 10.1.a) y 10.4 del EBEP). Igualmente, explica que se prevea en la Ley, mediante la nueva disposición adicional decimoséptima del EBEP, un régimen de responsabilidades para las Administraciones Públicas que incumplan las previsiones de los artículos 10 y 11 del EBEP. La propia Exposición de Motivos señala que la premisa de partida sobre la que se fundamenta la citada disposición adicional es la de la nulidad de pleno derecho de toda actuación cuyo contenido incumpla directa o indirectamente los plazos máximos de permanencia como personal temporal, sea mediante acto, pacto, acuerdo o disposición reglamentaria, o a través de las medidas que se adopten en su cumplimiento.

El incumplimiento de los plazos máximos de permanencia, además, da lugar a una compensación económica para el personal temporal. Según los apartados cuarto y quinto de la mencionada disposición adicional decimoséptima, se trata de una compensación económica equivalente a veinte días de las retribuciones fijas por año de servicio, prorrateándose por meses los períodos de tiempo inferiores a un año, hasta un máximo de doce mensualidades. Tal "compen-

---

laboral temporal se regirá igualmente por el principio de celeridad, teniendo por finalidad atender razones expresamente justificadas de necesidad y urgencia".

sación" se entiende, no obstante, sin perjuicio de la "indemnización" que pudiera corresponder por vulneración de la normativa laboral específica. Con una literalidad realmente oscura, la disposición adicional comentada añade que "dicha compensación consistirá, en su caso, en la diferencia entre el máximo de veinte días de su salario fijo por año de servicio, con un máximo de doce mensualidades, y la indemnización que le correspondiera percibir por la extinción de su contrato, prorrateándose por meses los períodos de tiempo inferiores a un año" y que "en caso de que la citada indemnización fuere reconocida en vía judicial, se procederá a la compensación de cantidades". Probablemente, la "indemnización" a que se refiere el precepto es la del despido improcedente, de treinta tres días de salario por año de servicio con el tope de veinte mensualidades (*cfr.* artículo 56.1 ET), que no se acumulará, de ser reconocida judicialmente, a la compensación económica[232].

Con esta intervención legal parecía quedar, por tanto, "en el aire", al no haberse derogado los artículos 8.2.c) y 11.1 del EBEP, la desaparición de la figura del trabajador indefinido no fijo[233]. Respecto a ella,

---

232 SALA FRANCO, T., *El personal laboral del sector…*, *op. cit.*, p. 42. Por lo demás, se establece que el derecho a esta compensación "nacerá a partir de la fecha del cese efectivo, y la cuantía estará referida exclusivamente al contrato del que traiga causa el incumplimiento". No habrá, sin embargo, derecho a la compensación en caso de que la finalización de la relación de servicio sea por despido disciplinario declarado procedente o por renuncia voluntaria.

233 SALA FRANCO, T., *El personal laboral del sector público*, Valencia, Tirant lo Blanch, 2022, p. 40. Para ROQUETA BUJ, R., *La reforma de la contratación temporal en las admi-*

la STJUE de 22 de febrero de 2024 (MP y otros contra Consejería de Presidencia, Justicia e Interior de la Comunidad de Madrid y otros, asuntos acumulados C-59/22, C-110/22 y C-159/22) ha dispuesto, no obstante, con posterioridad, que un trabajador indefinido no fijo debe considerarse un trabajador con contrato de duración determinada, a efectos del Acuerdo Marco sobre el trabajo de duración determinada, celebrado el 18 de marzo de 1999, que figura en el anexo de la Directiva 1999/70/CE del Consejo, de 28 de junio de 1999, relativa al Acuerdo Marco de la CES, la UNICE y el CEEP sobre el trabajo de duración determinada. Según la sentencia, se opone a la cláusula 5 del Acuerdo Marco una normativa nacional que establece el pago de una indemnización tasada, igual a veinte días de salario por cada año trabajado, con el límite de una anualidad, a todo trabajador cuyo empleador haya recurrido a una utilización abusiva de contratos indefinidos no fijos prorrogados sucesivamente "cuando el abono de dicha indemnización por extinción de contrato es independiente de cualquier consideración relativa al carácter legítimo o abusivo

---

nistraciones públicas, Valencia, Tirant lo Blanch, 2022, p. 20 y ss. y 96 y ss., las reformas de 2021 han sustituido la opción del trabajador indefinido no fijo por la de la indemnización en los supuestos de irregularidades en la contratación temporal o superación del límite legal al encadenamiento de contratos temporales. Avalaría esta interpretación, además del apartado quinto de la disposición adicional decimoséptima del EBEP, la derogación del apartado primero de la disposición adicional decimoquinta del ET (disposición adicional Única.2 del Real Decreto-Ley 32/2021). En sentido contrario puede verse LÓPEZ BALAGUER, M.; RAMOS MORAGUES, F., *La contratación laboral en la reforma…, op. cit.*, p. 158 y ss..

de la utilización de dichos contratos". Igualmente, se pone a dicha cláusula una normativa nacional que establece la convocatoria de procesos de consolidación del empleo temporal mediante convocatorias públicas para la cobertura de las plazas ocupadas por trabajadores temporales, entre ellos los trabajadores indefinidos no fijos, cuando "dicha convocatoria es independiente de cualquier consideración relativa al carácter abusivo de la utilización de tales contratos de duración determinada". Por ello, el TJUE afirma que, a falta de medidas adecuadas en el Derecho español para prevenir y, en su caso, sancionar, con arreglo a la cláusula 5 del Acuerdo Marco, los abusos derivados de la utilización sucesiva de contratos temporales, incluidos los contratos indefinidos no fijos prorrogados sucesivamente, la conversión de esos contratos temporales en contratos fijos "puede constituir tal medida", si bien "Corresponde, en su caso, al tribunal nacional modificar la jurisprudencia nacional consolidada si esta se basa en una interpretación de las disposiciones nacionales, incluso constitucionales, incompatible con los objetivos de la Directiva 1999/70 y, en particular, de dicha cláusula 5".

La aplicación de este pronunciamiento del TJUE por los órganos judiciales españoles ha generado, como era de esperar, interpretaciones encontradas en los múltiples litigios en los que está en juego la calificación como fijo o como indefinido no fijo del personal contratado de manera irregular mediante contratos de duración determinada por los organismos y administraciones del sector público. Así lo recoge el Auto del Tribunal Supremo de 30 de mayo de 2024 (Rec. 5544/2023) que eleva, en consecuencia, cuestión prejudicial al TJUE relativa a la situación jurídica del personal laboral temporal del sector público. Como acertadamente precisa el Tribunal Supremo en el Auto, las afirmaciones vertidas por el TJUE en la sentencia de 22 de febrero plantean dudas en un doble sentido. Por un lado, en nuestro derecho interno el abono de la indemnización por extinción de la relación laboral indefinida no fija obedece a la consideración ilegítima o abusiva de la utilización de los contratos de duración determinada por parte de los empleadores del sector público pues, en realidad, no existe una modalidad de contrato de trabajo indefinido no fijo al que pueda acogerse legítimamente la administración pública: el trabajador solo adquiere la condición de indefinido no fijo, con derecho a percibir la indemnización de veinte días, si el contrato temporal es ilegítimo o se ha utilizado de manera abusiva; si el contrato de duración determinada es legítimo y conforme a derecho se extingue por expiración del tiempo convenido, sin que nazca el derecho a la indemnización. Con todo, como la indemnización de veinte días es la que se corresponde en el Derecho español con la prevista para la extinción de los contratos de trabajo por causas objetivas derivadas de necesidades empresariales, cabe la posibilidad de que el Tribunal de Justicia considere esa indemnización inadecuada, por insuficiente. En ese caso, se plantea subsidiariamente la imposición del pago de la máxima indemnización legal en cada momento vigente en el Derecho español en cada momento vigente a los despidos improcedentes de los trabajadores fijos. Por otro lado, las convocatorias públicas para la cobertura de las plazas ocupadas por los trabajadores temporales, entre ellos los indefinidos no fijos, tienen como uno de sus objetivos el de reparar el carácter ilegítimo o abusivo de la utilización de los contratos de duración determinada en el sector público y ponderan adecuadamente el resarcimiento de sus derechos con las legítimas aspiraciones de los demás ciudadanos de acceder al empleo público de acuerdo con los principios de igualdad, mérito y capacidad, y con respeto de la libre circulación. Aunque los procesos de la Ley 20/2021 están abiertos a candidatos que no han sido víctimas de la contratación abusiva, la fórmula contemplada atribuye un valor determinante para conseguir la plaza a la experiencia previa y al tiempo desempeñado por estos trabajadores en el desarrollo de esas tareas durante los periodos de su contratación temporal, que compensa adecuadamente la situación que han soportado durante esos periodos, al facilitarles en gran medida y en condiciones muy ventajosas, el acceso definitivo a la plaza como trabajadores fijos.

Sentado lo anterior, se plantean al Tribunal de Justicia las siguientes cuestiones prejudiciales:

Primera cuestión, principal: ¿Se opone a la cláusula 5 del Acuerdo Marco la doctrina jurisprudencial que, defendiendo los principios de igualdad, mérito, capacidad y no discriminación en la libre circulación de trabajadores, niega el reconocimiento de la condición de trabajadores fijos del sector público a los trabajadores indefinidos no fijos?

Segunda cuestión, de carácter subsidiario, para el caso de que la respuesta a la primera cuestión prejudicial sea la de declarar que la doctrina jurisprudencial que niega el reconocimiento de la condición de trabajadores fijos se opone a la cláusula 5 del Acuerdo Marco: ¿El reconocimiento de una indemnización disuasoria al trabajador indefinido no fijo en el momento de la extinción de su relación laboral, puede considerarse como una medida adecuada para prevenir y, en su caso, sancionar, los abusos derivados de la utilización sucesiva de contratos temporales en el sector público con arreglo a la cláusula 5 del Acuerdo Marco?

A la espera de respuesta, y en concreto respecto de lo planteado en esta segunda cuestión, no pueden desconocerse las consideraciones que incorpora la STJUE de 13 de junio de 2024 (Departamentos de Presidencia y de Justicia de la Generalidad de Cataluña, C-331/22 y C-332/22) en relación con la indemnización con doble límite máximo, pues a su juicio "...no parece constituir una medida adecuada para sancionar debidamente la utilización abusiva de sucesivas relaciones de empleo de duración determinada y eliminar las consecuencias del incumplimiento del Derecho de la Unión, y, por consiguiente, no parece constituir, por sí sola, una medida proporcionada y suficientemente efectiva y disuasoria para garantizar la plena eficacia de las normas adoptadas conforme al Acuerdo Marco".

Capítulo IV
Conclusiones

49. Temporalidad y nueva precariedad. A pesar del escaso tiempo transcurrido desde su entrada en vigor, es posible afirmar que la reforma laboral está logrando reducir la excesiva tasa de temporalidad existente en nuestro país. Desde el Consejo Económico y Social se ha anunciado a este respecto, incluso, que hay datos indicativos del inicio de un "cambio real en la cultura de contratación"[234]. La decisión de derogar el contrato de obra o servicio hacía presagiar este resultado y, de hecho, el esperado trasvase al contrato fijo-discontinuo ya está teniendo lugar.

Ello no significa, sin embargo, que la estabilidad en el empleo vaya a quedar garantizada en lo sucesivo, pues el logro de este objetivo no depende únicamente, como es sabido, de la reducción de la tasa de temporalidad, sino que guarda también una estrecha relación con el régimen de extinción del contrato. Por ello, para valorar adecuadamente el éxito de la reforma, con independencia de los términos de la evaluación prevista en la disposición adicional vigesimocuarta del ET, habrá que atender a la evolución de la duración de los contratos indefinidos los próximos años, descartado o confirmando el aumento de la

---

234 CONSEJO ECONÓMICO Y SOCIAL, *Memoria sobre la situación socioeconómica y laboral de España 2021*, Madrid, CES, 2022, p. 166.

"mortalidad" de los contratos indefinidos ordinarios o la generalización de la resolución de los contratos por desistimiento durante el período de prueba[235].

Resulta evidente, en todo caso, que las modificaciones introducidas en el régimen regulador de la duración del contrato de trabajo han difuminado las tradicionales fronteras entre el empleo fijo y el temporal[236], al implicar una proliferación de figuras que casan, con mayor propiedad, ya sea por la intermitencia de los servicios prestados, ya por las especialidades en el régimen de extinción, en situaciones intermedias no exentas de dosis de precariedad. Se observa, en este sentido, un cierto paralelismo entre la confianza depositada por la reforma de 2021 en las diferentes versiones del contrato fijo-discontinuo y en el contrato indefinido adscrito a obra en el sector de la

---

235 CONDE-RUIZ, J. L., *et al.*, "Reforming Dual Labor Markets: "Empirical" or "Contractual" Temporary Rates?, *Estudios sobre la Economía Española*, nº 36, 2023, p. 30-31, señalan, en efecto, que, tras la reforma, se ha producido un aumento de la tasa de "mortalidad" de los contratos permanentes ordinarios, y que la resolución de muchos de ellos ha tenido lugar durante el período de prueba. Por su parte, "GIMENO DÍAZ DE ATAURI, P. G., "La reforma laboral de la contratación 2021 en las fuentes estadísticas oficiales: segundo avance", *op. cit.*, p. 4, excluye la generalización de la resolución de los contratos durante el período de prueba. El sindicato USO —https://www.uso.es/perez-denuncia-que-el-periodo-de-prueba-de-los-contratos-indefinidos— había denunciado, sin embargo, que los casos de resolución del contrato por uso del libre desistimiento durante el período de prueba se habían multiplicado por 9 desde julio de 2021 hasta julio de 2022.

236 CRUZ VILLALÓN, J., "Texto y contexto de la reforma laboral de 2021…", *op. cit.*, p. 35.

construcción para atajar las cifras de temporalidad, y la depositada en el pasado en modalidades del contrato indefinido diferenciadas del ordinario. El paralelismo entre el contrato de apoyo a emprendedores y el contrato indefinido adscrito a obra se extiende también, desafortunadamente, a las consistentes dudas que rodean el ajuste de la extinción "por motivos inherentes a la persona trabajadora" con el principio de extinción causal impuesto por el marco internacional y constitucional. A estas dudas han venido a unirse, además, según se ha analizado, las relacionadas con el cumplimiento de la Directiva 98/59 del Consejo, de 20 de julio de 1998, relativa a la aproximación de las legislaciones de los Estados miembros que se refieren a los despidos colectivos, que auguran el más que posible planteamiento de una cuestión prejudicial.

No sería justo ignorar, no obstante, que la reforma actual sí ha incidido en la regulación de las causas de temporalidad, acompañando la desaparición del contrato por obra o servicio y la regulación del nuevo contrato por circunstancias de la producción de medidas de indudable contundencia en el refuerzo de la contratación indefinida. Así cabe valorar, al margen de las novedades en materia de responsabilidad administrativa, la nueva exigencia formal del artículo 15.1 y la adquisición de fijeza automática contenida en el artículo 15.4 del ET. El problema es que ambas medidas adolecen de importantes "debilidades": por un lado, al no haberse modificado la literalidad del artículo 8.2 del ET, resulta dudoso si la falta de forma escrita de los contratos temporales debe abocar, o no, a la aplicación de la nueva presunción *iuris et de iure*; por otro lado, y, sobre todo, la declaración de fijeza del trabajador temporal es claramente insuficiente, pues sigue conduciendo, descartada la introducción de una nueva causa de nulidad del despido, al pago de una indemnización por despido improcedente cuya escasez ha trasladado el debate, desafortunadamente, a la aceptación de una posible indemnización adicional.

La investigación efectuada en el presente trabajo permite efectuar, en fin, dos últimas apreciaciones críticas relacionadas con la reforma del régimen regulador de la duración del contrato de trabajo considerada en su conjunto.

La primera se refiere a la falta de consecución de la simplificación del régimen de contratos que el propio Real Decreto-Ley se imponía. Como se ha puesto de relieve, ni existe un solo contrato fijo-discontinuo, ni la posibilidad de contratar por tiempo determinado se limita a lo dispuesto en el artículo 15, ni es cierto que dicho precepto reduzca a dos los contratos temporales. Contrariamente, la justificación causal admitida es múltiple y, en consecuencia, existen diferentes modalidades de contratos por circunstancias de la producción y de sustitución que cabe concertar.

La segunda apreciación alude, por su parte, a una cuestión mucho más preocupante que constituye, además, el aspecto más discutible del nuevo régimen jurídico de la duración del contrato de trabajo: el abuso de conceptos jurídicos indeterminados y el recurso constante a redacciones ambiguas —especialmente intenso en algunas modalidades del contrato fijo-discontinuo, en el de circunstancias de la producción y en la diferenciación de ambas figuras- que están dividiendo a la doctrina en su interpretación, complicando enormemente su aplicación. Por mucho que sea resultado del método empleado en la negociación de la reforma, la técnica utilizada ha terminado por comprometer la preferencia por la contratación indefinida y el refuerzo de la causalidad de la contratación temporal, que sigue necesitando una delimitación legal más precisa. Como recuerda el Profesor Sala Franco, no debe olvidarse que «solo respetando la necesaria claridad en la redacción de las normas elevaremos el principio de seguridad jurídica, reconocido en el artículo 9.3 de la Constitución a elemento básico de la justicia laboral, obviando pleitos innecesarios o gratuitos y abandonando la posición judicialista del 'uso alternativo del Derecho"»[237].

---

237 SALA FRANCO, T. "Algunos puntos negros del sistema de fuentes del derecho del trabajo español. Discurso de ingreso en la Real Academia Valenciana de Jurisprudencia y Legislación", *Publicaciones de la Real Academia Valenciana de Jurisprudencia y Legislación*, Cuaderno núm. 95, 2021, p. 78, disponible en http://www.ravjl.com/bd/archivos/archivo182.pdf.

Bibliografía

ALFONSO MELLADO, C. L., Las actuaciones para reducir la temporalidad en los contratos laborales, *Temas Laborales*, nº 107, 2010.

ARAGÓN GÓMEZ, C., "Del contrato fijo de obra al contrato indefinido adscrito a obra. Un cambio meramente estético a efectos estadísticos", *Labos, vol. 3*, número extraordinario "La reforma laboral de 2021", 2022.

BALLESTER PASTOR, I., "La reformulación de los contratos temporales causales: avances, inercias y nuevos peligros", *Revista Crítica de Relaciones de Trabajo, Laborum*, n º2, 2022.

BALLESTER PASTOR, M. A., *La reforma laboral de 2021. Más allá de la crítica*, Madrid, Ministerio de Trabajo y Economía Social, 2022.

BELTRÁN DE HEREDIA RUIZ, I., "Régimen normativo del contrato fijo discontinuo y de la contratación temporal", disponible en https://ignasibeltran.com/la-contratacion-temporal-laboral/.

BLASCO PELLICER, A., "La duración máxima del contrato para obra o servicio determinado", *Actualidad Laboral*, nº 2, 2011.

CALVO GALLEGO, F. J.; ASQUERINO LAMPARERO, M. J., "Del contrato fijo de obra a la relación indefinida adscrita a obra y su extinción por razones formalmente inherentes a la persona del trabajador", *Temas Laborales*, nº 161, 2022.

CAMPS RUIZ, L. M., "La reforma de la contratación temporal en la Ley 35/2010". En: C. L. Alfonso, *et al.*, *La reforma laboral en la Ley 35/2010*, Valencia, Tirant lo Blanch, 2010.

CARRIZOSA PRIETO, E., "La nueva regulación del contrato fijo discontinuo. Una visión general", *Revista del Ministerio de Trabajo y Economía Social*, nº 152, 2022.

CASAS BAAMONDE, M. E., "La contratación temporal: problemas y soluciones. Un debate necesario", *Derecho de las Relaciones Labores,* n °11, 2017.

CAVAS MARTÍNEZ, F., "El nuevo contrato fijo-discontinuo en la reforma laboral de 2021". En: J. L. Monereo Pérez; Rodríguez Escanciano, S.; Rodríguez Iniesta, G., *La reforma laboral de 2021: estudio técnico de su régimen jurídico,* Murcia, Laborum, 2022.

CCOO, "La última reforma laboral mejora la calidad y estabilidad en el empleo y reduce la rotación laboral", disponible en https://www.ccoo.es/e66ffac42c1a8ec4ef68168b-62cb9c41000001.pdf.

CONDE-RUIZ, J. L., et al., "Reforming Dual Labor Markets: "Empirical" or "Contractual" Temporary Rates?, *Estudios sobre la Economía Española,* nº 36, 2023.

CONSEJO ECONÓMICO Y SOCIAL, *Memoria sobre la situación socioeconómica y laboral de España 2019,* Madrid, Consejo Económico y Social, 2020.

CONSEJO ECONÓMICO Y SOCIAL, *Memoria sobre la situación socioeconómica y laboral de España 2021,* Madrid, Consejo Económico y Social, 2022.

CONSEJO ECONÓMICO Y SOCIAL, *Memoria sobre la situación socioeconómica y laboral de España 2022,* Madrid, Consejo Económico y Social, 2023.

COSTA REYES, A., "La reforma de la contratación laboral temporal y formativa. Comentario a los supuestos del artículo 15 y a las novedades del artículo 11 del Estatuto de los Trabajadores tras el Real Decreto-Ley 32/2021", *Revista de Trabajo y Seguridad Social, CEF,* nº 467, 2022.

CRUZ VILLALÓN, J., "Texto y contexto de la reforma laboral de 2021 para la pospandemia", *Temas Laborales,* nº 161, 2022.

DE LA PUEBLA PINILLA, A., "El impacto de la reforma laboral en la prestación de trabajo en contratas y subcontratas. Convenio colectivo aplicable y régimen de contratación laboral", *Trabajo y Derecho,* nº 88, 2022.

DE LA PUEBLA PINILLA, A., "RDL 32/2021: el fin de los contratos temporales que conocíamos. Régimen transitorio hasta su definitiva desaparición", *Brief de la AEDTSS*, disponible en https://www.aedtss.com/wp-content/uploads/2022/01/Contratos-temporales.-Regimen-transitorio-ana.pdf.

DE LA VILLA GIL, L.E., "La reforma laboral intempestiva, provisional, anodina y nebulosa. Comentario de urgencia al Real Decreto-ley 10/2010, de 16 de junio, de medidas urgentes para la reforma del mercado de trabajo", *Revista General de Derecho del Trabajo y Seguridad Social*, nº 22, 2010.

GARCÍA GONZÁLEZ, G., "La contratación temporal en la reforma laboral: reflexiones críticas sobre su conformación jurídica", *Estudios de Deusto. Revista de Derecho Público*, vol. 70/1, 2022.

GARCÍA OLIVER, R., "El contrato fijo discontinuo. Configuración e incógnitas tras la reforma laboral", Asociación Empresarial de Asesores Laborales, Decimoctavas jornadas laborales, junio 2022, disponible en https://www.spmas.es/wp-content/uploads/2022/06/3_-ROMAN_CONTRATO-FIJO-DISCONTINUO-configuracion-e-incognitas-tras-reforma-laboral-AEAL-JUNIO-2022-ROMAN-GARCIA-OLIVER.pdf.

GARCÍA ORTEGA, J., "La contratación a tiempo parcial y sus variedades". En: J. M. Goerlich Peset, *et. al.*, *Contratación laboral y tipos de contrato: criterios jurisprudenciales*, 1ª ed., Lex Nova Valladolid, 2010.

GARCÍA ORTEGA, J., "El contrato fijo-discontinuo tras el RDL 32/2021, de 28 de diciembre, de reforma laboral", Brief de la Asociación Española de Derecho del Trabajo y de la Seguridad Social, 2022, disponible en https://www.aedtss.com/wp-content/uploads/2022/01/ref-fijos-disc-2.pdf.

GARCÍA RUBIO, M.A., "La extinción del contrato de trabajo por expiración del tiempo convenido o realización de la obra o servicio objeto del contrato". En: I. Albiol, *et. al.*, *Extinción del contrato de trabajo*, Valencia, Tirant lo Blanch, 2011.

GIL PLANA, J. "Reforma de la contratación laboral". En: J. Thibault Aranda; A. Jurado Segovia (dirs.), *Interpretación, aplicación y desarrollo de la última reforma laboral*, 1ª ed., Madrid, La Ley, 2023.

GIMENO DÍAZ DE ATAURI, P. G., "La reforma laboral de la contratación 2021 en las fuentes estadísticas oficiales: primer avance", Brief de la Asociación Española de Derecho del Trabajo y de la Seguridad Social, 2022, disponible en https://www.aedtss.com/wp-content/uploads/2022/03/Brief-datos-reforma.pdf.

GOERLICH PESET, J. M., "Trabajadores fijos periódicos y trabajadores fijos discontinuos. El final de una larga discusión", *Temas laborales: Revista andaluza de trabajo y bienestar social*, nº 61, 2001.

GOERLICH PESET, J.M., "La contratación laboral en la reforma laboral de 2010". En: I. García-Perrote; J.R. Mercader, *et. al.*, *La reforma del mercado de trabajo*, Lex Nova, Valladolid, 2010.

GOERLICH PESET, J. M., "El ingreso del trabajador en la empresa". En: J. M. Goerlich (dir.), *Derecho del trabajo*, Valencia, Tirant lo Blanch, 2021.

GOERLICH PESET, J. M., "La reforma de la contratación laboral". En: A. de la Puebla Pinilla; J. R. Mercader Uguina; J. M. Goerlich Peset, *La reforma laboral de 2021. Un estudio del Real Decreto-Ley 32/2021*, Valencia, Tirant lo Blanch, 2022.

GOERLICH PESET, J. M. "El contrato fijo-discontinuo: innovación y continuidad". En: En: J. Thibault Aranda; A. Jurado Segovia (dirs.), *Interpretación, aplicación y desarrollo de la última reforma laboral*, 1ª ed., Madrid, La Ley, 2023.

GÓMEZ ABELLEIRA, F. J., "Las causas de contratación temporal tras el Real Decreto-ley 32/2021", *Labos*, Vol. 3, Número extraordinario "La reforma laboral de 2021", 2022.

GORDO GONZÁLEZ, L., "El contrato fijo-discontinuo: nuevo pilar de la contratación laboral estable", *Estudios Latinoa.*, nº 13, 2022.

GORELLI HERNÁNDEZ, J., "El nuevo régimen jurídico del contrato fijo discontinuo tras la reforma de 2021", *Temas Laborales*, nº 161, 2022, p. 226.

IGARTUA MIRÓ, M. T., "Las medidas sancionadoras frente a la contratación temporal abusiva", *Temas Laborales*, nº 161, 2022.

LAHERA FORTEZA, J., "Las cuatro modalidades del contrato temporal por circunstancias de producción", Brief de la

Asociación Española de Derecho del Trabajo y de la Seguridad Social, disponible en https://www.aedtss.com/wp-content/uploads/2022/10/29_LAHERA_Contratos-CP-1110022.pdf.

LAHERA FORTEZA, J.; VICENTE PALACIO, A., *Los contratos de trabajo fijos discontinuos e indefinidos a tiempo parcial*, 1ª ed., Madrid, Aranzadi.

LÓPEZ AHUMADA, J. E., "La reforma del sistema de contratación temporal desde la perspectiva del fomento de la contratación indefinida y la reducción del abuso de la temporalidad: análisis del Real Decreto-Ley 32/2021", *Estudios Latinoa*, nº 13, 2022.

LÓPEZ BALAGUER, M.; RAMOS MORAGUES, F., *La contratación laboral en la reforma de 2021. Análisis del RDL 32/2021, de 28 de diciembre*, Valencia, Tirant lo Blanch, 2022.

LÓPEZ TERRADA, E., *Los incentivos a la creación de empleo y autoempleo: situación actual y propuestas de reforma*, Valencia, Tirant lo Blanch, 2017.

LLOMPART BENNÀSSAR, M., "Otras novedades en materia de contratación temporal: conversión del contrato indefinido, encadenamiento, cotización adicional y planes de reducción de la temporalidad". En: J. Thibault Aranda; A. Jurado Segovia (dirs.), *Interpretación, aplicación y desarrollo de la última reforma laboral*, 1ª ed., Madrid, La Ley, 2023.

MARTÍNEZ BARROSO, R., "Luces y sombras de la ordenación del trabajo fijo-discontinuo tras la reforma laboral", *Revista Española de Derecho del Trabajo*, nº 251, 2022.

MELLA MÉNDEZ, L., "La desincentivación de la contratación temporal en España por la reforma laboral de 2010", *Documentación Laboral*, nº 90, 2010.

MOLINA HERMOSILLA, O., "El contrato para la sustitución de persona trabajadora". En: J. L. Monereo Pérez; S. Rodríguez Escanciano; G. Rodríguez Iniesta (dirs.), *La reforma laboral de 2021: estudio técnico de su régimen jurídico*, Murcia, Laborum, 2022.

MONREAL BRINGSVAERD, E., "Las causas del contrato temporal por circunstancias de la producción y del contrato fijo discontinuo: problemas de seguridad jurídica", *Revista*

General de Derecho del Trabajo y de la Seguridad Social, nº 62, 2022.

MORENO GENÉ, J., "La reforma de la Ley de la Ciencia: ¿el fin de la temporalidad y la precariedad laboral en el sector de la investigación?", Brief de la AEDTSS, disponible en https://www.aedtss.com/wp-content/uploads/2022/09/josep-2.pdf.

MORENO VIDA, N. "Del contrato eventual por circunstancias de la producción al contrato temporal por razones productivas". En: J. L. Monereo Pérez; Rodríguez Escanciano, S.; Rodríguez Iniesta, G., *La reforma laboral de 2021: estudio técnico de su régimen jurídico,* Murcia, Laborum, 2022.

NAVARRO NIETO, F., "El contrato temporal de sustitución", *Temas Laborales,* nº 161, 2022.

NIETO ROJAS, P., "La contratación temporal en el RD Ley 32/2021. Nuevas reglas en materia de encadenamiento, sanciones y presunciones", *Labos,* vol. 3, Número extraordinario "La reforma laboral de 2021", 2022.

NOGUEIRA GUASTAVINO, M., "En búsqueda de la estabilidad perdida: la reforma de los fijos discontinuos y del contrato "fijo" de obra en el sector de la construcción", disponible en https://almacendederecho.org/en-busqueda-de-la-estabilidad-perdida-la-reforma-de-los-fijos-discontinuos-y-del-contrato-fijo-de-obra-en-el-sector-de-la-construccion.

NOGUEIRA GUSTAVINO, M., "El contrato por circunstancias de la producción en el RDL 32/2021", Brief de la AEDTSS disponible en https://www.aedtss.com/wp-content/uploads/2022/01/aedtss-corto-reforma-contratos-temporales-fin-1.pdf.

PÉREZ DE LOS COBOS ORIHUEL, F.; OLEART GODIA, R., "Las ETT ante la reforma de la contratación". En: J. Thibault Aranda; A. Jurado Segovia (dirs.), *Interpretación, aplicación y desarrollo de la última reforma laboral,* 1ª ed., Madrid, La Ley, 2023.

RODRÍGUEZ ESCANCIANO, S., "El nuevo contrato "indefinido adscrito a obra" en el sector de la construcción". En: J. L. Monereo Pérez; Rodríguez Escanciano, S.; Rodríguez

Iniesta, G., *La reforma laboral de 2021: estudio técnico de su régimen jurídico,* Murcia, Laborum, 2022.

ROJO TORRECILLA, E., "Las disposiciones transitorias de la reforma laboral de 2021". Brief de la AEDTSS, disponible en: https://www.aedtss.com/wp-content/uploads/2022/01/BRIEF-AEDTSS-eduardo-rojo.pdf.

ROQUETA BUJ, R., *La reforma de la contratación temporal en las administraciones públicas,* Valencia, Tirant lo Blanch, 2022.

SALA FRANCO, T. "Algunos puntos negros del sistema de fuentes del derecho del trabajo español. Discurso de ingreso en la Real Academia Valenciana de Jurisprudencia y Legislación", *Publicaciones de la Real Academia Valenciana de Jurisprudencia y Legislación,* Cuaderno núm. 95, 2021, disponible en http://www.ravjl.com/bd/archivos/archivo182.pdf.

SALA FRANCO, T., *La reforma laboral: la contratación temporal y la negociación colectiva,* Valencia, Tirant lo Blanch, 2022.

SALA FRANCO, T., *El personal laboral del sector público,* Valencia, Tirant lo Blanch, 2022.

SALA FRANCO, T., *Los contratos indefinidos fijos discontinuos,* Valencia, Tirant lo Blanch, 2022.

SALA FRANCO, T.; PÉREZ INFANTE, J. I.; LÓPEZ TERRADA, E., *Las modalidades de la contratación laboral,* Valencia, Tirant lo Blanch, 2009.

SALA FRANCO, T.; LÓPEZ TERRADA, E., "Propuestas para un debate sobre la reforma de la contratación temporal", *Derecho de las Relaciones Labores,* n °11, 2017.

SEMPERE NAVARRO, A.V.; PÉREZ CAMPOS, A., "Contrato para obra o servicio determinado". En: A. Sempere Navarro (dir.), *La reforma laboral de 2010,* 1ª ed., Aranzadi, Pamplona, 2010.

TODOLÍ SIGNES, A., "Análisis del nuevo contrato temporal "por circunstancias de la producción" y sus tres modalidades", disponible en https://adriantodoli.com/2022/01/03/analisis-nuevo-contrato-temporal-por-circunstancias-de-la-produccion-y-sus-tres-modalidades/

UGT, "Análisis del Real Decreto-Ley 32/2021, de 28 de diciembre. La nueva regulación sobre contratación temporal", *Servicio de Estudios UGT,* nº 35, 2022.

VALVERDE ASENCIO, A. J., "La limitación a la sucesión de contratos temporales. Un análisis del artículo 15.5 del Estatuto de los Trabajadores (I)", *Relaciones Laborales*, nº 13, 2008.

VICENTE-PALACIO, A., "La supresión del contrato para obra o servicio determinado y el nuevo papel del contrato fijo-discontinuo en el ámbito de las contratas", *Revista Crítica de Relaciones de Trabajo. Laborum*, nº 2, 2022.

VICENTE PALACIO, A., "Contrato para obra o servicio determinado: Descanse en paz. ¡Viva el contrato fijo-discontinuo!". Brief de la AEDTSS disponible en https://www.aedtss.com/wp-content/uploads/2022/01/OBITUARIO-ARANTCHA.pdf.

Anexos

1. ANEXO LEGISLATIVO

Real Decreto-ley 32/2021, de 28 de diciembre, de medidas urgentes para la reforma laboral, la garantía de la estabilidad en el empleo y la transformación del mercado de trabajo (selección)

I

Hablar de reforma laboral en España es evocar un larguísimo proceso de cambios normativos que no han logrado, sin embargo, acabar con los graves problemas de nuestro mercado de trabajo: el desempleo y la temporalidad. La combinación de ambos ha dado lugar a que el trabajo en nuestro país esté especialmente afectado por la precariedad, como inquietante realidad que da lugar a malas condiciones de empleo, priva a nuestro sistema productivo de desplegar toda su capacidad y dificulta una ciudadanía plena en el trabajo.

No es la norma laboral el único lugar desde el que afrontar y resolver estos problemas, pero es imprescindible que las reglas que regulan el trabajo por cuenta ajena brinden el marco oportuno para unas relaciones laborales sanas, no basadas en la precariedad y que garanticen el trabajo con derechos como expresión concreta del mandato que expresa el artículo 9.2 de la Constitución Española.

Desde la aprobación del Estatuto de los Trabajadores en 1980, apenas estrenada nuestra Democracia, el trabajo en España ha evolucionado arrastrando siempre el pesado lastre de la temporalidad que ha impedido a una parte importante de las personas trabajadoras ejercer de forma plena sus derechos y ha creado una inercia, de dimensión cultural, que ha mermado el crecimiento de las empresas y su productividad.

Visto desde la Unión Europea, que viene recordándonos insistentemente la necesidad de afrontar esta carencia, el mercado de trabajo español constituye un planeta lejano, una anomalía que se expresa especialmente en una tasa de temporalidad inasumible y con efectos mucho más allá de la duración efímera de los contratos de trabajo. Jóvenes y mujeres son los que más han sufrido esta lacra, aunque la trampa de la temporalidad lo abarca todo en nuestro país y tiene fuerte repercusión en el conjunto de nuestro modelo económico.

Uno de sus efectos más evidentes es la enorme volatilidad del mercado de trabajo español que reacciona de forma excesiva en las crisis económicas, provocando enormes pérdidas de puestos de trabajo y dando pocas oportunidades a medidas alternativas a las extintivas y basadas en la flexibilidad interna y la formación. Solo la traumática experiencia de la crisis sanitaria originada por la COVID-19 ha permitido, gracias al decidido empeño del diálogo social, abandonar parcialmente esta dinámica.

La reforma que contiene este real decreto-ley pretende corregir de forma decidida esta temporalidad excesiva, evitando esa rutina tan perniciosa que provoca que en cada crisis se destruya sistemáticamente el empleo. Constituye además una oportunidad para revertir aquellos instrumentos que han dificultado que la negociación colectiva contribuya a la mejora de las condiciones de trabajo. Se trata, en definitiva, de dar lugar a un marco normativo novedoso, descargado de lo que la práctica ha demostrado que no funciona, sobre el que sustentar un modelo de relaciones laborales más justo y eficaz.

Estamos por todas estas razones y contenidos ante una reforma laboral que camina en dirección contraria a la que ha sido habitual en los últimos tiempos. La recuperación de los derechos laborales y su garantía, junto con el impulso a las medidas de flexibilidad interna como alternativa a las extinciones son sus principales aportaciones que buscan transformar nuestro mercado de trabajo para que pueda dejar definitivamente atrás sus anomalías, asegurando la calidad del empleo y el dinamismo de nuestro tejido productivo.

Hay en esta ambiciosa reforma además otro elemento diferenciador con las anteriores, que permite concebir una mayor esperanza en su estabilidad y en la consecución de los efectos pretendidos. Los cambios están avalados por el diálogo social. Las organizaciones sindicales y patronales CCOO, UGT, CEOE y CEPYME, tras un largo proceso negociador, acordaron junto con el Gobierno de la Nación las medidas contenidas en este real decreto-ley, dando así lugar a la primera reforma laboral de gran calado de la Democracia que cuenta con el respaldo del diálogo social.

Son todos ellos elementos decisivos para dar lugar a la gran transformación del mercado de trabajo español respondiendo a la vez a las exigencias comprometidas con la Unión Europea en el marco del Plan de Recuperación, Transformación y Resiliencia.

Completar de una vez por todas la transición de nuestras relaciones laborales hacia un modelo más justo y garantista es el gran objetivo de esta reforma. Un cambio de paradigma que ayude a desterrar el desasosiego que la precariedad ha provocado en varias generaciones de trabajadoras y trabajadores de nuestro país.

II

Estos importantes desequilibrios, que el mercado laboral español arrastra desde hace décadas, agravan los ciclos económicos, lastran los aumentos de productividad, aumentan la precariedad y profundizan las brechas sociales, territoriales y de género. El Plan de Recuperación, Transformación y Resiliencia, que fue aprobado formalmente por las instituciones europeas (a través del Consejo ECOFIN) el 13 de julio de 2021, tras ser adoptado por el Consejo de Ministros el 27 de abril, presentado a la Comisión Europea el 30 de abril y valorado positivamente por dicha institución el 16 de junio, incorpora en su Componente 23 «Nuevas políticas públicas para un mercado de trabajo dinámico, resiliente e inclusivo» un paquete equilibrado y coherente de reformas estructurales en el marco del diálogo social para promover el crecimiento sostenible e inclusivo.

Las primeras reformas de este paquete han sido ya adoptadas a través del Real Decreto-ley 28/2020, de 22 de septiembre, de trabajo a distancia, el Real Decreto- ley 29/2020, de 29 de septiembre, de medidas urgentes en materia de teletrabajo en las Administraciones Públicas y de recursos humanos en el Sistema Nacional de Salud para hacer frente a la crisis sanitaria ocasionada por la COVID-19, el Real Decreto

902/2020, de 13 de octubre, de igualdad retributiva entre mujeres y hombres, el Real Decreto 901/2020, de 13 de octubre, por el que se regulan los planes de igualdad y su registro y se modifica el Real Decreto 713/2010, de 28 de mayo, sobre registro y depósito de convenios y acuerdos colectivos de trabajo y el Real Decreto-ley 9/2021, de 11 de mayo, por el que se modifica el texto refundido de la Ley del Estatuto de los Trabajadores, aprobado por el Real Decreto Legislativo 2/2015, de 23 de octubre, para garantizar los derechos laborales de las personas dedicadas al reparto en el ámbito de plataformas digitales.

El siguiente y fundamental paso en la consecución de dichas reformas es la modernización del Estatuto de los Trabajadores que plasme las bases de un nuevo contrato social que permita hacer compatible la estabilidad en el empleo con las necesidades de una economía en plena evolución marcada por las transiciones ecológica y digital. Así, el presente real decreto-ley introduce en la legislación española medidas para hacer efectivas cuatro de las reformas identificadas en el citado Componente 23, relativas a la simplificación de contratos (reforma 4), la modernización de la negociación colectiva (reforma 8), la modernización de la contratación y subcontratación de actividades empresariales (reforma 9) y el establecimiento de un mecanismo permanente de flexibilidad y estabilización del empleo (reforma 6).

A pesar de las sucesivas modificaciones que ha experimentado la legislación laboral española, el marco institucional no ha sido capaz de abordar de manera eficaz el problema de la excesiva tasa de temporalidad, que se sitúa de manera sistemática muy por encima de la media europea. El recurso a la contratación temporal injustificada es una práctica muy arraigada en nuestras relaciones laborales y generalizada por sectores, que genera ineficiencia e inestabilidad económica, además de una precariedad social inaceptable.

En cuanto al diagnóstico y las principales debilidades estructurales que deben ser adecuadamente corregidas para conseguir un mercado de trabajo justo, sostenible y resiliente, con capacidad para abordar las transformaciones y retos de futuro, se encuentran las que se exponen a continuación.

En primer lugar, el mercado de trabajo español arrastra desde hace décadas un profundo desequilibrio en términos comparados con los países de la Unión Europea. Ello se debe a que España tiene una tasa de temporalidad y de paro que prácticamente duplica la media europea.

No existe ninguna razón objetiva en la economía española que justifique este elevado diferencial negativo que tiene profundas y negativas consecuencias sobre la vida y el bienestar de las personas trabajadoras, pero también sobre el modelo empresarial y la estructura productiva de nuestro país.

Una de estas consecuencias negativas es la menor productividad de la economía española, porque un modelo laboral basado en la temporalidad desincentiva la inversión en formación, tanto en recursos como en tiempo dedicado, por parte de las empresas y las personas trabajadoras, pero también porque el elevado nivel de rotación laboral de una parte considerable de las plantillas impide la cualificación permanente y la vinculación profesional de las personas.

Para enfrentarnos a esta anomalía de paro y temporalidad excesivos es necesaria una transformación integral de nuestro mercado de trabajo, cambiando las normas que favorecen está temporalidad por otras que impulsen la estabilidad en el empleo, generando así un cambio en las prácticas y en la propia cultura de las relaciones laborales.

El objetivo de este cambio en las normas, pero también en las prácticas y la propia cultura de las relaciones laborales, es el de actuar contra los problemas de los que adolece nuestro mercado de trabajo desde hace décadas:

a) Un modelo de relaciones laborales especialmente frágil, débil e inestable, que es el responsable, en buena medida, de que las caídas en la actividad económica se trasladen con enorme intensidad a la destrucción del empleo, salvo en la última crisis gracias a la aplicación de los expedientes de regulación temporal de empleo (ERTE).

b) El elevado nivel de temporalidad ejerce una fuerte presión sobre los salarios y el resto de las condiciones de trabajo, convirtiéndose en un instrumento para la devaluación salarial que, por un lado, deteriora el nivel de vida de las personas y, por otro, debilita la demanda interna y, por lo tanto, la capacidad de crecimiento económico de nuestro país.

Además, la combinación de aumento del empleo temporal en las fases expansivas y la destrucción intensa en las fases recesivas de ciclo económico impide la necesaria estabilidad para mejorar la productividad de la economía y de las empresas españolas, provocando las condiciones de un modelo no deseado, que busca la competitividad en la reducción de los salarios y no en lograr una mayor productividad; esto es, competir con más calidad y más innovación, tanto en los productos como en los procesos de producción.

c) Una reducción en los niveles de competitividad y productividad de las empresas por una menor inversión en formación y menor capacidad de adaptación a los cambios y mejoras tecnológicas (sin estabilidad en el empleo no hay inversión real en formación). Esto debe ponerse en relación con la distribución del tejido empresarial español constituido en un porcentaje muy elevado por pymes y micropymes, lo que hace especialmente necesario asegurar la eficiencia y productividad de las mismas a través de alternativas tecnológicas no asociadas al tamaño de las empresas.

d) Un modelo de relaciones laborales desigual e injusto, porque la temporalidad se distribuye de forma desequilibrada según la edad o el género, de tal forma que son las mujeres y, sobre todo, las personas más jóvenes, las que sufren los mayores niveles de precariedad, tanto en términos de contrato como de salarios, y en general, son los colectivos que tienen más dificultades para incorporarse plenamente el mercado de trabajo, lo que se refleja en brechas de diferente tipo, aún por corregir.

e) Un nivel de rotación laboral muy elevado, con muchas personas, especialmente jóvenes, que están en un flujo continuo entre el desempleo y el trabajo temporal, lo cual resulta ineficiente para las personas trabajadoras, pero también para las empresas, que tienen que pagar indemnizaciones por fin de contrato; y para el sector público, que financia con prestaciones por desempleo este proceso de rotación continua.

Por último, no se puede obviar la particular fuente de precariedad y de ineficiencias que supone la contratación temporal de muy corta duración y que supone un porcentaje elevadísimo del total de contratos firmados anualmente. Esta forma de contratar, que produce una rotación excesiva, impone grandes perjuicios sobre las personas afectadas y sobre la sociedad en su conjunto. La evidencia de que las medidas existentes hasta la fecha no han servido para corregir esta distorsión justifica la modificación del artículo 151 de la Ley General de Seguridad Social, que pretende interiorizar esta externalidad.

En definitiva, promover la estabilidad en el empleo y la limitación de un uso abusivo, injustificado y desproporcionado de la contratación temporal constituye un elemento positivo por sí mismo, ya que supone un crecimiento del empleo sostenible en el tiempo, mejora las condiciones de trabajo, refuerza los sistemas públicos de protección social, genera inversiones en las empresas en capital tecnológico y humano y fomenta una auténtica capacidad de adaptación de las mismas, haciéndolas menos volátiles y sensibles a los desajustes coyunturales de cada momento. La reducción de la tasa de temporalidad es un objetivo evidente e ineludible de esta reforma y su consecución será medida del éxito de la misma. De ahí que la presente norma contenga una previsión de seguimiento específico de los efectos de la reforma sobre este parámetro.

En segundo lugar, la negociación colectiva adolece de las siguientes debilidades y distorsiones:

a) Una incorrecta distinción entre convenios colectivos y mecanismos de flexibilidad interna. Así, las empresas, en lugar de utilizar los mecanismos de flexibilidad interna concebidos para afrontar situaciones coyunturales cambiantes, han utilizado los convenios colectivos, instrumentos negociados con una determinada vocación de permanencia, como convenios empresariales de descuelgue que más que crear una unidad de negociación nueva se han comportado como un sucedáneo de la citada inaplicación o descuelgue.

b) Falta de certeza sobre los instrumentos convencionales aplicables, que se traduce en un incremento de la inseguridad jurídica para empresas y personas trabajadoras por sus efectos sobre la transparencia competitiva, el normal desarrollo de las relaciones contractuales entre las empresas, incluida la descentralización, y los derechos de información sobre condiciones esenciales de trabajo.

c) Unas reglas de aplicación preferente del convenio colectivo de empresa que deben ser matizadas a efectos de reforzar el convenio sectorial. El sistema de concurrencia de convenios colectivos debe equilibrar la fuerza vinculante de los convenios de sector con la necesaria flexibilidad de los convenios colectivos en ámbitos inferiores, previendo los necesarios contrapesos y cautelas que no distorsionen la capacidad competitiva de las empresas ni reduzcan las condiciones laborales de las personas trabajadoras. Por tanto, los convenios de empresa deben comportarse como instrumentos de regulación de aquellos aspectos organizativos que no admiten otro nivel de negociación por su propia naturaleza, como los horarios o la adaptación de la clasificación profesional, correspondiendo la negociación colectiva sectorial los aspectos salariales, retribuciones y jornada.

Por último, junto con las deficiencias relativas al abuso de la contratación temporal y el funcionamiento inadecuado de la negociación colectiva, también existen, en el mercado laboral español, distorsiones relativas a un posible debilitamiento de las condiciones laborales de las personas trabajadoras a través de la externalización y una insuficiente utilización de los mecanismos de flexibilidad interna como medidas de adaptación, alternativas más eficientes y de menor coste social que las reducciones de plantilla o el recurso a la contratación temporal.

Por tanto, se trata de que las empresas compitan sobre la base de factores como la productividad, la eficiencia y el nivel de formación y de capacitación de la mano de obra, así como de la calidad de sus bienes y servicios y su grado de innovación. Dicha posición es la sostenida por la Comisión Europea, en la «Propuesta de Directiva del Parlamento Europeo y del Consejo sobre unos salarios mínimos adecuados en la Unión Europea», en la que se prevé instar a la promoción del papel de la negociación colectiva que debe preservar su capacidad de convergencia y adecuación de los salarios con el mantenimiento de la productividad de las empresas, y evitar distorsiones competitivas, en una relación de equilibrio necesaria y constante.

III

Partiendo del diagnóstico anterior, estas reformas son particularmente importantes para superar los desequilibrios que agravan los ciclos económicos, lastran los aumentos de productividad y profundizan en las brechas sociales, territoriales y de género, perpetuando la desigualdad.

El Plan de Recuperación, Transformación y Resiliencia es un proyecto de país que responde a las aspiraciones y expectativas de las españolas y españoles que incluye reformas transversales, como son: la recuperación de los niveles previos de actividad anteriores a la pandemia, generando empleos de calidad en un marco normativo moderno que permita conseguir un crecimiento sostenible, así como la necesaria transformación digital; el impulso de la participación paritaria de las mujeres, proporcionando nuevas oportunidades profesionales y vitales a las generaciones más jóvenes; avanzar hacia una España próspera y resiliente ante el cambio climático que transite mediante un crecimiento justo y sostenible a sistemas energéticos limpios; y, por último, la reducción de la desigualdad y las brechas sociales y territoriales con una apuesta decidida por las personas más vulnerables.

Por todo ello y de conformidad con las medidas y objetivos establecidos en el Plan de Recuperación, Transformación y Resiliencia, dentro del Componente 23, relativo a las «Nuevas políticas públicas para un mercado de trabajo dinámico, resiliente e inclusivo», se incluyen diferentes reformas para modernizar y mejorar la eficiencia abordando un conjunto de deficiencias estructurales y aportando soluciones a las mismas, todo ello en el marco del dialogo social. En concreto, se trata de las Reformas 4 («Simplificación de los contratos: generalización del contrato indefinido, causalidad de la contratación temporal y adecuada regulación del contrato de formación»), 6 («Establecimiento de un mecanismo permanente de flexibilidad interna y recualificación de trabajadores en transición»), 8 («Modernización de la negociación colectiva») y 9 («Modernización de la contratación y subcontratación de actividades empresariales»), en las que se contempla lo siguiente:

a) Simplificación de los contratos y reducción de la tasa de temporalidad.

Tal y como se pone de manifiesto en el apartado anterior, España encabeza el ranking europeo de la temporalidad, con una diferencia de casi 12 puntos porcentuales sobre la media de la Unión Europea.

El reforzamiento del contrato indefinido y la configuración de un sistema eficiente de lucha contra la precariedad son elementos imprescindibles para la construcción de una economía competitiva.

De esta manera, dentro del citado Componente 23, se incluye la Reforma 4, relativa a la revisión del catálogo de contratos y su adaptación a las necesidades actuales, con el fin de impulsar la contratación indefinida.

Para que se reduzca la temporalidad es necesario simplificar los tipos de contratos, generalizar la contratación indefinida y devolver al contrato temporal la causalidad que se corresponde con la duración limitada. En paralelo, con el fin de impulsar la creación de empleo, es preciso proporcionar a las empresas mecanismos internos para ajustarse ante situaciones de crisis, cambios cíclicos de la demanda o transformaciones de modelo productivo a nivel sectorial, alternativos a la alta temporalidad y a las fuertes fluctuaciones del empleo. La experiencia del uso de los expedientes de regulación temporal de empleo, en el último año, proporciona un punto de partida para la creación de un mecanismo permanente, centrado en la formación y recualificación de las personas trabajadoras.

Esta reforma permitirá mejorar no solo la protección del empleo, sino que incrementará la productividad y reforzará la seguridad jurídica, lo que favorecerá la atracción de inversión extranjera y la creación de empresas de mayor valor añadido, así como la necesaria inversión en formación de las personas trabajadoras (upskilling).

La reforma en este ámbito aborda, en primer lugar, la simplificación y reordenación de las modalidades de contratación laboral. El objetivo es diseñar adecuadamente estos nuevos tipos de contratos para que el contrato indefinido sea la regla general y el contrato temporal tenga un origen exclusivamente causal, evitando una utilización abusiva de esta figura y una excesiva rotación de personas trabajadoras.

En segundo lugar, se pretende establecer una regulación eficaz de los contratos formativos, que proporcione un marco idóneo para la incorporación de las personas jóvenes al mercado laboral, ya se trate de contratos en alternancia con los estudios o bien de contratos para la obtención de una práctica profesional adecuada al nivel de estudios.

En tercer lugar, la reforma debe garantizar que las empresas puedan adaptarse con rapidez a los cambios en el contexto económico y a las transiciones productivas, con mecanismos alternativos a la alta temporalidad y al encadenamiento de los contratos de muy corta duración.

b) Modernización de la negociación colectiva.

Los convenios colectivos son piezas clave en los sistemas democráticos y, también, son elementos fundamentales en la configuración de las dinámicas empresariales y productivas eficientes. Ello es así porque permiten la adaptación de las condiciones de trabajo a las características del sector o de la empresa, porque aportan seguridad, porque disminuyen la conflictividad y también porque posibilitan una competencia entre las empresas que gravita fundamentalmente en torno a la calidad del empleo y no en la reducción de los costes laborales. La eficiencia de la negociación colectiva en el cumplimiento de sus fines requiere que su configuración respete el equilibrio necesario y que se articule de modo proporcionado.

Las sucesivas reformas anteriores han determinado una elevación desconocida de la inseguridad jurídica, derivando, además, en una arquitectura de negociación colectiva que no responde a las necesidades actuales, con importantes distorsiones desde el punto de vista de la adaptación a los requerimientos de los diferentes sectores y empresas. Por consiguiente, es imprescindible realizar la vertebración de un sistema de relaciones laborales equilibrado, en un contexto de intenso cambio, como consecuencia de la transición ecológica y la digitalización.

Por ello, la modernización de la arquitectura de negociación colectiva constituye una pieza clave del paquete de reformas, que aborde aspectos tales como la ultraactividad de convenios y la correcta relación entre convenios sectoriales y de empresa.

Además, la modernización de la negociación colectiva deberá incorporar cambios en la propia estructura de negociación, reforzando la representatividad de las partes negociadoras, enriqueciendo sus contenidos y reforzando la seguridad jurídica en su aplicación y en sus efectos.

c) Modernización de la contratación y subcontratación de las empresas.

Es necesario abordar una reforma que impida que se utilice la externalización de servicios, a través de la subcontratación, como mecanismo de reducción de los estándares laborales de las personas que trabajan para las empresas subcontratistas.

El incremento en el uso de la externalización productiva como mecanismo de reducción de costes afecta negativamente a la competencia cualitativa entre las empresas e incide también en el incremento de la precariedad laboral. Por ello, procede una modernización de su regulación que asegure un uso adecuado en los supuestos que mejoran la actividad productiva, al tiempo que lo desincentive en aquellos en que es un mero instrumento de reducción de costes, así como avanzar hacia la equiparación de condiciones de las personas trabajadoras subcontratadas y reforzar la responsabilidad de las empresas contratistas o subcontratistas.

El objetivo es una regulación precisa que garantice el equilibrio entre agilidad y flexibilidad (en trabajos especializados, asociados a un proyecto determinado, etc.) y un nivel adecuado de protección a las personas trabajadoras de las subcontratas, en relación con los trabajos que desarrollan.

d) Establecimiento de un mecanismo de flexibilidad interna, estabilidad en el empleo y apoyo a la transición.

La experiencia de los últimos meses, a raíz de la crisis sanitaria y económica derivada de la COVID-19, ha mostrado la importancia y la eficacia del recurso a los expedientes de regulación temporal de empleo, como mecanismo de flexibilidad interna de las empresas para el ajuste temporal de su actividad, de cara a evitar la destrucción de empleo característica de crisis anteriores. El resultado ha sido muy positivo en términos de desacoplamiento de la evolución del PIB con la del empleo, así como de los saldos fiscales (gracias a la amortiguación de los estabilizadores automáticos), en la estabilidad de las relaciones laborales, en el mantenimiento del tejido productivo y del capital humano, así como en las inferiores tasas de desempleo, sin parangón con crisis anteriores.

La exitosa experiencia con dicho instrumento, hasta ahora muy poco utilizado en España, proporciona una base para avanzar hacia un mecanismo permanente, que garantice un marco de flexibilidad ante fluctuaciones de la demanda, alternativo a la alta temporalidad y a la elevada oscilación del empleo y que contribuya a la estabilidad laboral y económica, con un fuerte apoyo a la formación y recualificación de las personas trabajadoras, invirtiendo, así, en el capital humano del país, sobre la base de beneficios en la cotización a la Seguridad Social.

Adicionalmente, el intenso proceso de digitalización y cambio tecnológico exige disponer de instrumentos que acompañen la transición y recualificación de las personas trabajadoras en los sectores más afectados, con el fin de que puedan disponer de las capacidades necesarias para ocupar los puestos de trabajo de calidad que se crearán en el futuro, en sus empresas actuales o en otras empresas o ámbitos de actividad.

Sobre la base de esta experiencia, se integrará en el conjunto del sistema de relaciones laborales un nuevo mecanismo de estabilización económica y de flexibilidad interna de las empresas, alternativo a la destrucción de empleo y a la alta temporalidad, que permita lograr un doble objetivo: (i) proteger el empleo ante las crisis económicas y las dificultades del mercado y (ii) acompañar los procesos de cambio estructural para evitar un impacto macroeconómico negativo del que resulte la pérdida del capital humano, del crecimiento potencial y del bienestar del conjunto de la sociedad. La finalidad del nuevo mecanismo de flexibilidad y estabilización —que también cuenta con importantes beneficios en la cotización a la Seguridad Social— consiste en proteger el empleo, primar el ajuste temporal de las horas de trabajo, impulsar la estabilidad de las relaciones laborales, de la inversión y del capital humano.

Todas las medidas relacionadas y con el alcance descrito, así como las vinculadas de manera necesaria con las anteriores, han sido objeto de negociación en la Mesa de Diálogo Social, de manera que ha sido el debate y el consenso la fórmula adoptada para hacer efectivo el necesario paquete de reformas, con vocación de permanencia y asentada en una clara voluntad colectiva.

IV

Con respecto a su contenido, que da una respuesta concertada y equilibrada a los objetivos y necesidades descritas, este ha sido objeto de acuerdo, el día 23 de diciembre de 2021, con los agentes sociales CEOE, CEPYME, CCOO y UGT. Incluye cinco artículos de modificación de otras tantas leyes, siete disposiciones adicionales, nueve disposiciones transitorias, una disposición derogatoria y ocho disposiciones finales.

El artículo primero dispone la modificación del texto refundido de la Ley del Estatuto de los Trabajadores, aprobado por el Real Decreto Legislativo 2/2015, de 23 de octubre. Dicho artículo incluye distintas modificaciones y adiciones al Estatuto de los Trabajadores, que pueden agruparse como sigue:

a) Modificaciones relativas a la modernización y simplificación de las modalidades de contratación que permitan superar la segmentación injustificada del mercado de trabajo, así como las tasas de temporalidad, en especial las asociadas con personas jóvenes, respondiendo de manera plena y efectiva a las exigencias de la Directiva 1999/70/CE del Consejo, de 28 de junio de 1999, relativa al Acuerdo marco de la CES, la UNICE y el CEEP sobre el trabajo de duración determinada, mejorando la calidad del trabajo de duración determinada, garantizando la aplicación del principio de no discriminación, y estableciendo un marco para impedir los abusos derivados de la utilización de sucesivos contratos de trabajo de duración determinada. Incluyen, a su vez:

1.º Una modificación del artículo 11 del Estatuto de los Trabajadores, que supone en sí un cambio de modelo, estableciéndose un contrato formativo con dos modalidades. En primer lugar, el contrato de formación en alternancia, que tendrá por objeto compatibilizar la actividad laboral retribuida con los correspondientes procesos formativos en el ámbito de la formación profesional, los estudios universitarios o el Catálogo de especialidades formativas del Sistema Nacional de Empleo.

En segundo lugar, el contrato formativo para la obtención de la práctica profesional adecuada al correspondiente nivel de estudios.

2.º Una modificación del artículo 15 del Estatuto de los Trabajadores, en el que se precisan las causas que justifican el recurso a la contratación de duración determinada y nuevas reglas sobre concatenación de contratos, también referidas a la cobertura de un puesto de trabajo.

En primer lugar, desaparece la posibilidad de celebrar contratos para obra o servicio determinado, modalidad contractual fuertemente cuestionada por las jurisprudencias interna y comunitaria (STS1137/2020, de 29 de diciembre de 2020 y STJUE de 24 de junio de 2021 —C 550/19—).

Así, solo podrá celebrarse el contrato de trabajo de duración determinada por circunstancias de la producción o por sustitución de persona trabajadora. Para que se entienda que concurre causa justificada de temporalidad será necesario que se especifiquen con precisión, en el contrato, la causa habilitante de la contratación temporal, las circunstancias concretas que la justifican y su conexión con la duración prevista.

Por circunstancias de la producción se entiende el incremento ocasional e imprevisible y las oscilaciones que, aun tratándose de actividad normal de la empresa, generan un desajuste temporal entre el empleo estable disponible y el que se requiere. Asimismo, se prevé la posibilidad de formalizar contratos por circunstancias de la producción para atender situaciones ocasionales, previsibles y que tengan una duración reducida y delimitada. En ningún caso podrá identificarse como causa del contrato de circunstancias de la producción la realización de los trabajos en el marco de contratas, subcontratas o concesiones administrativas que constituyan la actividad habitual u ordinaria de la empresa.

Asimismo, podrán celebrarse contratos de duración determinada para la sustitución de una persona trabajadora con derecho a reserva de puesto de trabajo, siempre que se especifique en el contrato el nombre de la persona sustituida y la causa de la sustitución. Igualmente, podrá celebrarse un contrato por sustitución para completar la jornada reducida por otra persona trabajadora, cuando dicha reducción se ampare en causas legalmente establecidas o reguladas en el convenio colectivo, medida que promueve y es coherente con el derecho de las personas trabajadoras a la conciliación de su vida personal y laboral. Por último, el contrato de sustitución podrá concertarse para la cobertura temporal de un puesto de trabajo durante el proceso de selección o promoción para su cobertura definitiva mediante contrato fijo, sin que su duración pueda ser en este caso superior a tres meses.

3.º Una modificación del artículo 16 sobre el contrato fijo discontinuo.

Desparece por fin la artificial distinción de régimen jurídico entre contratos fijos periódicos y fijos discontinuos, respondiendo de hecho a lo que ya existe a efectos de protección social, al existir una identidad en el ámbito objetivo de cobertura y evitando con ello diferencias de trato injustificadas.

De esta manera, la presente normativa afina su definición de forma que lo decisivo es el objeto o la naturaleza de los trabajos realizados, de carácter estacional o vinculados a actividades productivas de temporada, o para el desarrollo de aquellos que no tengan dicha naturaleza pero que, siendo de prestación intermitente, tengan periodos de ejecución ciertos, determinados o indeterminados.

Podrán, además, desarrollarse a través de la contratación fija-discontinua, las actividades realizadas al amparo de contratas mercantiles o administrativas.

En definitiva, no resulta justificado distinguir ni a efectos legales ni conceptuales el fijo discontinuo del fijo periódico, incluyéndolos en una categoría y régimen común que subraya el carácter indefinido de la relación laboral y recoge un catálogo de derechos de las personas trabajadoras que, sin perjuicio de las especialidades asociadas a esta modalidad contractual, garantiza el principio de no discriminación e igualdad de trato.

Esta nueva regulación asegura, además, la estabilidad, la transparencia y la previsibilidad del contrato a través de una mejora de la información sobre la jornada y los períodos de actividad en el contrato de trabajo, otorgando un papel fundamental a la negociación colectiva, entre otros, en relación con régimen de llamamiento o la formación y mejora de empleabilidad de las personas fijas discontinuas durante los periodos de inactividad.

4.º Las modificaciones en los artículos 12 y 49 del Estatuto de los Trabajadores, como resultado de los cambios en la ordenación y régimen jurídico de los contratos temporales.

b) Modificaciones relativas a la modernización de la contratación y subcontratación de obras o servicios, reguladas en el artículo 42 del Estatuto de los Trabajadores.

Con el precedente legal de la Ley 9/2017, de 8 de noviembre, de Contratos del Sector Público, por la que se transponen al ordenamiento jurídico español las Directivas del Parlamento Europeo y del Consejo 2014/23/UE y 2014/24/UE, de 26 de febrero de 2014, o de la Ley 45/1999, de 29 de noviembre, sobre el desplazamiento de trabajadores en el marco de una prestación de servicios transnacional, recientemente modificada para incorporar las previsiones de la Directiva (UE) 2018/957 del Parlamento Europeo y del Consejo, de 28 de junio de 2018, que modifica la Directiva 96/71/CE sobre el desplazamiento de trabajadores efectuado en el marco de una prestación de servicios, el objetivo de la modificación es procurar la necesaria protección a las personas trabajadoras de la contrata o subcontrata, evitando una competencia empresarial basada de manera exclusiva en peores condiciones laborales.

Dicho de otro modo, la externalización debe justificarse en razones empresariales ajenas a la reducción de las condiciones laborales de las personas trabajadoras de las empresas contratistas. Lo anterior no es solo un objetivo plausible y legítimo, sino que, además, existe una razón de fondo vinculada con el principio de no discriminación tal y como ocurre en el caso de puestos, profesiones o sectores con alta ocupación femenina (v. gr. colectivo de camareras de piso), y donde resulta difícilmente defendible que dos personas que realizan trabajos de igual valor tengan condiciones laborales diferentes, o incluso carezcan de marco sectorial de referencia, por razón exclusivamente del objeto social o forma jurídica de la empresa contratista o subcontratista a la que se vinculan. Así, el principio de no discriminación e igualdad de trato se asegura mediante la garantía de un convenio colectivo sectorial aplicable sin perjuicio de los derechos de libertad de empresa y negociación colectiva.

c) Medidas para la modernización de las medidas de flexibilidad interna.

Se incorporan medidas para facilitar el uso de los expedientes temporales de empleo, como fórmula alternativa y prioritaria a las extinciones —artículo 47 del Estatuto de los Trabajadores—, y un nuevo mecanismo de flexibilidad y estabilización del empleo artículo 47 bis, que se incorpora a dicho texto legal para atender las necesidades excepcionales de naturaleza macroeconómica o sectorial que justifiquen la adopción de medidas de ajuste y protección temporal, así como inversiones de carácter público, previa declaración de tal circunstancia mediante acuerdo del Consejo de Ministros.

Asimismo, se desarrolla la reducción temporal de jornada o la suspensión de contratos, por causa de fuerza mayor temporal debida a impedimentos o limitaciones en la actividad normalizada, a consecuencia de decisiones adoptadas por la autoridad competente, incorporando como mecanismo disponible, con un carácter permanente, el régimen de los expedientes de regulación temporal de empleo a causa de la COVID-19, que han demostrado su eficacia para preservar empleo y tejido empresarial ante contingencias y escenarios de crisis.

Sin perjuicio de lo anterior, la modificación del artículo 47.6 del Estatuto de los Trabajadores no resultará de aplicación hasta el 1 de marzo de 2022 a los expedientes de regulación temporal de empleo por impedimentos o limitaciones a la actividad normalizada derivados de las restricciones vinculadas a la COVID- 19, que seguirán rigiéndose por lo previsto en el Real Decreto-ley 18/2021, de 28 de septiembre, de medidas urgentes para la protección del empleo, la recuperación económica y la mejora del mercado de trabajo.

A este respecto, debemos tener en cuenta que, durante la pandemia, las personas trabajadoras que se encontraban en una situación de suspensión de contrato o reducción de jornada en el marco de expedientes de regulación temporal de empleo han computado como ocupadas a efectos estadísticos por tener garantizada su vuelta al trabajo por los reales decretos-leyes que las amparaban.

Dado que la nueva redacción del artículo 47 del texto refundido de la Ley del Estatuto de los Trabajadores, sobre expedientes de regulación temporal de empleo, y la regulación del nuevo Mecanismo RED de Flexibilidad y Estabilización del Empleo, en el artículo 47 bis del mismo texto legal, refuerzan el vínculo con la empresa de las personas trabajadoras cubiertas, la disposición adicional sexta de este real decreto-ley señala que estas personas seguirán computando como ocupadas a efectos estadísticos. En efecto, se prevé una fecha cierta o la garantía de vuelta a su jornada completa o de restablecimiento de su contrato conforme a lo establecido en los dos artículos citados y en el apartado 10 de la nueva disposición adicional cuadragésima cuarta del texto refundido de la Ley General de la Seguridad Social, aprobado por el Real Decreto Legislativo 8/2015, de 30 de octubre.

d) Medidas para la modernización de la negociación colectiva.

Se establecen las necesarias modificaciones en la arquitectura de la negociación colectiva, en aspectos tales como la ultraactividad de convenios y la relación entre convenios sectoriales y de empresa, asegurando las cautelas y garantías para que la descentralización de los convenios colectivos no provoque un efecto devaluador de costes retributivos o desventajas injustificadas entre las empresas, y aporte flexibilidad en la medida adecuada. Asimismo, recupera el papel central y se fortalece el ámbito legítimo de actuación de los sujetos negociadores de los convenios colectivos.

e) Por último, se modifican o introducen nuevas disposiciones adicionales relativas a los contratos formativos celebrados con personas con discapacidad; al compromiso de reducción de la tasa de temporalidad; a las acciones formativas en los expedientes de regulación temporal de empleo previstos en el artículo 47 y 47 bis del Estatuto de los Trabajadores; al acceso a los datos de los expedientes de regulación temporal de empleo por la Tesorería General de la Seguridad Social, el Servicio Público de Empleo Estatal y la Inspección de Trabajo y Seguridad Social; y, finalmente, al convenio colectivo aplicable a las contratas o subcontratas suscritas con centros especiales de empleo.

El artículo segundo, por su parte, introduce una modificación de la disposición adicional tercera de la Ley 32/2006, de 18 de octubre, reguladora de la subcontratación en el Sector de la Construcción, relativa a la extinción del contrato indefinido por motivos inherentes a la persona trabajadora en el sector de la construcción.

El artículo tercero modifica el texto refundido de la Ley General de la Seguridad Social, aprobado por el Real Decreto Legislativo 8/2015, de 30 de octubre, en los siguientes aspectos:

El artículo 151 es objeto de modificación con la finalidad de establecer un incremento en la cotización respecto a los contratos de duración determinada inferior a 30 días, precisando asimismo los supuestos en que no procederá dicho incremento de cotización.

Se incorpora al texto un nuevo artículo 153 bis con el fin de regular de manera uniforme la cotización empresarial en los distintos supuestos de reducción temporal de jornada o suspensión temporal del contrato de trabajo ya sea por decisión de la empresa al amparo de lo establecido en los artículos 47 o 47 bis del texto refundido de la Ley del Estatuto de los Trabajadores, o en virtud de resolución judicial adoptada en el seno de un procedimiento concursal. Se establece, para el caso de que la persona trabajadora cause derecho a la prestación por desempleo, que la entidad gestora de la prestación deberá ingresar la aportación del trabajador en los términos del artículo 273.2.

Se modifica el artículo 267.1 para incluir, junto con el despido, un nuevo supuesto de situación legal de desempleo relativo a la extinción del contrato por motivos inherentes a la persona trabajadora regulada en la disposición adicional tercera de la Ley 32/2006, de 18 de octubre, reguladora de la subcontratación en el Sector de la Construcción. Asimismo, se modifican las referencias a los contratos fijos periódicos, derivadas de las modificaciones del artículo 16 del Estatuto de los Trabajadores.

Igualmente se modifica el artículo 273.2 a fin de determinar que la entidad gestora ingresará únicamente la aportación del trabajador en los supuestos de reducción de jornada o suspensión del contrato.

En la nueva disposición adicional cuadragésima cuarta se establecen los beneficios en la cotización a la Seguridad Social aplicables a los expedientes de regulación temporal de empleo regulados en el artículo 47 del texto refundido de la Ley del Estatuto de los Trabajadores, así como los aplicables con relación a los nuevos Mecanismos RED de Flexibilidad y Estabilización del Empleo a que se refiere el artículo 47 bis del mismo texto refundido. Se regula tanto la cuantía de las exenciones aplicables en los diferentes supuestos como los diferentes requisitos y condiciones para su aplicación, y se faculta al Consejo de Ministros para que en atención a las circunstancias que concurran en la coyuntura económica pueda impulsar las modificaciones de los porcentajes de las exenciones en la cotización.

Asimismo, se incorpora una nueva disposición adicional cuadragésima quinta a fin de precisar las actuaciones que corresponde efectuar a la Inspección de Trabajo y Seguridad Social, en el ejercicio de sus competencias, con relación a la vigilancia del cumplimiento de los requisitos y de las obligaciones establecidas para ser beneficiaria de las exenciones en las cotizaciones de la Seguridad Social.

Por otra parte, mediante la nueva disposición adicional cuadragésima primera se establece una nueva prestación de sostenibilidad de empleo a la que se podrán acoger las personas trabajadoras afectadas por la aplicación del Mecanismo RED regulado en el artículo 47 bis del texto refundido de la Ley del Estatuto de los Trabajadores. Se establece en la disposición el régimen jurídico de dicha nueva prestación, que será incompatible con la percepción de prestaciones o subsidios por desempleo.

Además, se incorpora una nueva disposición cuadragésima segunda en la que se determina un procedimiento único para que las empresas comuniquen al Servicio Público de Empleo Estatal y a la Tesorería General de la Seguridad Social el inicio y finalización de los periodos de suspensión temporal de los contratos de trabajo y reducción temporal de la jornada de trabajo obteniendo así la simplificación de las actuaciones administrativas con ambas entidades.

Por último, se introduce una nueva disposición adicional cuadragésima tercera sobre la cotización a la Seguridad Social de los contratos formativos en alternancia a que se refiere el artículo 11.2 del texto refundido de la Ley del Estatuto de los Trabajadores.

El artículo cuarto de modificación de la Ley 30/2015, de 9 de septiembre, por la que se regula el Sistema de Formación Profesional para el empleo en el ámbito laboral, introduce un nuevo apartado 7 en el artículo 9 relativo al incremento del crédito disponible para las empresas para la financiación de acciones en el ámbito de la acción programada.

El artículo quinto modifica puntualmente el texto refundido de la Ley sobre Infracciones y Sanciones en el Orden Social, aprobado por el Real Decreto Legislativo 5/2000, de 4 de agosto, con el objetivo de adaptar la norma sancionadora a las nuevas previsiones de la norma material, tanto en lo que se refiere a la normativa de contratación —con la imprescindible individualización de la infracción y el incremento de la cuantía de la sanción—, como a las medidas de flexibilidad interna, sus limitaciones y prohibiciones.

Se prevén siete disposiciones adicionales: las dos primeras referidas a las medidas de transición profesional en el ámbito del Mecanismo RED de Flexibilidad y Estabilización del Empleo; y a las acciones formativas dentro del ámbito del Estatuto de becario.

Se incluye una disposición adicional tercera, aclaratoria de la aplicación del artículo 2 del Real Decreto-ley 18/2021, de 28 de septiembre, respecto de los expedientes de regulación temporal de empleo por impedimentos o limitaciones a la actividad normalizada vinculadas a la COVID-19.

Además, en las disposiciones adicionales cuarta y quinta, se recoge el régimen aplicable al personal laboral del sector público, en materia de contratación laboral, y el aplicable en dicha materia cuando esté asociada al Plan de Recuperación, Transformación y Resiliencia y a los Fondos de la Unión Europea.

La disposición adicional sexta se refiere al cómputo estadístico, como ocupadas, de las personas trabajadoras afectadas por los expedientes de regulación temporal de empleo o a las que les es de aplicación el Mecanismo RED de Flexibilidad y Estabilización del Empleo, en coherencia con el reforzamiento de su vinculación con la empresa y de las garantías e incentivos para su reincorporación.

Por otra parte, en la disposición adicional séptima se prevé la prórroga de la vigencia del Real Decreto 817/2021, de 28 de septiembre, por el que se fija el salario mínimo interprofesional para 2021.

En cuanto a las disposiciones transitorias, un total de nueve, aclaran el régimen jurídico aplicable a diferentes situaciones contractuales o convencionales vigentes a la entrada en vigor del presente real decreto-ley, estableciendo el necesario marco de certezas en coherencia con las disposiciones derogatoria y finales.

La disposición derogatoria única establece la derogación expresa de las disposiciones que contravienen la reforma planteada.

Las disposiciones finales se ocupan de los aspectos siguientes: la primera introduce una modificación puntual en el artículo 10.3 de la Ley 14/1994, de 1 de junio, por la que se regulan las empresas de trabajo temporal; la segunda modifica el texto refundido de la Ley de Empleo, aprobado por el Real Decreto Legislativo 3/2015, de 23 de octubre, a efectos de incorporar una nueva disposición adicional novena, referida a los contratos vinculados a programas comunes de activación para el empleo; la tercera incluye una cláusula de adaptación de las referencias normativas al artículo 47 del texto refundido de la Ley del Estatuto de los Trabajadores, contenidas en el propio texto legal, que deberán extenderse, a los mismos efectos, al nuevo artículo 47 bis de la referida norma.

Por parte, en la disposición final cuarta se determinan los títulos competenciales, a cuyo amparo se dicta este real decreto-ley.

En las disposiciones finales quinta y sexta, se dirige al Gobierno el mandato de aprobar un reglamento para la protección de las personas trabajadoras menores, en materia de seguridad y salud, en desarrollo del artículo 27.2 de la Ley 31/1995, de 8 de noviembre, de prevención de Riesgos Laborales; así como para mejorarla regulación de la protección por desempleo de las personas trabajadoras fijas discontinuas, respectivamente. En la disposición final séptima, se incluye una habilitación genérica de desarrollo normativo.

Por último, la disposición final octava fija la entrada en vigor de la norma de forma escalonada, esto es, entrará en vigor el día siguiente al de su publicación en el «Boletín Oficial del Estado», a excepción de determinados preceptos, para los que se prevé una vacatio legis —tres meses—, lo que resulta necesario para posibilitar, junto con el conocimiento material de la norma, la adopción de las medidas de gestión imprescindibles para su aplicación, además de constituir una exigencia básica del principio de seguridad jurídica.

V

Como tiene reiteradamente declarado el Tribunal Constitucional (así, STC 61/2018, de 7 de junio, FJ 5), la adecuada fiscalización del recurso al decreto-ley requiere el análisis de dos aspectos desde la perspectiva constitucional: por un lado, la presentación explícita y razonada de los motivos que han sido tenidos en cuenta por el Gobierno en su aprobación (SSTC 29/1982, de 31 de mayo, FJ 3; 111/1983, de 2 de diciembre, FJ 5; 182/1997, de 20 de octubre, FJ 3, y 137/2003, de 3 de julio, FJ 4) y, por otro lado, la existencia de una necesaria conexión entre la situación de urgencia definida y la medida concreta adoptada para subvenir a ella (SSTC 29/1982, de 31 de mayo, FJ 3; 182/1997, de 20 de octubre, FJ 3, y 137/2003, de 3 de julio, FJ 4).

En cuanto a la definición de la situación de urgencia, se ha precisado que no es necesario que tal definición expresa de la extraordinaria y urgente necesidad haya de contenerse siempre en el propio real decreto-ley, sino que tal presupuesto cabe deducirlo igualmente de una pluralidad de elementos. El examen de la concurrencia del presupuesto habilitante de la «extraordinaria y urgente necesidad» siempre se ha de llevar a cabo mediante la valoración conjunta de todos aquellos factores que determinaron al Gobierno a dictar la disposición legal excepcional y que son, básicamente, los que quedan reflejados en la exposición de motivos de la norma, a lo largo del debate parlamentario de convalidación, y en el propio expediente de elaboración de la misma (SSTC 29/1982, de 31 de mayo, FJ 4; 182/1997, de 28 de octubre, FJ 4; 11/2002, de 17 de enero, FJ 4, y 137/2003, de 3 de julio, FJ 3).

En cuanto a la segunda dimensión del presupuesto habilitante de la legislación de urgencia, concebida como conexión de sentido entre la situación de necesidad definida y las medidas que en el real decreto-ley se adoptan, generalmente, se ha venido admitiendo el uso del decreto-ley en situaciones que se han calificado como «coyunturas económicas problemáticas», para cuyo tratamiento representa un instrumento constitucionalmente lícito, en tanto que pertinente y adecuado para la consecución del fin que justifica la legislación de urgencia, que no es otro que subvenir a «situaciones concretas de los objetivos gubernamentales que por razones difíciles de prever requieran una acción normativa inmediata en un plazo más breve que el requerido por la vía normal o por el procedimiento de urgencia para la tramitación parlamentaria de las leyes» (SSTC 31/2011, de 17 de marzo, FJ 4; 137/2011, de 14 de septiembre, FJ 6, y 100/2012, de 8 de mayo, FJ 8).

Finalmente, ha de advertirse que el hecho de que se considere una reforma estructural no impide, por sí sola, la utilización de la figura del decreto-ley, pues, y esto es particularmente pertinente en el supuesto que se analiza, el posible carácter estructural del problema que se pretende atajar no excluye que dicho problema pueda convertirse en un momento dado en un supuesto de extraordinaria y urgente necesidad, que justifique la aprobación de un decreto- ley, lo que deberá ser determinado atendiendo a las circunstancias concurrentes en cada caso (STC 137/2011, FJ 6; reiterado en SSTC 183/2014, FJ 5; 47/2015, FJ 5, y 139/2016, FJ 3).

Tras la declaración por la Organización Mundial de la Salud de la pandemia internacional provocada por la COVID-19, el día 11 de marzo de 2020, y la rápida propagación de esta enfermedad, tanto en el ámbito nacional como internacional, los Estados miembros de la Unión Europea adoptaron con rapidez medidas coordinadas de emergencia para proteger la salud de la ciudadanía y evitar el colapso de la economía.

El Consejo Europeo del 21 de julio de 2020, consciente de la necesidad en este momento histórico de un esfuerzo sin precedentes y de un planteamiento innovador que impulsen la convergencia, la resiliencia y la transformación en la Unión Europea, acordó un paquete de medidas de gran alcance.

La instrumentación de la ejecución de los recursos financieros del Fondo Europeo de Recuperación se estructuró a través del Plan de Recuperación, Transformación y Resiliencia. Los proyectos que constituyen dicho Plan permiten la realización de reformas estructurales, mediante cambios normativos e inversiones y, por lo tanto, permitirán un cambio del modelo productivo para la recuperación de la economía tras la pandemia causada por la COVID-19 y, además, una transformación hacia una estructura más resiliente que permita que nuestro modelo sepa enfrentar con éxito otras posibles crisis o desafíos en el futuro.

En este sentido, el Reglamento (UE) 2021/241 del Parlamento Europeo y del Consejo, de 12 de febrero de 2021, por el que se establece el Mecanismo de Recuperación y Resiliencia, dispone en su artículo 24.2, en cuanto a los pagos ligados a dicho mecanismo, que el Estado miembro deberá presentar una solicitud «[u]na vez alcanzados los correspondientes hitos y objetivos convenidos que figuran en el plan de recuperación y resiliencia». En los mismos términos se pronuncia el artículo 2.4 de la Decisión de Ejecución del Consejo, relativa a la aprobación de la evaluación del plan de recuperación y resiliencia de España (Council Implementing Decision-CID), de 13 de julio de 2021.

En el marco del Plan Nacional de Recuperación, Transformación y Resiliencia, el Componente 23 «Nuevas políticas públicas para un mercado de trabajo dinámico, resiliente e inclusivo», tiene como reto y objetivo impulsar, en el marco del diálogo social, la reforma del mercado laboral español para adecuarlo a la realidad y necesidades actuales, de manera que permita corregir las debilidades estructurales, con la finalidad de reducir el desempleo estructural y el paro juvenil, corregir la dualidad, mejorar el capital humano, modernizar la negociación colectiva y aumentar la eficiencia de las políticas públicas de empleo, dando, además, un impulso a las políticas activas de empleo, que se orientarán a la capacitación de los trabajadores en las áreas que demandan las transformaciones que requiere nuestra economía.

Tal y como aparece reflejado en las Disposiciones Operativas del Plan de Recuperación, acordadas por el Gobierno de España y la Comisión Europea, en virtud del Reglamento (UE) 2021/241, aprobadas por la Decisión de la Comisión de 29 de octubre de 2021, las Reformas 4, 6, 8 y 9 del Componente 23, correspondientes a las modificaciones objeto del presente real decreto-ley, deben completarse durante el cuarto trimestre de 2021.

Por ello, el compromiso adquirido de realización de dichas reformas estructurales, mediante el necesario dialogo social y su inclusión como hito específico en el período de 2021, implica su necesario cumplimiento, de cara a la presentación de la solicitud de pago de las contribuciones financieras correspondientes, de conformidad con el artículo 24.2 del Reglamento (UE) 2021/241 del Parlamento Europeo y del Consejo, de 12 de febrero de 2021, y constituye el presupuesto habilitante de la extraordinaria y urgente necesidad para dictar este real decreto-ley.

Por extensión, la misma extraordinaria y urgente necesidad que justifica la aprobación de las medidas laborales contenidas en el artículo se aprecia en el conjunto de previsiones recogidas en el artículo 3 que modifican diversos preceptos de la Ley General de Seguridad Social con el fin de garantizar la aplicabilidad inmediata de las citadas medidas laborales. Así sucede con los apartados 2, 4, 5, 6, 7 y 8, en relación la suspensión y reducción de jornada de los artículos 47 y 47 bis del Estatuto de los Trabajadores; con el apartado 3, en cuanto al acceso a la prestación por desempleo de los trabajadores con un contrato fijo discontinuo; con el apartado 9, respecto de la cotización a la Seguridad Social de los contratos formativos en alternancia; y, no menos importante, con el apartado 1 vinculado a la reconfiguración del artículo 151 de la Ley General de Seguridad Social como pieza clave para acompañar al resto de medidas para reducir la temporalidad injustificada.

En otro orden de cosas, este real decreto-ley incluye una disposición adicional séptima mediante la cual se prorroga la vigencia del Real Decreto 817/2021, de 28 de septiembre, por el que se fija el salario mínimo interprofesional para 2021, durante el período necesario para garantizar la búsqueda a través del diálogo social, un año más, de un incremento pactado del salario mínimo interprofesional.

En este sentido, y sin perjuicio de lo previsto en el artículo 27.1 del Estatuto de los Trabajadores, acerca de la previa consulta con las organizaciones sindicales y asociaciones empresariales más representativas, se entiende preciso garantizar la efectiva participación de los agentes sociales en la fijación del salario mínimo interprofesional, dando así continuidad a la senda de crecimiento de esta variable en cumplimiento de los compromisos asumidos en el ámbito europeo e internacional.

Dado que el citado Real Decreto 817/2021, de 28 de septiembre, dejará de producir efectos el próximo 31 de diciembre, concurren razones de extraordinaria y urgente necesidad, que hacen ineludible mantener transitoriamente su vigencia a partir del 1 de enero. Se garantiza de este modo la seguridad jurídica y se da continuidad a la función del salario mínimo interprofesional de servir de suelo o garantía salarial mínima para las personas trabajadoras.

VI

Este real decreto-ley cumple con los principios de buena regulación exigibles conforme al artículo 129 de la Ley 39/2015, de 1 de octubre, del Procedimiento Administrativo Común de las Administraciones Públicas. Tal y como se pone de manifiesto en la motivación y los objetivos, la norma está llamada a proporcionar una regulación adecuada y suficiente de los diferentes aspectos y objetivos comprometidos e incluidos de manera expresa en las diferentes reformas que integran el Componente 23 del Plan de Recuperación, Transformación y Resiliencia.

Es eficaz y proporcional, ya que regula los aspectos imprescindibles para posibilitar el cumplimiento de dicho objetivo.

Cumple también con el principio de transparencia, ya que identifica claramente su propósito y se ofrece una explicación completa de su contenido en las diferentes fases de su tramitación, teniendo en cuenta lo establecido en el artículo 26.11 de la Ley 50/1997, de 27 de noviembre, del Gobierno. Asimismo, el contenido ha sido objeto de negociación con los agentes sociales, constituyendo un paquete de reformas que han sido elevadas y discutidas en la mesa de diálogo social.

Finalmente, es coherente con el resto del ordenamiento jurídico nacional y con el ordenamiento comunitario y cumple con el principio de eficiencia, dado que su aplicación no impone cargas administrativas innecesarias o accesorias sino únicamente las estrictamente necesarias para garantizar la adecuada implementación de la reforma y el objetivo de acompañamiento y sostenibilidad del nuevo mecanismo.

Este real decreto-ley y las medidas descritas no afectan a objetivos medioambientales, por lo que respetan el principio de «no causar un perjuicio significativo», en el sentido del artículo 17 del Reglamento (UE) 2020/852 del Parlamento Europeo y del Consejo, de 18 de junio de 2020, relativo al establecimiento de un marco para facilitar las inversiones sostenibles y por el que se modifica el Reglamento (UE) 2019/2088. Por tanto, en virtud del principio de «no causar un perjuicio significativo» no se requiere una evaluación sustantiva, de conformidad con los artículos 2.6) y 5.2 del Reglamento (UE) 2021/241 del Parlamento Europeo y del Consejo de 12 de febrero de 2021, y de acuerdo con lo previsto en la Comunicación de la Comisión Guía técnica sobre la aplicación del principio de «no causar un perjuicio significativo» en virtud del

Reglamento relativo al Mecanismo de Recuperación y Resiliencia (2021/C 58/01).

Este real decreto-ley es dictado al amparo de los títulos competenciales recogidos en el artículo 149.1.7.ª, 13.ª y 17.ª de la Constitución Española, que atribuye al Estado la competencia exclusiva en las materias de legislación laboral, sin perjuicio de su ejecución por los órganos de las comunidades autónomas; de bases y coordinación de la planificación general de la actividad económica, así como de legislación básica y régimen económico de la Seguridad Social, sin perjuicio de la ejecución de sus servicios por las comunidades autónomas, respectivamente.

En su virtud, haciendo uso de la autorización contenida en el artículo 86 de la Constitución Española, a propuesta de la Ministra de Trabajo y Economía Social y del Ministro de Inclusión, Seguridad Social y Migraciones, y previa deliberación del Consejo de Ministros en su reunión del día 28 de diciembre de 2021,

DISPONGO:

Artículo primero. Modificación del texto refundido de la Ley del Estatuto de los Trabajadores, aprobado por el Real Decreto Legislativo 2/2015, de 23 de octubre.

El texto refundido de la Ley del Estatuto de los Trabajadores, aprobado por el Real Decreto Legislativo 2/2015, de 23 de octubre, queda modificado como sigue:

(…)

Tres. Se modifica el artículo 15, que queda redactado del siguiente modo:

«Artículo 15. Duración del contrato de trabajo.

1. El contrato de trabajo se presume concertado por tiempo indefinido.

El contrato de trabajo de duración determinada solo podrá celebrarse por circunstancias de la producción o por sustitución de persona trabajadora.

Para que se entienda que concurre causa justificada de temporalidad será necesario que se especifiquen con precisión en el contrato la causa habilitante de la contratación temporal, las circunstancias concretas que la justifican y su conexión con la duración prevista.

2. A efectos de lo previsto en este artículo, se entenderá por circunstancias de la producción el incremento ocasional e imprevisible de la actividad y las oscilaciones, que aun tratándose de la actividad normal de la empresa, generan un desajuste temporal entre el empleo estable disponible y el que se requiere, siempre que no respondan a los supuestos incluidos en el artículo 16.1.

Entre las oscilaciones a que se refiere el párrafo anterior se entenderán incluidas aquellas que derivan de las vacaciones anuales.

Cuando el contrato de duración determinada obedezca a estas circunstancias de la producción, su duración no podrá ser superior a seis meses. Por convenio colectivo de ámbito sectorial se podrá ampliar la duración máxima del contrato hasta un año. En caso de que el contrato se hubiera concertado por una duración inferior a la máxima legal o convencionalmente establecida, podrá prorrogarse, mediante acuerdo de las partes, por una única vez, sin que la duración total del contrato pueda exceder de dicha duración máxima.

Igualmente, las empresas podrán formalizar contratos por circunstancias de la producción para atender situaciones ocasionales, previsibles y que tengan una duración reducida y delimitada en los términos previstos en este párrafo. Las empresas solo podrán utilizar este contrato un máximo de noventa días en el año natural, independientemente de las personas trabajadoras que sean necesarias para atender en cada uno de dichos días las concretas situaciones, que deberán estar debidamente identificadas en el contrato. Estos noventa días no podrán ser utilizados de manera continuada. Las empresas, en el último trimestre de cada año, deberán trasladar a la representación legal de las personas trabajadoras una previsión anual de uso de estos contratos.

No podrá identificarse como causa de este contrato la realización de los trabajos en el marco de contratas, subcontratas o concesiones administrativas que constituyan la actividad habitual u ordinaria de la empresa, sin perjuicio de su celebración cuando concurran las circunstancias de la producción en los términos anteriores.

3. Podrán celebrarse contratos de duración determinada para la sustitución de una persona trabajadora con derecho a reserva de puesto de trabajo, siempre que se especifique en el contrato el nombre de la persona sustituida y la causa de la sustitución. En tal supuesto, la prestación de servicios podrá iniciarse antes de que se produzca la ausencia de la persona sustituida, coincidiendo en el desarrollo de las funciones el tiempo imprescindible para garantizar el desempeño adecuado del puesto y, como máximo, durante quince días.

Asimismo, el contrato de sustitución podrá concertarse para completar la jornada reducida por otra persona trabajadora, cuando dicha reducción se ampare en causas legalmente establecidas o reguladas en el convenio colectivo y se especifique en el contrato el nombre de la persona sustituida y la causa de la sustitución.

El contrato de sustitución podrá ser también celebrado para la cobertura temporal de un puesto de trabajo durante el proceso de selección o promoción para su cobertura definitiva mediante contrato fijo, sin que su duración pueda ser en este caso superior a tres meses, o el plazo inferior recogido en convenio colectivo, ni pueda celebrarse un nuevo contrato con el mismo objeto una vez superada dicha duración máxima.

4. Las personas contratadas incumpliendo lo establecido en este artículo adquirirán la condición de fijas.

También adquirirán la condición de fijas las personas trabajadoras temporales que no hubieran sido dadas de alta en la Seguridad Social una vez transcurrido un plazo igual al que legalmente se hubiera podido fijar para el periodo de prueba.

5. Sin perjuicio de lo anterior, las personas trabajadoras que en un periodo de veinticuatro meses hubieran estado contratadas durante un plazo superior a dieciocho meses, con o sin solución de continuidad, para el mismo o diferente puesto de trabajo con la misma empresa o grupo de empresas, mediante dos o más contratos por circunstancias de la producción, sea directamente o a través de su puesta a disposición por empresas de trabajo temporal, adquirirán la condición de personas trabajadoras fijas. Esta previsión también será de aplicación cuando se produzcan supuestos de sucesión o subrogación empresarial conforme a lo dispuesto legal o convencionalmente.

Asimismo, adquirirá la condición de fija la persona que ocupe un puesto de trabajo que haya estado ocupado con o sin solución de continuidad, durante más de dieciocho meses en un periodo de veinticuatro meses mediante contratos por circunstancias de la producción, incluidos los contratos de puesta a disposición realizados con empresas de trabajo temporal.

6. Las personas con contratos temporales y de duración determinada tendrán los mismos derechos que las personas con contratos de duración indefinida, sin perjuicio de las particularidades específicas de cada una de las modalidades contractuales en materia de extinción del contrato y de aquellas expresamente previstas en la ley en relación con los contratos formativos. Cuando corresponda en atención a su naturaleza, tales derechos serán reconocidos en las disposiciones legales y reglamentarias y en los convenios colectivos de manera proporcional, en función del tiempo trabajado.

Cuando un determinado derecho o condición de trabajo esté atribuido en las disposiciones legales o reglamentarias y en los convenios colectivos en función de una previa antigüedad de la persona trabajadora, esta deberá computarse según los mismos criterios para todas las personas trabajadoras, cualquiera que sea su modalidad de contratación.

7. La empresa deberá informar a las personas con contratos de duración determinada o temporales, incluidos los contratos formativos, sobre la existencia de puestos de trabajo vacantes, a fin de garantizarles las mismas oportunidades de acceder a puestos permanentes que las demás personas trabajadoras. Esta información podrá facilitarse mediante un anuncio público en un lugar adecuado de la empresa o centro de trabajo, o mediante otros medios previstos en la negociación colectiva, que aseguren la transmisión de la información.

Dicha información será trasladada, además, a la representación legal de las personas trabajadoras.

Las empresas habrán de notificar, asimismo a la representación legal de las personas trabajadoras los contratos realizados de acuerdo con las modalidades de contratación por tiempo determinado previstas en este artículo, cuando no exista obligación legal de entregar copia básica de los mismos.

8. Los convenios colectivos podrán establecer planes de reducción de la temporalidad, así como fijar criterios generales relativos a la adecuada relación entre el volumen de la contratación de carácter temporal y la plantilla total de la empresa, criterios objetivos de conversión de los contratos de duración determinada o temporales en indefinidos, así como fijar porcentajes máximos de temporalidad y las consecuencias derivadas del incumplimiento de los mismos.

Asimismo, los convenios colectivos podrán establecer criterios de preferencia entre las personas con contratos de duración determinada o temporales, incluidas las personas puestas a disposición.

Los convenios colectivos establecerán medidas para facilitar el acceso efectivo de estas personas trabajadoras a las acciones incluidas en el sistema de formación profesional para el empleo, a fin de mejorar su cualificación y favorecer su progresión y movilidad profesionales.

9. En los supuestos previstos en los apartados 4 y 5, la empresa deberá facilitar por escrito a la persona trabajadora, en los diez días siguientes al cumplimiento de los plazos indicados, un documento justificativo sobre su nueva condición de persona trabajadora fija de la empresa, debiendo informar a la representación legal de los trabajadores sobre dicha circunstancia.

En todo caso, la persona trabajadora podrá solicitar, por escrito al servicio público de empleo correspondiente un certificado de los contratos de duración determinada o temporales celebrados, a los efectos de poder acreditar su condición de persona trabajadora fija en la empresa.

El Servicio Público de Empleo emitirá dicho documento y lo pondrá en conocimiento de la empresa en la que la persona trabajadora preste sus servicios y de la Inspección de Trabajo y Seguridad Social, si advirtiera que se han sobrepasado los límites máximos temporales establecidos.»

Cuatro. Se modifica el artículo 16, que queda redactado del siguiente modo:

«Artículo 16. Contrato fijo-discontinuo.

1. El contrato por tiempo indefinido fijo-discontinuo se concertará para la realización de trabajos de naturaleza estacional o vinculados a actividades productivas de temporada, o para el desarrollo de aquellos que no tengan dicha naturaleza pero que, siendo de prestación intermitente, tengan periodos de ejecución ciertos, determinados o indeterminados.

El contrato fijo-discontinuo podrá concertarse para el desarrollo de trabajos consistentes en la prestación de servicios en el marco de la ejecución de contratas mercantiles o administrativas que, siendo previsibles, formen parte de la actividad ordinaria de la empresa.

Asimismo, podrá celebrarse un contrato fijo-discontinuo entre una empresa de trabajo temporal y una persona contratada para ser cedida, en los términos previstos en el artículo 10.3 de la Ley 14/1994, de 1 de junio, por la que se regulan las empresas de trabajo temporal.

2. El contrato de trabajo fijo-discontinuo, conforme a lo dispuesto en el artículo 8.2, se deberá formalizar necesariamente por escrito y deberá reflejar los elementos esenciales de la actividad laboral, entre otros, la duración del periodo de actividad, la jornada y su distribución horaria, si bien estos últimos podrán figurar con carácter estimado, sin perjuicio de su concreción en el momento del llamamiento.

3. Mediante convenio colectivo o, en su defecto, acuerdo de empresa, se establecerán los criterios objetivos y formales por los que debe regirse el llamamiento de las personas fijas-discontinuas. En todo caso, el llamamiento deberá realizarse por escrito o por otro medio que permita dejar constancia de la debida notificación a la persona interesada con las indicaciones precisas de las condiciones de su incorporación y con una antelación adecuada.

Sin perjuicio de lo anterior, la empresa deberá trasladar a la representación legal de las personas trabajadoras, con la suficiente antelación, al inicio de cada año natural, un calendario con las previsiones de llamamiento anual, o, en su caso, semestral, así como los datos de las altas efectivas de las personas fijas discontinuas una vez se produzcan.

Las personas fijas-discontinuas podrán ejercer las acciones que procedan en caso de incumplimientos relacionados con el llamamiento, iniciándose el plazo para ello desde el momento de la falta de este o desde el momento en que la conociesen.

4. Cuando la contratación fija-discontinua se justifique por la celebración de contratas, subcontratas o con motivo de concesiones administrativas en los términos de este artículo, los periodos de inactivi-

dad solo podrán producirse como plazos de espera de recolocación entre subcontrataciones.

En estos supuestos, los convenios colectivos sectoriales podrán determinar un plazo máximo de inactividad entre subcontratas, que, en defecto de previsión convencional, será de tres meses. Una vez cumplido dicho plazo, la empresa adoptará las medidas coyunturales o definitivas que procedan, en los términos previstos en esta norma.

5. Los convenios colectivos de ámbito sectorial podrán establecer una bolsa sectorial de empleo en la que se podrán integrar las personas fijas-discontinuas durante los periodos de inactividad, con el objetivo de favorecer su contratación y su formación continua durante estos, todo ello sin perjuicio de las obligaciones en materia de contratación y llamamiento efectivo de cada una de las empresas en los términos previstos en este artículo.

Estos mismos convenios podrán acordar, cuando las peculiaridades de la actividad del sector así lo justifiquen, la celebración a tiempo parcial de los contratos fijos-discontinuos, y la obligación de las empresas de elaborar un censo anual del personal fijo-discontinuo.

Asimismo, podrán establecer un periodo mínimo de llamamiento anual y una cuantía por fin de llamamiento a satisfacer por las empresas a las personas trabajadoras, cuando este coincida con la terminación de la actividad y no se produzca, sin solución de continuidad, un nuevo llamamiento.

6. Las personas trabajadoras fijas-discontinuas no podrán sufrir perjuicios por el ejercicio de los derechos de conciliación, ausencias con derecho a reserva de puesto de trabajo y otras causas justificadas en base a derechos reconocidos en la ley o los convenios colectivos.

Las personas trabajadoras fijas-discontinuas tienen derecho a que su antigüedad se calcule teniendo en cuenta toda la duración de la relación laboral y no el tiempo de servicios efectivamente prestados, con la excepción de aquellas condiciones que exijan otro tratamiento en atención a su naturaleza y siempre que responda a criterios de objetividad, proporcionalidad y transparencia.

7. La empresa deberá informar a las personas fijas-discontinuas y a la representación legal de las personas trabajadoras sobre la existencia de puestos de trabajo vacantes de carácter fijo ordinario, de manera que aquellas puedan formular solicitudes de conversión voluntaria, de conformidad con los procedimientos que establezca el convenio colectivo sectorial o, en su defecto, el acuerdo de empresa.

8. Las personas trabajadoras fijas-discontinuas tendrán la consideración de colectivo prioritario para el acceso a las iniciativas de formación del sistema de formación profesional para el empleo en el ámbito laboral durante los periodos de inactividad.»

(...)

Doce. Se introduce una nueva disposición adicional vigesimocuarta, con la redacción siguiente:

«Disposición adicional vigesimocuarta. Compromiso de reducción de la tasa de temporalidad.

1. El Gobierno efectuará una evaluación de los resultados obtenidos por las medidas previstas en el Real Decreto-ley 32/2021, de 28 de diciembre, de medidas urgentes para la reforma laboral, la garantía de la estabilidad en el empleo y la transformación del mercado de trabajo, mediante el análisis de los datos de contratación temporal e indefinida en enero del año 2025, procediendo a la publicación oficial, a estos efectos, de la tasa de temporalidad general y por sectores.

Dicha evaluación deberá repetirse cada dos años.

2. En el caso de que los resultados de la evaluación anterior demuestren que no se avanza en la reducción de la tasa de temporalidad, ya sea en la general o en la de los diferentes sectores, el Gobierno elevará a la mesa de diálogo social una propuesta de medidas adicionales que permitan la consecu-

ción de dicho objetivo, general o sectorial, para su discusión y eventual acuerdo con los interlocutores sociales.»

(...)

Artículo segundo. Modificación de la Ley 32/2006, de 18 de octubre, reguladora de la subcontratación en el Sector de la Construcción.

Se modifica la disposición adicional tercera de la Ley 32/2006, de 18 de octubre, que queda redactada del siguiente modo:

> «Disposición adicional tercera. Extinción del contrato indefinido por motivos inherentes a la persona trabajadora en el sector de la construcción.
>
> 1. Sin perjuicio de lo previsto en la sección 4.ª del capítulo III del título I del Estatuto de los Trabajadores, los contratos de trabajo indefinidos adscritos a obra celebrados en el ámbito de las empresas del sector de la construcción, podrán extinguirse por motivos inherentes a la persona trabajadora conforme a lo dispuesto en la presente disposición, que resultará aplicable con independencia del número de personas trabajadoras afectadas.
>
> Tendrán la consideración de contratos indefinidos adscritos a obra aquellos que tengan por objeto tareas o servicios cuya finalidad y resultado estén vinculados a obras de construcción, teniendo en cuenta las actividades establecidas en el ámbito funcional del Convenio General del Sector de la Construcción.
>
> La extinción regulada en este artículo no resultará aplicable a las personas trabajadoras que formen parte del personal de estructura.
>
> 2. La finalización de la obra en la que presta servicios la persona trabajadora determinará la obligación para la empresa de efectuarle una propuesta de recolocación, previo desarrollo, de ser preciso, de un proceso de formación.

Este proceso, que será siempre a cargo de la empresa, podrá realizarse directamente o a través de una entidad especializada, siendo preferente la formación que imparta la Fundación Laboral de la Construcción con cargo a las cuotas empresariales.

La negociación colectiva de ámbito estatal del sector de la construcción determinará los requisitos de acceso, duración y modalidades de formación adecuadas según las cualificaciones requeridas para cada puesto, nivel, función y grupo profesional.

El indicado proceso de formación podrá desarrollarse con antelación a la finalización de la obra.

3. A efectos de lo previsto en esta disposición, se entenderá por finalización de las obras y servicios la terminación real, verificable y efectiva de los trabajos desarrollados por esta.

Asimismo, tendrán la consideración de finalización de obra la disminución real del volumen de obra por la realización paulatina de las correspondientes unidades de ejecución debidamente acreditada, así como la paralización, definitiva o temporal, de entidad suficiente, de una obra, por causa imprevisible para la empresa y ajena a su voluntad.

La finalización de la obra deberá ser puesta en conocimiento de la representación legal de las personas trabajadoras, en su caso, así como de las comisiones paritarias de los convenios de ámbito correspondiente o, en su defecto, de los sindicatos representativos del sector, con cinco días de antelación a su efectividad y dará lugar a la propuesta de recolocación prevista en esta disposición.

4. La propuesta de recolocación prevista en esta disposición será formalizada por escrito mediante una cláusula que se anexará al contrato de trabajo.

Esta cláusula, que deberá precisar las condiciones esenciales, ubicación de la obra y fecha de incorporación a la misma, así como las acciones formativas exigibles para ocupar el nuevo puesto, será sometida a aceptación por parte de la persona trabajadora con quince días de antelación a la finalización de su trabajo en la obra en la que se encuentre prestando servicios.

5. Una vez efectuada la propuesta de recolocación, el contrato indefinido adscrito a obra podrá extinguirse por motivos inherentes a la persona trabajadora cuando se dé alguna de las siguientes circunstancias:

a) La persona trabajadora afectada rechaza la recolocación.

b) La cualificación de la persona afectada, incluso tras un proceso de formación o recualificación, no resulta adecuada a las nuevas obras que tenga la empresa en la misma provincia, o no permite su integración en estas, por existir un exceso de personas con la cualificación necesaria para desarrollar sus mismas funciones.

La negociación colectiva de ámbito estatal del sector correspondiente precisará los criterios de prioridad o permanencia que deben operar en caso de concurrir estos motivos en varias personas trabajadoras de forma simultánea en relación con la misma obra.

c) La inexistencia en la provincia en la que esté contratada la persona trabajadora de obras de la empresa acordes a su cualificación profesional, nivel, función y grupo profesional una vez analizada su cualificación o posible recualificación.

En el supuesto a) anterior, la persona trabajadora deberá notificar por escrito a la empresa la aceptación o rechazo de la propuesta en el plazo de siete días desde que tenga conocimiento de la comunicación empresarial. Transcurrido dicho plazo sin contestación se entenderá que la persona trabajadora rechaza la propuesta de recolocación.

En los supuestos recogidos en los apartados b) y c) precedentes, la empresa deberá notificar la extinción del contrato a la persona trabajadora afectada con una antelación de quince días a su efectividad.

6. La extinción del contrato indefinido por motivos inherentes a la persona trabajadora deberá ser puesta en conocimiento de la representación legal

> de las personas trabajadoras con una antelación de siete días a su efectividad y dará lugar a una indemnización del siete por ciento calculada sobre los conceptos salariales establecidos en las tablas del convenio colectivo que resulte de aplicación y que hayan sido devengados durante toda la vigencia del contrato, o la superior establecida por el Convenio General del Sector de la Construcción.»

Artículo tercero. Modificación del texto refundido de la Ley General de la Seguridad Social, aprobado por el Real Decreto Legislativo 8/2015, de 30 de octubre.

El texto refundido de la Ley General de la Seguridad Social, aprobado por el Real Decreto Legislativo 8/2015, de 30 de octubre, queda modificado en los siguientes términos:

Uno. Se modifica el artículo 151, que queda redactado como sigue:

> «Artículo 151. Cotización adicional en contratos de duración determinada.
>
> 1. Los contratos de duración determinada inferior a 30 días tendrán una cotización adicional a cargo del empresario a la finalización del mismo.
>
> 2. Dicha cotización adicional se calculará multiplicando por tres la cuota resultante de aplicar a la base mínima diaria de cotización del grupo 8 del Régimen General de la Seguridad Social para contingencias comunes, el tipo general de cotización a cargo de la empresa para la cobertura de las contingencias comunes.
>
> 3. Esta cotización adicional no se aplicará a los contratos a los que se refiere este artículo, cuando sean celebrados con trabajadores incluidos en el Sistema Especial para Trabajadores por Cuenta Ajena Agrarios, en el Sistema Especial para Empleados de Hogar o en el Régimen Especial para la Minería del Carbón; ni a los contratos por sustitución.»

Dos. Se añade un nuevo artículo 153 bis con la siguiente redacción:

> «Artículo 153 bis. Cotización en los supuestos de reducción de jornada o suspensión de contrato.
>
> En los supuestos de reducción temporal de jornada o suspensión temporal del contrato de trabajo, ya sea por decisión del empresario al amparo de lo establecido en los artículos 47 o 47 bis del texto refundido de la Ley del Estatuto de los Trabajadores, o en virtud de resolución judicial adoptada en el seno de un procedimiento concursal, la empresa está obligada al ingreso de las cuotas correspondientes a la aportación empresarial.
>
> En caso de causarse derecho a la prestación por desempleo o a la prestación a la que se refiere la disposición adicional cuadragésima primera, corresponde a la entidad gestora de la prestación el ingreso de la aportación del trabajador en los términos previstos en el artículo 273.2 y en dicha disposición adicional, respectivamente.
>
> En estos supuestos, las bases de cotización a la Seguridad Social para el cálculo de la aportación empresarial por contingencias comunes y por contingencias profesionales, estarán constituidas por el promedio de las bases de cotización en la empresa afectada correspondientes a dichas contingencias de los seis meses naturales inmediatamente anteriores al inicio de cada situación de reducción de jornada o suspensión del contrato. Para el cálculo de dicho promedio, se tendrá en cuenta el número de días en situación de alta, en la empresa de que se trate, durante el período de los seis meses indicados. Las bases de cotización calculadas conforme a lo indicado anteriormente se reducirán, en los supuestos de reducción temporal de jornada, en función de la jornada de trabajo no realizada.
>
> Durante los períodos de suspensión temporal de contrato de trabajo y de reducción temporal de jornada, respecto de la jornada de trabajo no realizada, no resultarán de aplicación las normas de cotización correspondientes a las situaciones de

incapacidad temporal, descanso por nacimiento y cuidado de menor, y riesgo durante el embarazo y la lactancia natural.»

Tres. Se modifica el apartado 1 del artículo 267, que queda redactado como sigue:

«1. Se encontrarán en situación legal de desempleo los trabajadores que estén incluidos en alguno de los siguientes supuestos:

a) Cuando se extinga su relación laboral:

1.º En virtud de despido colectivo, adoptado por decisión del empresario al amparo de lo establecido en el artículo 51 del texto refundido de la Ley del Estatuto de los Trabajadores, o de resolución judicial adoptada en el seno de un procedimiento concursal.

2.º Por muerte, jubilación o incapacidad del empresario individual, cuando determinen la extinción del contrato de trabajo.

3.º Por despido y por la extinción del contrato por motivos inherentes a la persona trabajadora regulada en la disposición adicional tercera de la Ley 32/2006, de 18 de octubre, reguladora de la subcontratación en el Sector de la Construcción.

En el supuesto previsto en el artículo 111.1.b) de la Ley 36/2011, de 10 de octubre, reguladora de la jurisdicción social, durante la tramitación del recurso contra la sentencia que declare la improcedencia del despido el trabajador se considerará en situación legal de desempleo involuntario, con derecho a percibir las prestaciones por desempleo, siempre que se cumplan los requisitos exigidos en el presente título, por la duración que le corresponda conforme a lo previsto en los artículos 269 o 277.2 de la presente ley, en función de los períodos de ocupación cotizada acreditados.

4.º Por extinción del contrato por causas objetivas.

5.º Por resolución voluntaria por parte del trabajador, en los supuestos previstos en los artículos 40, 41.3, 49.1.m) y 50 del texto refundido de la Ley del Estatuto de los Trabajadores.

6.º Por expiración del tiempo convenido en el contrato formativo o en el contrato de trabajo de duración determinada, por circunstancias de la producción o por sustitución de persona trabajadora, siempre que dichas causas no hayan actuado por denuncia del trabajador.

En el supuesto previsto en el artículo 147 de la Ley 36/2011, de 10 de octubre y sin perjuicio de lo señalado en el mismo, los trabajadores se entenderán en la situación legal de desempleo establecida en el párrafo anterior por finalización del último contrato temporal y la entidad gestora les reconocerá las prestaciones por desempleo si reúnen el resto de los requisitos exigidos.

7.º Por resolución de la relación laboral durante el período de prueba a instancia del empresario, siempre que la extinción de la relación laboral anterior se hubiera debido a alguno de los supuestos contemplados en este apartado o haya transcurrido un plazo de tres meses desde dicha extinción.

b) Cuando se suspenda el contrato:

1.º Por decisión del empresario al amparo de lo establecido en el artículo 47 del texto refundido de la Ley del Estatuto de los Trabajadores o en virtud de resolución judicial adoptada en el seno de un procedimiento concursal, en ambos casos en los términos del artículo 262.2 de esta ley.

2.º Por decisión de las trabajadoras víctimas de violencia de género al amparo de lo dispuesto en el artículo 45.1.n) del texto refundido de la Ley del Estatuto de los Trabajadores.

c) Cuando se reduzca temporalmente la jornada ordinaria diaria de trabajo, por decisión del empresario al amparo de lo establecido en el artículo 47 del texto refundido de la Ley del Estatuto de los Trabajadores o en virtud de resolución judicial adoptada en el seno de un procedimiento concursal, en ambos casos en los términos del artículo 262.3 de esta ley.

d) Durante los períodos de inactividad productiva de los trabajadores fijos- discontinuos.

> e) Cuando los trabajadores retornen a España por extinguírseles la relación laboral en el país extranjero, siempre que no obtengan prestación por desempleo en dicho país y acrediten cotización suficiente antes de salir de España.
>
> f) Cuando, en los supuestos previstos en los párrafos e) y f) del artículo 264.1, se produzca el cese involuntario y con carácter definitivo en los correspondientes cargos o cuando, aun manteniendo el cargo, se pierda con carácter involuntario y definitivo la dedicación exclusiva o parcial.»

Cuatro. Se modifica el apartado 2 del artículo 273, que queda redactado como sigue:

> «2. En los supuestos de reducción de jornada o suspensión del contrato, la entidad gestora ingresará únicamente la aportación del trabajador, una vez efectuado el descuento a que se refiere el apartado anterior.»

Cinco. Se introduce una nueva disposición adicional cuadragésima primera, con la siguiente redacción:

> «Disposición adicional cuadragésima primera. Medidas de protección social de las personas trabajadoras afectadas por la aplicación del Mecanismo RED de Flexibilidad y Estabilización del Empleo, regulado en el artículo 47 bis del texto refundido de la Ley del Estatuto de los Trabajadores.
>
> 1. Cuando, conforme a lo establecido en el artículo 47 bis del texto refundido de la Ley del Estatuto de los Trabajadores, por acuerdo del Consejo de Ministros, se active el Mecanismo RED de Flexibilidad y Estabilización del Empleo, y las empresas afectadas obtengan autorización de la autoridad laboral para su aplicación, podrán reducir la jornada de trabajo o suspender los contratos de trabajo de las personas trabajadoras, y estas acceder a la prestación regulada en esta disposición, en los términos y condiciones establecidos en la misma.

Podrán acceder a esta prestación del Mecanismo RED las personas trabajadoras por cuenta ajena, cuando se suspenda temporalmente su contrato de trabajo o se reduzca temporalmente su jornada ordinaria de trabajo, siempre que su salario sea objeto de análoga reducción, sin que sea necesario acreditar un periodo mínimo de cotización previo a la Seguridad Social.

Asimismo, podrán acceder a dicha prestación las personas que tengan la condición de socias trabajadoras de cooperativas de trabajo asociado y de sociedades laborales incluidas en el Régimen General de la Seguridad Social o en algunos de los regímenes especiales que protejan la contingencia de desempleo

En todos los casos se requerirá que el inicio de la relación laboral o societaria en la empresa autorizada a aplicar el Mecanismo RED de Flexibilidad y Estabilización del Empleo sea anterior a la fecha del Acuerdo del Consejo de Ministros que declare la activación del mismo.

Esta prestación será incompatible con la percepción de prestaciones o subsidios por desempleo, con la prestación por cese de actividad y con la renta activa de inserción, regulada por el Real Decreto 1369/2006, de 24 de noviembre.

Asimismo, es incompatible con la obtención de otras prestaciones económicas de la Seguridad Social, salvo que estas hubieran sido compatibles con el trabajo en el que se aplica el Mecanismo RED de Flexibilidad y Estabilización del Empleo.

Las personas trabajadoras no podrán percibir, de forma simultánea, prestaciones derivadas de dos o más Mecanismos RED de Flexibilidad y Estabilización del Empleo.

2. El procedimiento para la solicitud y el reconocimiento del derecho a esta prestación se desarrollará reglamentariamente, mediante orden de la persona titular del Ministerio de Trabajo y Economía Social, de conformidad con las siguientes reglas:

a) La empresa deberá formular la solicitud, en representación de las personas trabajadoras, en el modelo establecido al efecto en la página web o sede electrónica del Servicio Público de Empleo Estatal.

En dicha solicitud constarán los datos de todas las personas trabajadoras que pudieran resultar afectadas por la aplicación del Mecanismo RED, que sean necesarios para el reconocimiento del derecho. En todo caso se hará constar la naturaleza de la medida aprobada por la Autoridad Laboral y, en caso de reducción de jornada, el porcentaje máximo de reducción autorizado.

b) El plazo para la presentación de esta solicitud será de un mes, a computar desde la fecha de la notificación de la resolución de la autoridad laboral, en la que se autorice la aplicación del Mecanismo RED de Flexibilidad y Estabilización del Empleo o desde la del certificado del silencio administrativo.

En caso de presentación fuera de plazo, el derecho nacerá el día de la solicitud. En este supuesto, la empresa deberá abonar a la persona trabajadora el importe que hubiese percibido en concepto de prestación del mecanismo RED desde el primer día en que se hubiese aplicado la medida de reducción de jornada o suspensión del contrato.

c) El acceso a la prestación requerirá la inscripción de la persona trabajadora ante el servicio público de empleo competente.

3. La base reguladora de la prestación será el promedio de las bases de cotización en la empresa en la que se aplique el mecanismo por contingencias de accidentes de trabajo y enfermedades profesionales, excluidas las retribuciones por horas extraordinarias, correspondientes a los 180 días inmediatamente anteriores a la fecha de inicio de aplicación de la medida a la persona trabajadora.

En caso de no acreditar 180 días de ocupación cotizada en dicha empresa, la base reguladora se calculará en función de las bases correspondientes al periodo inferior acreditado en la misma.

4. La cuantía de la prestación se determinará aplicando a la base reguladora, calculada de conformidad con el apartado anterior, el porcentaje del 70 por ciento, durante toda la vigencia de la medida.

No obstante, la cuantía máxima mensual a percibir será la equivalente al 225 por ciento del indicador público de rentas de efectos múltiples mensual vigente en el momento del nacimiento del derecho incrementado en una sexta parte.

En caso de que la relación laboral sea a tiempo parcial, la cuantía máxima contemplada en el párrafo anterior se determinará teniendo en cuenta el indicador público de rentas de efectos múltiples calculado en función del promedio de las horas trabajadas durante el período a que se refiere el apartado 3.

5. Durante la aplicación de las medidas de suspensión o reducción, la empresa ingresará la aportación de la cotización que le corresponda, debiendo la entidad gestora ingresar únicamente la aportación de la persona trabajadora, previo descuento de su importe de la cuantía de su prestación.

6. La prestación será incompatible con la realización de trabajo por cuenta propia o por cuenta ajena a tiempo completo. Será compatible con la realización de otro trabajo por cuenta ajena a tiempo parcial. En este caso, de su cuantía no se deducirá la parte proporcional al tiempo trabajado.

7. La duración de la prestación se extenderá, como máximo, hasta la finalización del período de aplicación del Mecanismo RED en la empresa.

8. El acceso a esta prestación no implicará el consumo de las cotizaciones previamente efectuadas a ningún efecto.

El tiempo de percepción de la prestación no se considerará como consumido de la duración en futuros accesos a la protección por desempleo.

El tiempo de percepción de la prestación no tendrá la consideración de periodo de ocupación cotizado, a los efectos de lo previsto en el artículo 269.1. No obstante, el período de seis años a que se refiere dicho precepto se retrotraerá por el tiempo equivalente al que el trabajador hubiera percibido la citada prestación.

En el caso de reducción de jornada, se entenderá como tiempo de percepción de prestación el que resulte de convertir a día a jornada completa el número de horas no trabajadas en el periodo temporal de referencia.

9. La prestación se suspenderá cuando la relación laboral se suspenda por una causa distinta de la aplicación del Mecanismo.

10. La prestación se extinguirá si se causa baja en la empresa por cualquier motivo. Igualmente se extinguirá por imposición de sanción, en los términos previstos en el texto refundido de la Ley sobre Infracciones y Sanciones en el Orden Social.

11. Corresponde al Servicio Público de Empleo Estatal gestionar las funciones y servicios derivados de la prestación regulada en esta disposición y declarar el reconocimiento, suspensión, extinción y reanudación de estas prestaciones, sin perjuicio de las atribuciones reconocidas a los órganos competentes de la Administración laboral en materia de sanciones.

Igualmente, corresponde a la entidad gestora competente declarar y exigir la devolución de las prestaciones indebidamente percibidas por las personas trabajadoras y el reintegro de las prestaciones de cuyo pago sea directamente responsable el empresario.

Cuando se trate de trabajadores por cuenta ajena incluidos dentro Régimen Especial de la Seguridad Social de los Trabajadores del Mar, las competencias a las que se refiere este apartado corresponderán al Instituto Social de la Marina.

12. Transcurrido el respectivo plazo fijado para el reintegro de las prestaciones indebidamente percibidas o de responsabilidad empresarial sin haberse efectuado el mismo, corresponderá a la Tesorería General de la Seguridad Social proceder a su recaudación en vía ejecutiva de conformidad con las normas reguladoras de la gestión recaudatoria de la Seguridad Social, devengándose el recargo y el interés de demora en los términos y condiciones establecidos en esta ley.

13. Frente a las resoluciones de la entidad gestora relativas a esta prestación, podrá la persona trabajadora formular reclamación previa, en el plazo de los treinta días hábiles siguientes a la notificación de la resolución, en los términos previstos en el artículo 71 de la Ley 36/2011, de 10 de octubre, reguladora de la jurisdicción social.

14. La prestación regulada en esta disposición se financiará con cargo al Fondo RED de Flexibilidad y Estabilización del Empleo.»

Seis. Se introduce una nueva disposición adicional cuadragésima segunda, con la siguiente redacción:

«Disposición adicional cuadragésima segunda. Actuaciones del Servicio Público de Empleo Estatal y de la Tesorería General de la Seguridad Social para la simplificación de actuaciones administrativas.

Al objeto de reducir las cargas administrativas de las empresas, reglamentariamente se establecerá por el Servicio Público de Empleo Estatal y la Tesorería General de la Seguridad Social, un procedimiento único a través del cual las empresas puedan comunicar, a ambas entidades, el inicio y finalización de los períodos de suspensión temporal de contratos de trabajo y reducción temporal de jornada de trabajo de los trabajadores afectados por un expediente de regulación temporal de empleo.

A través de dicho procedimiento las empresas deberán poder comunicar esta información de tal forma que la misma surta efecto para el desarrollo de la totalidad de las competencias de ambas entidades.»

Siete. Se introduce una nueva disposición adicional cuadragésima tercera, con la siguiente redacción:

«Disposición adicional cuadragésima tercera. Cotización a la Seguridad Social de los contratos formativos en alternancia.

1. Respecto de los contratos para la formación en alternancia a los que se refiere el artículo 11.2 del texto refundido de la Ley del Estatuto de los Tra-

bajadores, aprobado por el Real Decreto Legislativo 2/2015, de 23 de octubre, cuando se celebren a tiempo completo, el empresario estará obligado a cotizar a la Seguridad Social por la totalidad de las contingencias de la Seguridad Social, en los siguientes términos:

1.º Cuando la base de cotización mensual por contingencias comunes, determinada conforme a las reglas establecidas en el Régimen de la Seguridad Social que corresponda, no supere la base mínima mensual de cotización de dicho Régimen, el empresario ingresará mensualmente en la Seguridad Social, las cuotas únicas que determine para cada ejercicio la correspondiente Ley de Presupuestos Generales del Estado, siendo la cuota por contingencias comunes a cargo del empresario y del trabajador, y la cuota por contingencias profesionales a cargo exclusivo del empresario. Igualmente, ingresará las cuotas únicas correspondientes al Fondo de Garantía Salarial, que serán a su exclusivo cargo, así como las correspondientes a desempleo y por formación profesional, que serán a cargo del empresario y del trabajador, en las cuantías igualmente fijadas en la correspondiente Ley de Presupuestos Generales del Estado.

2.º Cuando la base de cotización mensual por contingencias comunes, determinada conforme a las reglas establecidas en el Régimen de la Seguridad Social que corresponda, supere la base mínima mensual de cotización de dicho Régimen, la cuota a ingresar estará constituida por el resultado de sumar las cuotas únicas a las que se refiere el ordinal anterior y las cuotas resultantes de aplicar los tipos de cotización que correspondan al importe que exceda la base de cotización anteriormente indicada de la base mínima.

2. La base de cotización a efecto de prestaciones será la base mínima mensual de cotización en el Régimen General de la Seguridad Social, salvo que el importe de la base de cotización a que se refiere el ordinal 2.º del apartado anterior sea superior, en cuyo caso se aplicará esta.

3. A los contratos formativos en alternancia a tiempo parcial les resultarán de aplicación las normas de cotización indicadas en esta disposición para los contratos formativos en alternancia a tiempo completo.

4. A los contratos formativos en alternancia les resultarán de aplicación los beneficios en la cotización a la Seguridad Social que, a la entrada en vigor de esta disposición, estén establecidos para los contratos para la formación y el aprendizaje.»

Ocho. Se añade una nueva disposición adicional cuadragésima cuarta, con la siguiente redacción:

«Disposición adicional cuadragésima cuarta. Beneficios en la cotización a la Seguridad Social aplicables a los expedientes de regulación temporal de empleo y al Mecanismo RED.

1. Durante la aplicación de los expedientes de regulación temporal de empleo a los que se refieren los artículos 47 y 47 bis del texto refundido de la Ley del Estatuto de los Trabajadores, las empresas podrán acogerse voluntariamente, siempre y cuando concurran las condiciones y requisitos incluidos en esta disposición adicional, a las exenciones en la cotización a la Seguridad Social sobre la aportación empresarial por contingencias comunes y por conceptos de recaudación conjunta a que se refiere el artículo 153.bis, que se indican a continuación:

a) El 20 por ciento a los expedientes de regulación temporal de empleo por causas económicas, técnicas, organizativas o de producción a los que se refieren los artículos 47.1 y 47.4 del texto refundido de la Ley del Estatuto de los Trabajadores.

Estas exenciones resultarán de aplicación exclusivamente en el caso de que las empresas desarrollen las acciones formativas a las que se refiere la disposición adicional vigesimoquinta del texto refundido de la Ley del Estatuto de los Trabajadores.

b) El 90 por ciento a los expedientes de regulación temporal de empleo por causa de fuerza mayor temporal a los que se refiere el artículo 47.5 del texto refundido de la Ley del Estatuto de los Trabajadores.

c) El 90 por ciento a los expedientes de regulación temporal de empleo por causa de fuerza mayor temporal determinada por impedimentos o limitaciones en la actividad normalizada de la empresa, a los que se refiere el artículo 47.6 del texto refundido de la Ley del Estatuto de los Trabajadores.

d) En los expedientes de regulación temporal de empleo a los que resulte de aplicación el Mecanismo RED de Flexibilidad y Estabilización del Empleo en su modalidad cíclica, a los que se refiere al artículo 47 bis. 1. a) del texto refundido de la Ley del Estatuto de los Trabajadores:

1.º El 60 por ciento, desde la fecha en que se produzca la activación, por acuerdo del Consejo de Ministros, hasta el último día del cuarto mes posterior a dicha fecha de activación.

2.º El 30 por ciento, durante los cuatro meses inmediatamente siguientes a la terminación del plazo al que se refiere el párrafo 1.º anterior.

3.º El 20 por ciento, durante los cuatro meses inmediatamente siguientes a la terminación del plazo al que se refiere el párrafo 2.º anterior.

e) El 40 por ciento a los expedientes de regulación temporal de empleo a los que resulte de aplicación el Mecanismo RED de Flexibilidad y Estabilización del Empleo en su modalidad sectorial, a los que se refiere al artículo 47.bis.1.b) del texto refundido de la Ley del Estatuto de los Trabajadores.

Estas exenciones resultarán de aplicación exclusivamente en el caso de que las empresas desarrollen las acciones formativas a las que se refiere la disposición adicional vigesimoquinta del texto refundido de la Ley del Estatuto de los Trabajadores.

Estas exenciones se aplicarán respecto de las personas trabajadoras afectadas por las suspensiones de contratos o reducciones de jornada, en alta en los códigos de cuenta de cotización de los centros de trabajo afectados.

El Consejo de Ministros, atendiendo a las circunstancias que concurran en la coyuntura macroeconómica general o en la situación en la que se encuentre determinado sector o sectores de la actividad, podrá impulsar las modificaciones legales necesarias para modificar los porcentajes de las exenciones en la cotización a la Seguridad Social reguladas en esta disposición, así como establecer la aplicación de exenciones a la cotización debida por los trabajadores reactivados, tras los períodos de suspensión del contrato o de reducción de la jornada, en el caso de los expedientes de regulación temporal de empleo a los que se refiere el artículo 47 bis.1.a) de la Ley del Estatuto de los Trabajadores.

2. Las exenciones en la cotización a que se refiere esta disposición adicional no tendrán efectos para las personas trabajadoras, manteniéndose la consideración del período en que se apliquen como efectivamente cotizado a todos los efectos.

3. Para la aplicación de estas exenciones no resultará de aplicación lo establecido en los apartados 1 y 3 del artículo 20.

4. Las exenciones reguladas en esta disposición adicional, que se financiarán con aportaciones del Estado, serán a cargo de los presupuestos de la Seguridad Social, de las mutuas colaboradoras con la Seguridad Social, del Servicio Público de Empleo Estatal y del Fondo de Garantía Salarial, respecto a las exenciones que correspondan a cada uno de ellos.

5. Estas exenciones en la cotización se aplicarán por la Tesorería General de la Seguridad Social a instancia de la empresa, previa comunicación de la identificación de las personas trabajadoras y periodo de la suspensión o reducción de jornada y previa presentación de declaración responsable, respecto de cada código de cuenta de cotización, en el que figuren de alta las personas trabajadoras adscritas a los centros de trabajo afectados, y mes de devengo. Esta declaración hará referencia tanto a la existencia como al mantenimiento de la vigencia de los expedientes de regulación temporal de empleo y al cumplimiento de los requisitos establecidos para la aplicación de estas exenciones. La declaración hará referencia a haber obtenido, en su caso, la corres-

pondiente resolución de la autoridad laboral emitida de forma expresa o por silencio administrativo.

Para que la exención resulte de aplicación estas declaraciones responsables se deberán presentar antes de solicitarse el cálculo de la liquidación de cuotas correspondiente al periodo de devengo de cuotas sobre el que tengan efectos dichas declaraciones.

6. Junto con la comunicación de la identificación de las personas trabajadoras y período de suspensión o reducción de jornada se realizará, en los supuestos a los que se refieren las letras a) y e) del apartado 1, una declaración responsable sobre el compromiso de la empresa de realización de las acciones formativas a las que se refiere esta disposición.

Para que la exención resulte de aplicación, esta declaración responsable se deberá presentar antes de solicitarse el cálculo de la liquidación de cuotas correspondiente al periodo de devengo de las primeras cuotas sobre las que tengan efectos dichas declaraciones. Si la declaración responsable se efectuase en un momento posterior a la última solicitud del cálculo de la liquidación de cuotas dentro del período de presentación en plazo reglamentario correspondiente, estas exenciones únicamente se aplicarán a las liquidaciones que se presenten con posterioridad, pero no a los períodos ya liquidados.

7. Las comunicaciones y declaraciones responsables a las que se refieren los apartados anteriores se deberán realizar, mediante la transmisión de los datos que establezca la Tesorería General de la Seguridad Social, a través del Sistema de remisión electrónica de datos en el ámbito de la Seguridad Social (Sistema RED), regulado en la Orden ESS/484/2013, de 26 de marzo.

8. La Tesorería General de la Seguridad Social comunicará al Servicio Público de Empleo Estatal la relación de personas trabajadoras por las que las empresas se han aplicado las exenciones, conforme a lo establecido en las letras a) y e) del apartado 1.

El Servicio Público de Empleo Estatal, por su parte, verificará la realización de las acciones formativas a las que se refiere la disposición adicional vigesimoquinta del texto refundido de la Ley del Estatuto de los Trabajadores, conforme a todos los requisitos establecidos en la misma y en la presente disposición.

Cuando no se hayan realizado las acciones formativas a las que se refiere este artículo, según la verificación realizada por el Servicio Público de Empleo Estatal, la Tesorería General de la Seguridad Social informará de tal circunstancia a la Inspección de Trabajo y Seguridad Social para que ésta inicie los expedientes sancionadores y liquidatorios de cuotas que correspondan, respecto de cada una de las personas trabajadoras por las que no se hayan realizado dichas acciones.

En el supuesto de que la empresa acredite la puesta a disposición de las personas trabajadoras de las acciones formativas no estará obligada al reintegro de las exenciones a las que se refieren las letras a) y e) del apartado 1, cuando la persona trabajadora no las haya realizado.

9. Las empresas que se hayan beneficiado de las exenciones conforme a lo establecido en las letras a) y e) del apartado 1, que incumplan las obligaciones de formación a las que se refieren estas letras deberán ingresar el importe de las cotizaciones de cuyo pago resultaron exoneradas respecto de cada trabajador en el que se haya incumplido este requisito, con el recargo y los intereses de demora correspondientes, según lo establecido en las normas recaudatorias de la Seguridad Social, previa determinación por la Inspección de Trabajo y Seguridad Social del incumplimiento de estas las obligaciones y de los importes a reintegrar.

10. Las exenciones en la cotización reguladas en la presente disposición adicional estarán condicionadas al mantenimiento en el empleo de las personas trabajadoras afectadas durante los seis meses siguientes a la finalización del periodo de vigencia del expediente de regulación temporal de empleo.

Las empresas que incumplan este compromiso deberán reintegrar el importe de las cotizaciones de cuyo pago resultaron exoneradas en relación a la persona trabajadora respecto de la cual se haya incumplido este requisito, con el recargo y los intereses de demora correspondientes, según lo establecido en las normas recaudatorias de la Seguridad Social, previa comprobación del incumplimiento de este compromiso y la determinación de los importes a reintegrar por la Inspección de Trabajo y Seguridad Social.

No se considerará incumplido este compromiso cuando el contrato de trabajo se extinga por despido disciplinario declarado como procedente, dimisión, muerte, jubilación o incapacidad permanente total, absoluta o gran invalidez de la persona trabajadora. Tampoco se considera incumplido por el fin del llamamiento de las personas con contrato fijo-discontinuo, cuando este no suponga un despido sino una interrupción del mismo.

En particular, en el caso de contratos temporales, no se entenderá incumplido este requisito cuando el contrato se haya formalizado de acuerdo con lo previsto en el artículo 15 del Estatuto de los Trabajadores y se extinga por finalización de su causa, o cuando no pueda realizarse de forma inmediata la actividad objeto de contratación.»

Nueve. Se añade una nueva disposición adicional cuadragésima quinta, con la siguiente redacción:

«Disposición adicional cuadragésima quinta. Actuación de la Inspección de Trabajo y Seguridad Social.

Corresponde a la Inspección de Trabajo y Seguridad Social, en el ejercicio de sus competencias, la vigilancia del cumplimiento de los requisitos y de las obligaciones establecidas en relación a las exenciones en las cotizaciones de la Seguridad Social.

A tales efectos, la Inspección de Trabajo y Seguridad Social desarrollará acciones de control sobre la correcta aplicación de las exenciones en el pago de las cuotas de la Seguridad Social, pudiendo iniciarse en caso de incumplimiento de la normativa

> los correspondientes expedientes sancionadores y liquidatarios de cuotas.
>
> En particular, vigilará la veracidad, inexactitud u omisión de datos o declaraciones responsables proporcionadas por las empresas o por cualquier otra información que haya sido utilizada para el cálculo de las correspondientes liquidaciones de cuotas, y sobre la indebida existencia de actividad laboral durante los períodos comunicados por la empresa de suspensión de la relación laboral o reducción de la jornada de trabajo, en los que se hayan aplicado exenciones en la cotización.»

(...)

Artículo quinto. Modificación del texto refundido de la Ley sobre Infracciones y Sanciones en el Orden Social, aprobado por el Real Decreto Legislativo 5/2000, de 4 de agosto.

El texto refundido de la Ley sobre Infracciones y Sanciones en el Orden Social, aprobado por el Real Decreto Legislativo 5/2000, de 4 de agosto, queda modificado en los siguientes términos:

Uno. Se modifica el apartado 5 del artículo 6, que queda redactado como sigue:

> «5. No informar a los trabajadores a tiempo parcial, a los trabajadores a distancia, a los trabajadores con contratos de duración determinada o temporales, incluidos los formativos, y a los trabajadores fijos-discontinuos sobre las vacantes existentes en la empresa, en los términos previstos en los artículos 12.4, 13.3, 15.7 y 16.7 del Estatuto de los Trabajadores.»

Dos. Se modifica el apartado 2 del artículo 7, que queda redactado del modo siguiente:

> «2. La transgresión de la normativa sobre modalidades contractuales, contratos de duración determinada y temporales, mediante su utilización en fraude

> de ley o respecto a personas, finalidades, supuestos y límites temporales distintos de los previstos legal, reglamentariamente, o mediante convenio colectivo cuando dichos extremos puedan ser determinados por la negociación colectiva. A estos efectos se considerará una infracción por cada una de las personas trabajadoras afectadas.»

Tres. Se añade un nuevo apartado 14 al artículo 7, con la siguiente redacción:

> «14. La formalización de nuevas contrataciones laborales incumpliendo la prohibición establecida en el artículo 47.7.d) del Estatuto de los Trabajadores.
>
> Se considerará una infracción por cada persona trabajadora contratada.

Cuatro. Se modifica el apartado 3 del artículo 8, que queda redactado como sigue:

> «3. Proceder al despido colectivo de trabajadores o a la aplicación de medidas de suspensión de contratos o reducción de jornada por causas económicas, técnicas, organizativas o de producción o derivadas de fuerza mayor o del Mecanismo RED en cualquiera de sus modalidades, sin acudir a los procedimientos establecidos en los artículos 51, 47 y 47 bis del Estatuto de los Trabajadores.»

Cinco. Se añade un nuevo apartado 20 al artículo 8, con la siguiente redacción:

> «20. Establecer nuevas externalizaciones de actividad incumpliendo la prohibición establecida en el artículo 47.7.d) del Estatuto de los Trabajadores.»

Seis. Se modifica la letra c) del artículo 18.2, que queda redactada como sigue:

> «c) Formalizar contratos de puesta a disposición para supuestos distintos de los previstos en el artículo 6.2 de la Ley 14/1994, de 1 de junio, por la que se regulan las empresas de trabajo temporal».

Siete. Se añade una nueva letra f) al artículo 18.2, con la siguiente redacción:

> «f) Formalizar contratos de puesta a disposición para la cobertura de puestos de trabajo respecto de los que no se haya realizado previamente la preceptiva evaluación de riesgos.»

Ocho. Se modifica la letra b) del artículo 19.2, con la siguiente redacción:

> «b) Formalizar contratos de puesta a disposición para supuestos distintos de los previstos en el artículo 6.2 de la Ley 14/1994, de 1 de junio.
>
> A estos efectos, se considerará una infracción por cada persona trabajadora afectada.»

Nueve. Se añade una nueva letra g) al artículo 19.2, con la siguiente redacción:

> «g) Formalizar contratos de puesta a disposición para la cobertura de puestos de trabajo respecto de los que no se haya realizado previamente la preceptiva evaluación de riesgos.»

Diez. Se modifica la letra b) del artículo 19 bis.1, que queda redactado como sigue:

> «b) Formalizar contratos de puesta a disposición para supuestos distintos de los previstos en el artículo 6.2 de la Ley 14/1994, de 1 de junio.
>
> A estos efectos, se considerará una infracción por cada persona trabajadora afectada.»

Once. Se modifica la letra b) del artículo 19 ter.2, que queda redactado como sigue:

> «b) Formalizar contratos de puesta a disposición para supuestos distintos de los previstos en el artículo 6.2 de la Ley 14/1994, de 1 de junio.
>
> A estos efectos, se considerará una infracción por cada persona trabajadora afectada.»

Doce. Se añade una nueva letra h) al artículo 19 ter.2, con la siguiente redacción:

> «h) Formalizar contratos de puesta a disposición para la cobertura de puestos de trabajo respecto de los que no se haya realizado previamente la preceptiva evaluación de riesgos.»

Trece. Se incorpora una nueva letra c bis) al artículo 40.1, con la siguiente redacción:

> «c bis) Las infracciones graves señaladas en los artículos 7.2, 7.14, 18.2.c), 19.2.b), 19.2.e), 19 bis.1.b), 19 ter.2.b) y 19 ter.2.e) se sancionarán con la multa siguiente: en su grado mínimo, de 1.000 a 2.000 euros; en su grado medio, de 2.001 a 5.000 euros y, en su grado máximo, de 5.001 a 10.000 euros.»

(...)

Disposición adicional cuarta. Régimen aplicable al personal laboral del sector público.

Los contratos por tiempo indefinido y los fijos-discontinuos podrán celebrarse cuando resulten esenciales para el cumplimiento de los fines que las administraciones públicas y las entidades que conforman el sector público institucional tenga encomendados, previa expresa acreditación.

Sin perjuicio de la tasa de reposición establecida en la ley de presupuestos generales del Estado vigente para cada ejercicio, si para la cobertura de estas plazas se precisara de una tasa de reposición específica, será necesaria la autorización del Ministerio de Hacienda y Función Pública.

Igualmente se podrán suscribir contratos de sustitución para cubrir temporalmente un puesto de trabajo hasta que finalice el proceso de selección para su cobertura definitiva, de acuerdo con los principios constitucionales de igualdad, mérito y capacidad y en los términos establecidos en la Ley 20/2021, de 28 de diciembre, de medidas urgentes para la reducción de la temporalidad en el empleo público.

Se modifica por el art. 4.2 del Real Decreto-ley 1/2022, de 18 de enero de 2022.

Disposición adicional quinta. Contratación en el marco del Plan de Recuperación, Transformación y Resiliencia y Fondos de la Unión Europea.

Se podrán suscribir contratos de duración determinada por parte de las entidades que integran el sector público, reguladas en el artículo 2 del Real Decreto-ley 36/2020, de 30 de diciembre, por el que se aprueban medidas urgentes para la modernización de la Administración Pública y para la ejecución del Plan de Recuperación, Transformación y Resiliencia, siempre que dichos contratos se encuentren asociados a la estricta ejecución de Plan de Recuperación, Transformación y Resiliencia y solo por el tiempo necesario para la ejecución de los citados proyectos.

Lo dispuesto en el párrafo anterior será también de aplicación para la suscripción de contratos de duración determinada que resulten necesarios para la ejecución de programas de carácter temporal cuya financiación provenga de fondos de la Unión Europea.

Los citados contratos se realizarán de acuerdo con los principios constitucionales de igualdad, mérito y capacidad y en los términos establecidos en la Ley 20/2021, de 28 de diciembre, de medidas urgentes para la reducción de la temporalidad en el empleo público.

(…)

Disposición transitoria tercera. Régimen transitorio aplicable a los contratos de duración determinada celebrados antes del 31 de diciembre de 2021.

1. Los contratos para obra y servicio determinado basados en lo previsto en el artículo 15.1.a) del Estatuto de los Trabajadores, según la redacción vigente antes de la entrada en vigor del apartado tres del artículo primero, celebrados antes del 31 de diciembre de 2021, así como los contratos fijos de obra suscritos en virtud de lo dispuesto en el artículo 24 del VI Convenio Estatal de la Construcción, que estén vigentes en la citada fecha, resultarán aplicables hasta su duración máxima, en los términos recogidos en los citados preceptos.

Asimismo, los contratos por obra o servicio determinados celebrados por las Administraciones Públicas y sus organismos públicos vinculados o dependientes, previstos en normas con rango de ley, vinculados a un proyecto específico de investigación o de inversión de duración superior a tres años y que estén vigentes en la fecha señalada en el párrafo anterior, mantendrán su vigencia hasta el cumplimiento de la duración fijada de acuerdo a su normativa de aplicación, con el límite máximo de tres años contados a partir de la citada fecha.

2. Los contratos eventuales por circunstancias del mercado, acumulación de tareas o exceso de pedidos y los contratos de interinidad basados en lo previsto en el artículo 15.1.b) y c) del Estatuto de los Trabajadores, respectivamente, celebrados según la redacción vigente antes de la entrada en vigor del apartado tres del artículo primero, se regirán hasta su duración máxima por lo establecido en dicha redacción.

3. Se encontrarán en situación legal de desempleo los trabajadores cuando se extingan, los contratos a

los que se refieren los apartados anteriores, por la expiración del tiempo convenido o realización de la obra o servicio objeto del contrato, siempre que dichas causas no hayan actuado por su denuncia.

Disposición transitoria cuarta. Régimen transitorio aplicable a los contratos de duración determinada celebrados desde el 31 de diciembre de 2021 hasta el 30 de marzo de 2022.

Los contratos para obra y servicio determinado y los contratos eventuales por circunstancias del mercado, acumulación de tareas o exceso de pedidos, celebrados desde el 31 de diciembre de 2021 hasta el 30 de marzo de 2022, se regirán por la normativa legal o convencional vigente en la fecha en que se han concertado y su duración no podrá ser superior a seis meses.

Disposición transitoria quinta. Régimen transitorio sobre límites al encadenamiento de contratos.

Lo previsto en la redacción dada por el presente Real Decreto-ley al artículo 15.5 del Estatuto de los Trabajadores será de aplicación a los contratos de trabajo suscritos a partir de la entrada en vigor del mismo.

Respecto a los contratos suscritos con anterioridad, a los efectos del cómputo del número de contratos, del período y del plazo previsto en el citado artículo 15.5, se tomará en consideración sólo el contrato vigente a la entrada en vigor de este Real Decreto-ley.

(...)

Disposición derogatoria única. Alcance de la derogación normativa.

1. Quedan derogadas cuantas normas de igual o inferior rango contradigan o se opongan a lo dispuesto en este real decreto-ley.

2. Quedan derogados expresamente el artículo 12.3, los apartados 1 y 2 de la disposición adicional decimoquinta, la disposición adicional decimosexta y la disposición adicional vigesimoprimera del texto refundido de la Ley del Estatuto de los Trabajadores.

3. Quedan derogadas las disposiciones referidas a los contratos temporales previstos en el artículo 15.1.a) del texto refundido de la Ley del Estatuto de los Trabajadores, según la redacción del precepto previa a la entrada en vigor del apartado tres del artículo primero, contenidas en cualquier norma del ordenamiento jurídico y, en particular, en la Ley Orgánica 6/2001, de 21 de diciembre, de Universidades y en la Ley 14/2011, de 1 de junio, de la Ciencia, la Tecnología y la Innovación.

4. Queda derogada la disposición adicional cuarta del Real Decreto-ley 16/2014, de 19 de diciembre, por el que se regula el Programa de Activación para el Empleo

Disposición final primera. Modificación de la Ley 14/1994, de 1 de junio, por la que se regulan las empresas de trabajo temporal.

Se modifica el apartado 3 del artículo 10 de la Ley 14/1994, de 1 de junio, por la que se regulan las empresas de trabajo temporal, del siguiente modo:

> «3. La empresa de trabajo temporal podrá celebrar también con el trabajador un contrato de trabajo para la cobertura de varios contratos de puesta a disposición sucesivos con empresas usuarias diferentes, siempre que tales contratos de puesta a disposición estén plenamente determinados en el momento de la firma del contrato de trabajo y respondan en todos los casos a un supuesto de contratación de los contemplados en el artículo 15.2 del

> Estatuto de los Trabajadores, debiendo formalizarse en el contrato de trabajo cada puesta a disposición con los mismos requisitos previstos en el apartado 1 y en sus normas de desarrollo reglamentario.
>
> Igualmente, las empresas de trabajo temporal podrán celebrar contratos de carácter fijo-discontinuo para la cobertura de contratos de puesta a disposición vinculados a necesidades temporales de diversas empresas usuarias, en los términos previstos en el artículo 15 del Estatuto de los Trabajadores, coincidiendo en este caso los periodos de inactividad con el plazo de espera entre dichos contratos. En este supuesto, las referencias efectuadas en el artículo 16 del Estatuto de los Trabajadores a la negociación colectiva se entenderán efectuadas a los convenios colectivos sectoriales o de empresa de las empresas de trabajo temporal. Estos convenios colectivos podrán, asimismo, fijar una garantía de empleo para las personas contratadas bajo esta modalidad.»

Disposición final segunda. Modificación del texto refundido de la Ley de Empleo, aprobado por el Real Decreto Legislativo 3/2015, de 23 de octubre.

Se introduce una nueva disposición adicional novena en el texto refundido de la Ley de Empleo, aprobado por el Real Decreto Legislativo 3/2015, de 23 de octubre, con la siguiente redacción:

> «Disposición adicional novena. Contratos vinculados a programas de activación para el empleo.
>
> 1. Las administraciones públicas y, en su caso, las entidades sin ánimo de lucro podrán realizar contratos para la mejora de la ocupabilidad y la inserción laboral en el marco de los programas de activación para el empleo previstos en este texto refundido de la Ley de Empleo, cuya duración no podrá exceder de doce meses.
>
> 2. Las personas trabajadoras mayores de 30 años que participen en programas públicos de empleo

> y formación previstos en este texto refundido de la Ley de Empleo, podrán ser contratadas mediante el contrato formativo previsto en el artículo 11.2 del Estatuto de los Trabajadores.»

(...)

Disposición final sexta. Protección por desempleo de las personas trabajadoras fijas-discontinuas.

El Gobierno regulará, en el marco de la reforma del nivel asistencial por desempleo, las modificaciones necesarias para mejorar la protección del colectivo de fijos-discontinuos, permitiéndoles el acceso a los subsidios por desempleo, en las mismas condiciones y con los mismos derechos que se aplican al resto de personas trabajadoras por cuenta ajena del Régimen General de la Seguridad Social protegidos por la contingencia de desempleo.

(...)

Disposición final octava. Entrada en vigor.

1. Este real decreto-ley entrará en vigor el día siguiente al de su publicación en el «Boletín Oficial del Estado», a excepción de los preceptos a los que se refiere el apartado 2.

2. Entrarán en vigor a los tres meses de su publicación en el «Boletín Oficial del Estado» los siguientes preceptos:

a) El apartado uno del artículo primero, de modificación del artículo 11 del texto refundido de la Ley del Estatuto de los Trabajadores.

b) El apartado tres del artículo primero, de modificación del artículo 15 del texto refundido de la Ley del Estatuto de los Trabajadores, sin perjuicio de lo establecido en la disposición transitoria tercera.

c) El apartado cuatro del artículo primero, de modificación del artículo 16 del texto refundido de la Ley del Estatuto de los Trabajadores.

d) El apartado siete del artículo tercero, por el que se introduce, en el texto refundido de la Ley General de la Seguridad Social, una nueva disposición adicional cuadragésima primera, de medidas de protección de las personas trabajadoras afectadas por la aplicación del Mecanismo RED regulado en el artículo 47 bis del texto refundido de la Ley del Estatuto de los Trabajadores.

e) El apartado nueve del artículo tercero, por el que se introduce, en el texto refundido de la Ley General de la Seguridad Social, una nueva disposición adicional cuadragésima tercera, sobre cotización a la Seguridad Social de los contratos formativos en alternancia.

f) Los apartados 2 y 3 de la disposición derogatoria única.

Dado en Madrid, el 28 de diciembre de 2021.

FELIPE R.

El Presidente del Gobierno,

PEDRO SÁNCHEZ PÉREZ-CASTEJÓN

2. MODELOS DE CONTRATO

FONDO SOCIAL EUROPEO
El FSE invierte en tu futuro

CONTRATO DE TRABAJO INDEFINIDO

DATOS DE LA EMPRESA

CIF/NIF/NIE		
D./DÑA.	NIF./NIE	EN CONCEPTO (1)
NOMBRE O RAZÓN SOCIAL DE LA EMPRESA	DOMICILIO SOCIAL	
PAIS	MUNICIPIO	C. POSTAL

DATOS DE LA CUENTA DE COTIZACIÓN

RÉGIMEN	COD. PROV.	NÚMERO	DIG. CONTR.	ACTIVIDAD ECONÓMICA

DATOS DEL CENTRO DE TRABAJO

PAIS	MUNICIPIO

DATOS DEL/DE LA TRABAJADOR/A

D./DÑA.	NIF./NIE	FECHA DE NACIMIENTO
Nº AFILIACIÓN S.S.	NIVEL FORMATIVO	NACIONALIDAD
MUNICIPIO DEL DOMICILIO	PAIS DOMICILIO	

con la asistencia legal, en su caso, de D./Dña. ....
con N.I.F./N.I.E. ...., en calidad de (2) ....

DECLARAN

Que reúnen los requisitos exigidos para la celebración del presente contrato y, en su consecuencia, acuerdan formalizado con arreglo a las siguientes:

CLÁUSULAS

PRIMERA. El/la trabajador/a prestará sus servicios como (3) ...., incluido en el grupo profesional de.., para la realización de las funciones (4). .... de acuerdo con el sistema de clasilLcación profesional vigente en la empresa.

En el centro de trabajo ubicado en (calle, nº y localidad)...

....

☐ Trabajo a distancia (5)

SEGUNDA :El contrato se concierta para realizar trabajos fijos discontinuos de acuerdo con el Art. 10 del Estatuto de los trabajadores (6)

....

dentro de la actividad cíclica intermitente de (7)...

La duración estimada de la actividad será de ( ) ....
La jornada estimada dentro del periodo de actividad será de ....horas ( )..
y la distribución horaria HVWLPDGD será ....

Los/as trabajadores/as seran llamados/as en el orden y forma que se determine en el Convenio Colectivo de ....

o acuerdo de empresa

Si el convenio colectivo de ambito sectorial permite en los contratos fijos discontinuos utilizar la modalidad de tiempo parcial, indique si se acoge al mismo. SI ☐ No ☐

....

TERCERA: La jornada de trabajo será:

☐ **A tiempo completo**: la jornada de trabajo será de .... horas semanales, prestadas de......................................, a ...., con los descansos establecidos legal o convencionalmente. (1)

☐ **A tiempo parcial**: la jornada de trabajo ordinaria será de......................, horas ☐ al dia, ☐a la semana, ☐al mes, ☐al año( ) siendo esta jornada inferior a la de un trabajador tiempo completo comparable(1)

La distribución del tiempo de trabajo será de (1)...
conforme a lo previsto en el convenio colectivo
En el caso de jornada a tiempo parcial señalese si existe o no pacto sobre la realización de horas complementarias (1):
SI ☐ NO ☐

http://www..sepe.es

CUARTA: La duración del presente contrato será INDEFINIDA, iniciándose la relación laboral en fecha .... y se establece un período de prueba de (1) ....

QUINTA: El/la trabajador/apercibirá una retribución total de .... euros brutos (1) ....que se distribuiran en los siguientes conceptos salariales (1) ....

SEXTA: La duración de las vacaciones anuales será de (1) ....

SÉPTIMA : En lo no previsto en este contrato, se estará a la legislación vigente que resulte de aplicación y particularmente, el Estatuto de los Trabajadores aprobado por el Real Decreto Legislativo 2/2015, de 23 de octubre (BOE de 24 de octubre) y el Convenio Colectivo de............................
....

OCTAVA : El presente contrato se formaliza bajo la modalidad de contrato de relevo: SI ☐ NO ☐
El/la trabajador/a :

☐ Que está en desempleo e inscrito como demandante en el Servicio Público de Empleo de ....
....

☐ Que tiene concertado con la empresa un contrato de duración determinada que fué registrado en el Servicio Público de Empleo de ....,con el número...con fecha...

El/la representante de la Empresa :

Que el/la trabajador/a de la Empresa D/Dña..
nacido el...que presta sus servicios en el centro de trabajo ubicado en (calle, nº y localidad)
....
con la profesión de ....incluido en el grupo/laboral/nivel/profesional
....de acuerdo con el sistema de clasifLcación profesional vigente en la empresa que reduce su jornada ordinaria de trabajo y su salario en un.. (1) por acceder a la situación de jubilación parcial regulada en el Real Decreto-Ley 5/2013 de 15 de marzo ha suscrito con fecha..y hasta .... el correspondiente contrato de trabajo a tiempo parcial registrado en el Servicio Público de Empleo de ....con el número..
y con fecha..

NOVENA : ESTE CONTRATO PODRÁ SER COFINANCIADO POR EL FONDO SOCIAL EUROPEO.

DÉCIMA: El contenido del presente contrato se comunicará al Servicio Público de Empleo de ...., en el plazo de los 10 días siguientes a su concertación .

UNDÉCIMA:PROTECCIÓN DE DATOS.- Los daWRV consignados en el pUHVHQWH modelo tendrán la protección derivada del Reglamento (UE) 2016/679 del Parlamento Europeo, de 27 de abril de 2016 de la Ley Orgánica 3/2018, de 5 de diciembre (BOE de 6 de diciembre).

---

(1) Directoria, Gerente, etc.
(2) Padre, madre, tutor/a o persona o institución que le tenga a su cargo.
(3) Señalar el grupo profesional o nivel profesional que corresponda, según el sistema de clasificación profesional vigente en la empresa.
(4) Indicar profesión .Las funciones pueden ser todas las del grupo profesional o solamente alguna de ellas.
(5) El trabajo a distancia se regula por lo dispuesto en OD /H GH GH MXOLR %2(GH GH MXOLR y requiere la firma del correspondiente acuerdo
(6) Esta cláusula solo se cumplimentará en caso de desarrollar trabajos de caracter fijos discontinuos.Indicar la actividad profesional a desarrollar por el trabajador
(7) Indicar la actividad fija discontinua o de temporada de la empresa y su duración.
( ) Diarios, semanales o mensuales o anuales. Detallar Convenio
( ) Indique el número de horas según convenio colectivo para jornada completa, máximo legal o lo del trabajador a tiempo completo.
(1) Indiquese la jornada del trabajador
(1) Se entenderá por "trabajador a tiempo completo comparable" a un trabajador a tiempo completo de la misma empresa y centro de trabajo con el mismo tipo de contrato de trabajo y que realice un trabajo idéntico o similar. Si en la empresa no hubiera ningún trabajador comparable a tiempo completo, se considerará la jornada a tiempo completo prevista en el convenio colectivo de aplicación, o ; en su defecto, la jornada máxima legal
(1) Indique la distribución del tiempo de trabajo según el convenio colectivo
(1) Señálese lo que proceda y en caso afirmativo adjúntese el anexo si hay horas complementarias.
(1) Respetando lo establecido en el art.14.1 del Texto Refundido de la Ley del Estatuto de los Trabajadores, aprobado por Real Decreto Legislativo 2/2015 de 23 de octubre (BOE de 24de octubre). En caso de acogerse al art.4 de la ley 3/2012 el periodo de prueba será de un año.
(1) Diarios, semanales, mensuales o anuales.
(1) Salario base, complementos salariales, pluses.
(1) Minimo: 30 días naturales.
(1) Un mínimo del 25% y un máximo del 75%

http://www.sepe.es

Que el CONTRATO INDEFINIDO que se celebra (marque la casilla que corresponda) se realiza con las siguientes cláusulas especi.cas: :

- ☐ INDEFINIDO ORDINARIO CON O SIN REDUCCIÓN DE CUOTAS — pág 4
- ☐ DE PERSONAS CON DISCAPACIDAD — pág 5
- ☐ DE PERSONAS CON CAPACIDAD INTELECTUAL LIMITE — pág 6
- ☐ DE PERSONAS CON DISCAPACIDAD EN CENTROS ESPECIALES DE EMPLEO — pág 7
- ☐ DE PERSONAS CON DISCAPACIDAD PROCEDENTES DE ENCLAVES LABORALES — pág 8
- ☐ DE PERSONAS DESEMPLEADAS DE LARGA DURACIÓN — pág 9
- ☐ DE TRABAJADORES EN SITUACIÓN DE EXCLUSIÓN SOCIAL, VÍCTIMAS DE VIOLENCIA DE GÉNERO, DOMESTICA, TERRORISMO Y VÍCTIMA DE TRATA DE SERES HUMANOS. — pág 10
- ☐ DE EXCLUIDOS EN EMPRESAS DE INSERCIÓN. — pág 11
- ☐ DE FAMILIAR DE TRABAJADOR AUTÓNOMO. — pág 12
- ☐ DE MAYORES DE 52 AÑOS BENEFICIARIOS DE SUBSIDIOS POR DESEMPLEO. — pág 13
- ☐ PROCEDENTE DE UN CONTRATO '( )250$&,Ï1 (1 $/7(51$1&,$ DE ETT. — pág 14
- ☐ PROCEDENTE DE UN CONTRATO 3$5$ /$ 2%7(1&,Ï1 '(/$ 35È&7,&$ 352)(6,21$/ DE ETT. — pág 15
- ☐ DE 3(5621$6 '(/ SERVICIO DEL HOGAR FAMILIAR. — pág 16
- ☐ OTRAS SITUACIONES. — pág 17
- ☐ CONVERSIÓN DE CONTRATO TEMPORAL EN CONTRATO INDEFINIDO.. — pág 18

y cumple los requisitos exigidos en la norma reguladora

SERVICIO PÚBLICO DE EMPLEO ESTATAL | SEPE

☐ SIN CLÁUSULAS ESPECÍFICAS (ORDINARIO)

CÓDIGO DE CONTRATO

☐ TIEMPO COMPLETO	1 0 0
☐ TIEMPO PARCIAL	2 0 0
☐ FIJO DISCONTINUO	3 0 0

http://www..sepe.es

☐ CLÁUSULAS ESPECÍFICAS DE PERSONAS CON DISCAPACIDAD

CÓDIGO DE CONTRATO

PERSONAS CON DISCAPACIDAD			
☐ TIEMPO COMPLETO	1	3	0
☐ TIEMPO PARCIAL	2	3	0
☐ FIJO DISCONTINUO	3	3	0

Que el trabajador/a , es persona con discapacidad, y que tiene reconocida la condición de tal como se acredita mediante certificación expedida por .... (1)

En el caso de contratos celebrados a tiempo completo, la empresa tendrá derecho a una subvención de 3.907 euros, si se cumplen los requisito establecidos en el R.D.1451/83 de 11 de mayo (BOE de 4 de junio) y a las siguientes bonificaciones, de acuerdo con la ley 43/2006, en la cuota empresarial a la Seguridad Social durante la vigencia del contrato:

TRABAJADORES/AS DISCAPACITADOS/AS SIN DISCAPACIDAD SEVERA

HOMBRES	MUJERES
☐ a) Menores de 45 años 4.500 euros/año	☐ a) Menores de 45 años 5.350 euros/año
☐ b) Mayores de 45 años 5.700 euros/año	☐ b) Mayores de 45 años 5.700 euros/año

TRABAJADORES/AS DISCAPACITADOS/AS CON DISCAPACIDAD SEVERA

HOMBRES	MUJERES
☐ a) Menores de 45 años 5.100 euros/año	☐ a) Menores de 45 años 5.950 euros/año
☐ b) Mayores de 45 años 6.300 euros/año	☐ b) Mayores de 45 años 6.300 euros/año

En el caso de contratos celebrados a tiempo parcial o fijos discontinuos, la empresa tendrá derecho a una subvención de.................................. si se cumplen los requisitos establecidos en el R.D. 1451/83 de 11 de mayo (BOE de 4 de junio) y a las bonificaciones que resulten de aplicar a la prevista para cada colectivo un porcentaje igual al de la jornada pactada, art. 2.7 de la Ley 43/2006, de 29 de diciembre (BOE de 30 de diciembre), al que se le sumará 30 puntos porcentuales, sin superar el 100% de la cuantía prevista.

(1) Indicar el organismo oILFLDO que ha expedido la certiLcación

http://www..sepe.es

☐ **CLÁUSULAS ESPECÍFICAS PARA PERSONAS CON CAPACIDAD INTELECTUAL LÍMITE**

CÓDIGO DE CONTRATO

☐	TIEMPO COMPLETO	1	5	0
☐	TIEMPO PARCIAL	2	5	0
☐	FIJO DISCONTINUO	3	5	0

1.- Que el trabajador/a es persona con capacidad intelectual límite, de acuerdo con lo establecido en el R.D.368/2021 de 25 de mayo (BOE de 26 de mayo), y que tiene reconocida tal consideración como se acredita mediante certificación expedida por ....(1).

2.- En el caso de contratos celebrados a tiempo completo, la empresa podrá tener derecho a una subvención de 2.000 euros, si se cumplen los requisitos esablecidos en el R.D. 368/2021 de 25 de mayo (BOE de 26 de mayo), en los terminos que determine el Servicio Público de Empleo competente.

Asimismo la empresa tendrá derecho a una bonilLcación mensual de la cuota a la Seguridad Social o, en su caso, por su equivalente diario, por trabajador/a contratado de 125 euros/mes (1500 euros/año), durante 4 años, de acuerdo con lo establacido en la Ley 43/2006, modificada por el Real Decreto-Ley 11/2021 de 28 de mayo (BOE de 28 de mayo).

3.- En el caso de que el contrato se celebre a tiempo parcial o fijo discontinuo, le empresa tendrá derecho a una subvención de ....si se cumplen los requisitos establecidos en el R.D. 368/2021 de 25 de mayo (BOE de 26 de mayo) y a las bonificaciones que resulten de aplicar a la prevista un porcentaje igual al de la jornada pactada, art. 2.7 de la Ley 43/2006 de 29 de diciembre (BOE 30 diciembre) al que se le sumará 30 puntos porcentuales, sin superar el 100% de la cuantía prevista.

(1) Indicar el Organismo Oficial que ha expedido la certificación.

http://www..sepe.es

SERVICIO PÚBLICO DE EMPLEO ESTATAL | SEPE

☐ **CLÁUSULAS ESPECÍFICAS DE PERSONAS CON DISCAPACIDAD EN CENTROS ESPECIALES DE EMPLEO**

CÓDIGO DE CONTRATO

☐ TIEMPO COMPLETO	1 5 0
☐ TIEMPO PARCIAL	2 5 0
☐ FIJO DISCONTINUO	3 5 0

El trabajador/a tiene reconocida la condición de persona con discapacidad como se acredita con la resolución/ certificación expedida por : .... (1)

Se establece un período de adaptación al trabajo que a su vez tendrá el carácter de período de prueba de (2) .... en las condiciones siguientes .... (3)

Para lograr la adecuación del puesto de trabajo a las características del/de la trabajador/a, la empresa se compromete a realizar las siguientes adaptaciones al puesto de trabajo.. y/o en caso de que el contrato sea a domicilio se realizarán los servicios de ajuste de personal y social siguientes ....
....

Los centros especiales de empleo que contraten indefinidamente a personas con discapacidad, tendrán derecho durante toda la vigencia del contrato, a las bonificaciones del 100 por 100 de la cuota empresarial a la Seguridad Social, incluidas las de accidente de trabajo y enfermedad profesional y las cuotas de recaudación conjunta

(1) Indicar el organismo competente.

(2) No podrá exceder de 6 meses.

(3) Las condiciones del período de adaptación al trabajo serán las determinadas, en su caso por el equipo Multiprofesional.

http://www.sepe.es

☐ **CLÁUSULAS ESPECÍFICAS DE PERSONAS PROCEDENTE DE ENCLAVES LABORALES**

CÓDIGO DE CONTRATO

PERSONAS CON DISCAPACIDAD

☐ TIEMPO COMPLETO	1 3 0
☐ TIEMPO PARCIAL	2 3 0
☐ FIJO DISCONTINUO	3 3 0

El/la trabajador/adel enclave discapacitado/a, como se acredita en la certiLcación expedida por (1)...

Y que presenta especiales dificultades para el acceso al mercado ordinario de trabajo y está incluido en:

☐ a) Las personas con parálisis cerebral, las personas con enfermedad mental o las personas con discapacidad intelectual, con un grado de minusvalía reconocido igual o superior al 33%.

☐ b) Las personas con discapacidad física o sensorial, con un grado de minusvalía reconocido igual o superior al 65%.

☐ c) Las mujeres con discapacidad con un grado de minusvalía reconocido igual o superior al 33%.

En el caso de contratos celebrados con los/as trabajadores/as incluidos/as en los apartados a) y b), celebrados a tiempo completo, la empresa tendrá derecho a una subvención de 7.814 euros, si se cumplen los requisitos establecidos en el R.D. 290/2004 de 20 de febrero (BOE de 21 de febrero). Si el contrato se celebra a tiempo parcial esta subvención se reducirá proporcionalmente.

Bonificación del 100% en la cuota empresarial de la Seguridad Social.

En el caso de contratos celebrados con las trabajadoras incluidas en el apartado c) a tiempo completo, la empresa tendrá derecho a una subvención de 3.907 euros, si se cumplen los requisitos establecidos en el en el R.D. 290/2004 de 20 de febrero (BOE de 21 de febrero). Si el contrato se celebra a tiempo parcial esta subvención se reducirá proporcionalmente,

Para trabajadores no incluidos en los apartados a) y b), si el contrato se celebra con caracter indefinido y a tiempo completo la bonificación anual de la cuota empresarial a la Seguridad Social durante toda la vigencia del contrato será la siguiente:

TRABAJADORES/AS DISCAPACITADOS/AS SIN DISCAPACIDAD SEVERA

HOMBRES	MUJERES
☐ a) Menores de 45 años 4.500 euros/año	☐ a) Menores de 45 años 5.350 euros/año
☐ b) Mayores de 45 años 5.700 euros/año	☐ b) Mayores de 45 años 5.700 euros/año
☐ a) Menores de 45 años 5.100 euros/año	☐ a) Menores de 45 años 5.950 euros/año
☐ b) Mayores de 45 años 6.300 euros/año	☐ b) Mayores de 45 años 6.300 euros/año

Si el contrato se celebra a tiempo parcial la bonificación anual de la cuota empresarial a la Seguridad Social será según los porcentajes establecidos en el art. 2.7 de la ley 43/2006.

1) Indicar el 2UJDQLVPR oficial que ha emitido la certificación .

http://www.sepe.es

☐ CLÁUSULAS ESPECÍFICAS DE PERSONAS DESEMPLEADAS DE LARGA DURACIÓN

CODIGO DE CONTRATO

CON BONIFICACIÓN

☐ TIEMPO COMPLETO	1	5	0
☐ TIEMPO PARCIAL	2	5	0
☐ FIJO DISCONTINUO	3	5	0

☐ Personas desempleadas e inscritas en las OILcinas de empleo al menos 12 meses de los 18 anteriores a la contratación:

Si reunen los requisitos y condiciones establecidos en el artículo 8 del Real Decreto -ley 8 /2019, de 8 de marzo, se bonificarán en las cuotas empresariales a la Seguridad Social en las siguientes cuantia

◯ HOMBRES 1300€/año durante 3 años

◯ MUJERES 1500€/año durante 3 años

http://www.sepe.es

SERVICIO PÚBLICO DE EMPLEO ESTATAL | SEPE

☐ **CLÁUSULAS ESPECÍFICAS DE TRABAJADORES EN SITUACIÓN DE EXCLUSIÓN SOCIAL, VÍCTIMAS DE VIOLENCIA DE GÉNERO , VÍCTIMAS DE TERRORISMO Ó VICTIMAS DE TRATA DE SERES HUMANOS**

CON BONIFICACIÓN

☐	TIEMPO COMPLETO	1	5	0
☐	TIEMPO PARCIAL	2	5	0
☐	FIJO DISCONTINUO	3	5	0

☐ A) Que el/la trabajador/a está desempleado/a y se encuentra incluido/a en alguna de las situaciones contempladas en la Ley 43/2006 dH 29 de diciembre (BOE 30 de diciembre), (artículo 2 apartado 5) y disposición adicional segunda, modificada por la disposición adicional 3ª de la Ley 44/2007, de 13 de diciembre y que acredita mediante certificación emitida por los Servicios Sociales competentes de ....(1) que perteneciendo al colectivo de : a ☐ b ☐ c ☐ d ☐ e ☐ f ☐ g ☐ h ☐ (2) , recogido en el art. 2.1 de la Ley 44/2007.(B.O.E. de 14 de diciembre)

SI ☐ NO ☐ ha finalizado un contrato de trabajo en una empresa de inserción social durante los 12 meses anteriores

☐ B) Que el /la trabajador/a tiene acreditada por..(1) la condición contemplada en el artículo 2.4 de la Ley 43/2006, de 29 de diciembre(BOE de 30 de diciembre). Marque con una X lo que corresponda.

☐ Personas incluidas en el ámbito de aplicación de la L.O. 1/2004. (B.O.E. de 29 de diciembre de 2004)
☐ Personas incluidas en el ámbito de aplicación de la Ley 27/2003. (B.O.E. de 1 de agosto de 2003)

☐ C) Que el/la trabajador/a tiene acreditada la condición contemplada en el artículo 2.4 bis de la ley 43/2006,de 29 de diciembre (BOE 30 de diciembre).modificada por la Ley 3/2012 de 6 de julio, (BOE de 7 de julio).

☐ D) Que el/la trabajador/a tiene acreditada la condición contemplada en el art. 2.4 ter de la Ley 43/2006, de 29 de diciembre (BOE 30 de diciembre) modi.cada por la Ley 26./2015 de 28 de julio (BOE de 29 de julio)

En lo no previsto en este contrato, se estará a la legislación vigente que resulte de aplicación, y en particular, a lo dispuesto en el Estatuto de los Trabajadores, aprobado por el Real Decreto Legislativo 2/2015, de 23 de octubre (BOE. de 24 de octubre) y en la Ley 43/2006 de 29 de diciembre (BOE 30 de diciembre) y en la Ley 3/2012 de 6 de julio (BOE de 7 de julio). Asimismo le será de aplicación lo dispuesto en el Convenio Colectivo de..

(1) Indicar el Organismo oficial que emite la certificación

(2) Indicar el Colectivo a que pertenece
Desempleados/as en situación de exclusión social, pertenecientes a alguno de los siguientes colectivos:

a) Perceptores/as de Rentas Mínimas de Inserción, o cualquier otra prestación de igual o similar naturaleza, según la denominación adoptada en cada Comunidad Autónoma,miembros de la unidad de convivencia beneficiarios de ella.

b) Personas que no puedan acceder a las prestaciones a las que se hace referencia en el párrafo anterior, por alguna de las siguientes causas:
- Falta de periodo exigido de residencia o empadronamiento, o para la constitución de la Unidad Perceptora.
- Haber agotado el período máximo de percepción legalmente establecido.

c) Jóvenes mayores de dieciocho años y menores de treinta, procedentes de Instituciones de Protección de Menores.

d) Personas con problemas de drogodependencia u otros trastornos adictivos que se encuentren en procesos de rehabilitación o reinserción social.

e) Internos/as de centros penitenciarios cuya situación penitenciaria les permita acceder a un empleo y cuya relación laboral no esté incluida en el ámbito de aplicación de la relación laboral especial regulada en el artículo 1 del RD 782/2001, de 6 de julio, así como liberados/as condicionales y ex- reclusos/as.

f) Menores internos incluidos en el ámbito de aplicación de la Ley Orgánica 5/2000, de 12 de enero, reguladora de la responsabilidad penal de los menores, cuya situación les permita acceder a un empleo y cuya relación laboral no esté incluida en el ámbito de aplicación de la relación laboral especial a que se refiere el artículo 53.4 del reglamento de la citada Ley, aprobado por R.D. 1774/2004, de 30 de julio, así como los/as que se encuentren en situación de libertad vigilada y los ex-internos/as.

g) Personas procedentes de centros de alojamiento alternativo autorizado por las Comunidades Autónomas y las ciudades de Ceuta y Melilla.

h) Personas procedentes de servicios de prevención e inserción social autorizados/as por las Comunidades Autónomas y las ciudades de Ceuta y Melilla

http://www.sepe.es

☐ CLÁUSULAS ESPECÍFICAS DE TRABAJADORES EN SITUACIÓN DE EXCLUSIÓN SOCIAL EN EMPRESAS DE INSERCIÓN

CODIGO DE CONTRATO

CON BONIFICACIÓN

☐	TIEMPO COMPLETO	1	5	0
☐	TIEMPO PARCIAL	2	5	0
☐	FIJO DISCONTINUO	3	5	0

Que el/la trabajador/a está desempleado/a y se encuentra incluido/a en alguna de las situaciones contempladas en el art. 2 de la Ley 44/2007 de 13 de diciembre (BOE 14 de diciembre), y que acredita mediante certificación emitida por los Servicios Sociales competentes de ....(1) que perteneciendo al colectivo de :
a ☐ b ☐ c ☐ d ☐ e ☐ f ☐ g ☐ h ☐ (2), recogido en el citado apartado.

☐ Si se reunen los requisitos establecidos en la Ley 44/2007 de 13 de diciembre (BOE 14 de diciembre), la empresa se bonificará en la cuota empresarial a la Seguridad social en 850 euros/año ó la parte proporcional si el contrato es a tiempo parcial, durante tres años.

☐ Si el contrato se suscribe con personas menores de 30 años, la bonificación será de 1650 euros/año durante tres años (Ley 3 1/2015).

En lo no previsto en este contrato, se estará a la legislación vigente que resulte de aplicación, y en particular, a lo dispuesto en el Estatuto de los Trabajadores, aprobado por el Real Decreto Legislativo 2/2015, de 23 de octubre (BOE. de 24 de octubre), y en la Ley 44/2007, de 13 de diciembre (BOE 14 de diciembre) y en lo dispuesto en la Sección I del Capítulo I de la ley 43/2006. Asimismo le será de aplicación lo dispuesto en el Convenio Colectivo de...

(1) Indicar el Organismo oficial que emite la FHUWLILFDFLyQ

(2) Indicar el Colectivo a que pertenece

Desempleados/as en situación de exclusión social, pertenecientes a alguno de los siguientes colectivos:

a) Perceptores/as de Rentas Mínimas de Inserción, o cualquier otra prestación de igual o similar naturaleza, según la denominación adoptada en cada Comunidad Autónoma, miembros de la unidad de convivencia beneficiarios de ella.

b) Personas que no puedan acceder a las prestaciones a las que se hace referencia en el párrafo anterior, por alguna de las siguientes causas:

- Falta de período exigido de residencia o empadronamiento, o para la constitución de la Unidad Perceptora.
- Haber agotado el período máximo de percepción legalmente establecido.

c) Jóvenes mayores de dieciocho años y menores de treinta, procedentes de Instituciones de Protección de Menores.

d) Personas con problemas de drogodependencia u otros trastornos adictivos que se encuentren en procesos de rehabilitación o reinserción social.

e) Internos/as de centros penitenciarios cuya situación penitenciaria les permite acceder a un empleo y cuya relación laboral no esté incluida en el ámbito de aplicación de la relación laboral especial regulada en el artículo 1 del RD 782/2001, de 6 de julio, así como liberados/as condicionales y ex-reclusos/as.

f) Menores internos incluidos en el ámbito de aplicación de la Ley Orgánica 5/2000, de 12 de enero, reguladora de la responsabilidad penal de los menores, cuya situación les permite acceder a un empleo y cuya relación laboral no esté incluida en el ámbito de aplicación de la relación laboral especial a que se refiere el artículo 53.4 del reglamento de la citada Ley, aprobado por R.D. 1774/2004, de 30 de julio, así como los/as que se encuentren en situación de libertad vigilada y los ex-internos/as.

g) Personas procedentes de centros de alojamiento alternativo autorizados por las Comunidades Autónomas y las Ciudades de Ceuta y Melilla.

h) Personas procedentes de servicios de prevención e inserción social autorizados/as por las Comunidades Autónomas y las ciudades de Ceuta y Melilla.

http://www..sepe.es

CON CLÁUSULAS DE FAMILIAR DEL TRABAJADOR AUTÓNOMO(1)

CÓDIGO DE CONTRATO

TIEMPO COMPLETO	1 5 0
TIEMPO PARCIAL	2 5 0
FIJO DISCONTINUO	3 5 0

(1) De acuerdo con la D.A Sèptima de la Ley 6/2017, de 24 de Octubre, los familiares que se acogen a esta medida son : cónyuge, ascendientes, descendientes y demás parientes por consanguinidad o afinidad hasta segundo grado inclusive.

http://www.sepe.es

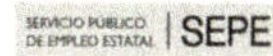

☐ **CLÁUSULAS ESPECÍFICAS DE MAYORES DE 52 AÑOS BENEFICIARIOS DE SUBSIDIOS POR DESEMPLEO**

☐ TIEMPO COMPLETO

	CÓDIGO DE CONTRATO
☐ CON BONIFICACIÓN	1 5 0
☐ SIN BONIFICACIÓN	1 0 0

☐ FIJO DISCONTINUO

	CÓDIGO DE CONTRATO
☐ CON BONIFICACIÓN	3 5 0
☐ SIN BONIFICACIÓN	3 0 0

El/la trabajador/a

Que es mayor de 52 años, se encuentra inscrito en el Servicio Público de Empleo y es bene.ciario/a de cualquiera de los subsidios por desempleo:

☐ Recogidos en el art. 274 del Texto Refundido de la Ley General de la Seguridad Social.

☐ Trabajadores/as eventuales incluidos en el Régimen Especial Agrário de la Seguridad Social.

La Entidad Gestora de las prestaciones abonará mensualmente al/a la trabajador/a el 50% de la cuantía del subsidio durante la vigencia del contrato, con el límite máximo del doble del periodo pendiente de percibirlo. El/la empresario/a, durante este tiempo, tendrá cumplida la obligación del pago del salario que corresponda al/a la trabajador/a, completando la cuantía del subsidio recibido por el/la trabajador/a hasta el importe de dicho salario, siendo responsable de las cotizaciones a la Seguridad Social por todas las contingencias y por el total del salario indicado, incluyendo el importe del subsidio.
En el supuesto de trabajadores/as incluidos en el REASS, la entidad gestora abonará al/a la trabajador/a el 50% del importe de la cuota fija del Régimen Especial Agrario de la Seguridad Social durante la vigencia del contrato y el/la empresario/a será responsable de la cotización por jornadas reales al REASS por las contingencias que correspondan

Si se reunen los requisitos y condiciones establecidos en la Ley 43/2006 de 29 de diciembre (BOE 30 de diciembre), o en el Art.8 del R.D. -ley 8/2019, de 8 de marzo y pertenece algún colectivo de esta ley , la empresa así como los/as trabajadores/as autonomos se bonificarán en las cuotas empresariales a la Seguridad Social :

COLECTIVO ____________________

http://www..sepe.es

SERVICIO PÚBLICO DE EMPLEO ESTATAL | SEPE

☐ **CLÁUSULAS ESPECÍFICAS DE TRABAJADORES PROCEDENTES DE UN CONTRA - TO DE FORMACIÓN (1 $/7(51$1&,$ DE ETT**

	CÓDIGO DE CONTRATO
☐ TIEMPO COMPLETO	1 0 0
☐ TIEMPO PARCIAL	2 0 0
☐ FIJO DISCONTINUO	3 0 0

En el supuesto de que el/la trabajador/a haya estado contratado por ETT con un contrato GH IRUPDFLyQ HQ DOWHUQDFLD prestando servicios en la empresa y sin solución de continuidad se celebre este contrato, la empresa tendrá derecho a una reducción de cuotas empresariales a la Seguridad Social de 1500/euros/año, o 1800/euros/año en el caso de que el contrato se celebre con una mujer, durante 3 años. (Disposición Final 4ª de la Ley 11/2013).

http://www..sepe.es

SERVICIO PÚBLICO DE EMPLEO ESTATAL | SEPE

☐ **CLÁUSULAS ESPECÍFICAS DE TRABAJADORES PROCEDENTES DE UN CONTRA - TO 3$5$ /$ 2%7(1&,Ĭ1 '(/$ 35È&7,&$ 352)(6,21$/ DE ETT**

CÓDIGO DE CONTRATO

☐ TIEMPO COMPLETO	1 5 0
☐ TIEMPO PARCIAL	2 5 0
☐ FIJO DISCONTINUO	3 5 0

En el supuesto de que el trabajador haya estado contratado por ETT con un contrato GH REWHQFLyQ GH SUiFWLFD SURIHVLRQDO prestando servicios HQ la empresa y sin solución de continuidad se celebre este contrato,la empresa tendrá derecho a una bonificación de cuotas empresariales D OD 6 Social de 500/euros/año, o 700/euros/año en el caso de que el contrato se celebre con una mujer durante 3 años (Art.7.2 de la Ley 3/2012)

http://www..sepe.es

SERVICIO PÚBLICO DE EMPLEO ESTATAL | SEPE

☐ **CLÁUSULAS ESPECÍFICAS DE PERSONAS DEL SERVICIO DEL HOGAR FAMILIAR**

		CÓDIGO DE CONTRATO
☐	TIEMPO COMPLETO	1 0 0
☐	TIEMPO PARCIAL	2 0 0
☐	FIJO DISCONTINUO	3 0 0

Si ☐ No ☐ ,se acuerda la prestación de horas de presencia a disposición del empleador. Las horas de presencia serán..............................horas semanales, distribuidas de la siguiente manera..
El tiempo de presencia seá objeto de retribución o compensación de forma siguiente:(1)

☐ Compensación con periodos equivalentes de descanso retribuido
☐ Retribución con un salario dea cuantia no inferior al correspondiente a las horas ordinarias
☐ De cualquiera de las anteriores maneras.

Si ☐ No ☐. se acuerda que el/la trabajador/a pernocte en el domicilio familiar. El régimen de las pernoctas será de ....
noches a la semana. Durante el descanso semenal y el período de vacaciones el/la trabajador/a no está obligado a residir en el domicilio familiar.

Si ☐ No ☐ se acuerdan prestaciones salariales en especie.

Se aplicará una reducción del 20% a las cotizaciones devengadas. a la Seguridad Social por contingencias comunes. 6L VH FXPSOHQ ORV UHTXLVLWRV GHO $UW GH OD /H\ GH GH QRYLHPEUH VH SRGUi DSOLFDU XQD ERQLILFDFLyQ GHO HQ HO FDVR GH IDPLOLDV QXPHURVDV TXH VHUi LQFRPSDWLEOH FRQ OD UHGXFFLyQ GHO DQWHULRU

Asimismo se aplicará una bonificación del 80% en las aportaciones empresariales a la cotización por desempleo y al Fondo de Garantia Salarial.

En lo no previsto en este contrato, se estará a la legislación vigente que resulte de aplicación, y particularmente al Real Decreto 1620/2011, de 14 de noviembre, por el que se regula la relación laboral de carácter especial del servicio de hogar familiar y supletoriamente en lo que resulte compatible, el Estatuto de los Trabajadores, aprobado por el R.D.Legislativo 2/2015, de 23 de octubre .

La persona contratada tendrá derecho a la cobertura de contingencias de protección por desempleo y Fondo de Garantía Salarial en los términos previstos en la normativa aplicable.

El contenido del presente contrato se presentará en la Tesorería General de la Seguridad Social en el trámite de alta de el/la empleado/a de hogar de la Seguridad Social a efectos de comunicación del contenido del contrato al Servicio Público de Empleo.

(1) Señálese lo que procede.

http://www.sepe.es

SERVICIO PÚBLICO DE EMPLEO ESTATAL | SEPE

☐ **OTRAS SITUACIONES**

☐ 9 9 0

☐ CONTRATO EN GRUPO

☐ ALTA DIRECCIÓN

☐ OTROS

http://www.sepe.es

☐ CLAÚSULAS ESPECÍFICAS DE LA CONVERSIÓN DE CONTRATO TEMPORAL EN CONTRATO INDEFINIDO

☐ TIEMPO COMPLETO	CÓDIGO DE CONTRATO	☐ TIEMPO PARCIAL	CÓDIGO DE CONTRATO	☐ FIJO DISCONTINUO	CÓDIGO DE CONTRATO
☐ PERSONAS CON DISCAPACIDAD	1 3 9	☐ PERSONAS CON DISCAPACIDAD	2 3 9	☐ PERSONAS CON DISCAPACIDAD	3 3 9
☐ BONIFICADO (1)	1 0 9	☐ CON BONIFICACIÓN (1)	2 0 9	☐ CON BONIFICACIÓN (1)	3 0 9
☐ CON BONIFICACIÓN CEE	1 0 9	☐ CON BONIFICACIÓN CEE	2 0 9	☐ CON BONIFICACIÓN CEE	3 0 9
☐ SIN BONIFICACIÓN	1 8 9	☐ SIN BONIFICACIÓN	2 8 9	☐ SIN BONIFICACIÓN	3 8 9
☐ CON REDUCCIÓN DE CUOTAS		☐ CON REDUCCIÓN DE CUOTAS		☐ CON REDUCCIÓN DE CUOTAS	
☐ SIN REDUCCIÓN DE CUOTAS		☐ SIN REDUCCIÓN DE CUOTAS		☐ SIN REDUCCIÓN DE CUOTAS	

COMUNICAN a los Servicios PúblicRV de Empleo de ...., que con fecha ...., han acordado la CONVERSIÓN en :

☐ Contrato INDEFINIDO
☐ Contrato FIJO DISCONTINUO

De un contrato (2).. celebrado por las partes arriba mencionadas el día ...., y que fue registrado o comunicado al Servicio Público de Empleo de .... en fecha ...., y con el número ....

(1) Cuando la conversión en indeILQLGR se trate de un contrato para la formación y el aprendizaje de un trabajador inscrito en el Sistema Nacional de Garantía Juvenil habrá que indicar BONIFICADO.

Indíquese la modalidad de contrato temporal que se transforma y señale que opción este de acuerdo con la jornada pactada.Se pueden transformar con derecho a bonificación los contratos en prácticas y temporales para el fomento del empleo para personas con discapacidad y las de los CEE. Asimismo se pueden bonificar os contratos en prácticas,de relevo y de sustitución or anticipación de la edad de jubilación, cualquiera que sea la fecha de su celebración.. También la conversión de contratos eventuales de trabajadores agrarios realizada antes del 1 de enero de 2020., las de trabajadores en situación de exclusión social. y víctimas de violencia de género,, domestica y del terrorismo.. También los contratos para la formacion y el aprendizaje cualquiera que sea la fecha de su celebración tendrán derecho a la reducción correspondiente por la transformación en indefinido.

http://www.sepe.es

CLÁUSULAS ADICIONALES

Y para que conste, se extiende este contrato por triplicado ejemplar en el lugar y fecha a continuación indicados, firmando las partes interesadas.
En .... a .... de .... de 20 ....

El/la trabajador/a	El/la representante de la Empresa	El/la representante legal del/de la menor, si procede

*** IMPORTANTE**

(TODAS LAS PAGS. CUMPLIMENTADAS DE ESTE CONTRATO DEBERÁN IR FIRMADAS EN EL MARGEN IZQUIERDO PARA MAYOR SEGURIDAD JURIDICA)

http://www.sepe.es

CONTRATO DE TRABAJO TEMPORAL

DATOS DE LA EMPRESA

CIF/NIF/NIE		
D./DÑA.	NIF./NIE	EN CONCEPTO (1)
NOMBRE O RAZÓN SOCIAL DE LA EMPRESA	DOMICILIO SOCIAL	
PAIS	MUNICIPIO	C. POSTAL

DATOS DE LA CUENTA DE COTIZACIÓN

RÉGIMEN	COD. PROV.	NÚMERO	DIG. CONTR.	ACTIVIDAD ECONÓMICA

DATOS DEL CENTRO DE TRABAJO

PAIS	MUNICIPIO

DATOS DEL/DE LA TRABAJADOR/A

D./DÑA.	NIF./NIE	FECHA DE NACIMIENTO
Nº AFILIACIÓN S.S.	NIVEL FORMATIVO	NACIONALIDAD
MUNICIPIO DEL DOMICILIO	PAIS DOMICILIO	

con la asistencia legal, en su caso, de D./Dña. ....
con N.I.F/N.I.E. ...., en calidad de (2) ....

DECLARAN

Que reúnen los requisitos exigidos para la celebración del presente contrato y, en su consecuencia, acuerdan formalizarlo con arreglo a las siguientes:

CLÁUSULAS

PRIMERA: El/la trabajador/a prestará sus servicios como (3) ...., incluido en el grupo profesional de..., para la realización de las funciones (4).. de acuerdo con el sistema de clasi.cación profesional vigente en la empresa.

En el centro de trabajo ubicado en (calle, nº y .localidad)..

☐ TRABAJO A DISTANCIA (5).

SEGUNDA:: La jornada de trabajo será:(6)

○ **A tiempo completo**: la jornada de trabajo será de .... horas semanales, prestadas de ...., a ...., con los descansos establecidos legal o convencionalmente(7).

○ **A tiempo parcial**: la jornada de rtabajo ordinaria será de ....horas ○ al daí, ○ a la semana, ○ al mes, ○ al año(6s),iendo esta jornada inferior a la de un trabajador a tiempo completo comparable (8) ....

La distribución del tiempo de trabajo será de (9)..conforme a lo previsto en el convenio Colectivo

En el caso de la jornada a tiempo parcial, existe pacto sobre la realización de horas complementarias(10)SI ☐ NO ☐

TERCERA: La duración del presente contrato se extenderá desde ...., hasta........................ Se establece un periodo de prueba de (11) ....

CUARTA: El/la trabajador/a percibirá una retribución total de ....euros brutos(12) .... que se distribuyen en los siguientes conceptos salariales (13)..

http://www.sepe.es

QUINTA: La duración de las vacaciones anuales será de (14)..

SEXTA: A la .nali zación del contrato por circunstancias de la producción y temporal de fomento de empleo para personas con discapacidad, el/la trabajador/a tendrá derecho a recibir una indemnización de acuerdo con el art. 49.1 del Estatuto de los Trabajadores, o con la Disposición Adicional primera de la ley 43/2006. En el supuesto de extinción por desistimiento en la relación laboral de Empleados/as de Hogar se tendrá derecho a la indemnización prevista en el Art. 11.3 del R.D 1620/2011.(15)

SÉPTIMA: El presente contrato se regulará por lo dispuesto en la legislación vigente que resulte de aplicación y particularmente por el artículo 15 del Estatuto de los Trabajadores, aprobado por R.D. Legislativo 2/2015, de 23 de octubre, (BOE de 24 de octubre), Disposición Adicional Primera y de la Ley 43/2006, y en su caso por el Convenio Colectivo de..
....

OCTAVA: El contenido del presente contrato se comunicará al Servicio Público de Empleo de ...., en el plazo de los 10 días siguientes a su concertación.

NOVENA: ESTE CONTRATO PODRÁ SER COFINANCIADO POR EL FONDO SOCIAL EUROPEO.

DÉCIMA: PROTECCIÓN DE DATOS. Los datos consignados en el presente modelo tendrán la protección derivada del Reglamento (UE) 2016/679 del Parlamento Europeo y del Consejo, de 27 de Abril de 2016 de la Ley Orgánica 3/2018, de 5 de diciembre (BOE de 6 de diciembre)

---

(1) Director/a, Gerente, etc.
(2) Padre, madre, tutor/a o persona o institución que le tenga a su cargo.
(3) Indicar profesión.
(4) Señalar el grupo profesional y la categoría o nivel profesional que corresponda, según el sistema de clasificación profesional vigente en la empresa.
(5) El trabajo a distancia se regula por lo dispuesto en [illegible], y requiere la firma del correspondiente acuerdo.
(6) Marque con una X lo que corresponda.
(7) Indique la jornada del trabajador
(8) Se entenderá por "trabajador a tiempo completo comparable" a un trabajador a tiempo completo de la misma empresa y centro de trabajo, con el mismo tipo de contrato de trabajo y que realice un trabajo idéntico o similar. Si en la empresa no hubiera ningún trabajador comparable a tiempo completo, se considerará la jornada a tiempo completo prevista en el convenio colectivo de aplicación o, en su defecto, la jornada máxima legal.
(9) Indique las distribución del tiempo de trabajo según el convenio colectivo.
(10) Señálese lo que proceda y en caso afirmativo, adjúntese el anexo si hay horas complementarias.
(11) Respetando lo establecido en el art. 14.1 del Texto refundido de la Ley del Estatuto de los Trabajadores, aprobado por R.D. Legislativo 2/2015, de 23 de octubre (BOE de 24 de octubre).
(12) Diarios, semanales, o mensuales.
(13) Salario base y complementos salariales.
(14) Mínimo: 30 días naturales.
(15) En el supuesto de contratos predoctorales, no les será de aplicación esta indemnización.

Que el contrato temporal que se celebra (marque la casilla que corresponda), se realiza con las siguientes cláusulas especí cas:

- ☐ POR CIRCUNSTANCIAS DE LA PRODUCCIÓN. pág 4
- ☐ SUSTITUCION DE PERSONA TRABAJADORA pág 5
- ☐ DE TRABAJADORES/AS EN SITUACIÓN DE EXCLUSIÓN SOCIAL, VÍCTIMAS DE VIOLENCIA DE GÉNERO, DOMESTICA O VÍCTIMA DE TERRORISMO Y VÍCTIMA DE TRATA DE SERES HUMANOS. pág 6
- ☐ DE TRABAJADORES/AS EN SITUACIÓN DE EXCLUSION SOCIAL POR EMPRESA DE INSERCIÓN. pág 7
- ☐ DE TRABAJADORES/AS MAYORES DE 52 AÑOS BENEFICIARIOS DE LOS SUBSIDIOS POR DESEMPLEO. pág 8
- ☐ SITUACIÓN DE JUBILACIÓN PARCIAL. pág 9
- ☐ RELEVO. pág 10
- ☐ PARA LA MEJORA DE LA OCUPABILIDAD Y LA INSERCION LABORAL (INCLUYE FOMENTO EMPLEO AGRARIO) pág 11
- ☐ DE DURACION DETERMINADA VINCULADOS A PROGRAMAS FINANCIADOS CON FONDOS EUROPEOS pág 12
- ☐ DE DURACIÓN DETERMINADA DE LOS ARTISTAS Y DEL PERSONAL TÉCNICO Y AUXILIAR EN ESPECTÁCULOS PÚBLICOS pág 13
- ☐ DE DURACIÓN DETERMINADA PARA PERSONAL DOCENTE E INVESTIGADOR DE UNIVERSIDADES pág 14
- ☐ DE 3(5621$6 DEL SERVICIO DEL HOGAR FAMILIAR. pág 15
- ☐ DE PERSONAS CON DISCAPACIDAD. pág 16
- ☐ DE PERSONAS CON DISCAPACIDAD EN CENTROS ESPECIALES DE EMPLEO. pág 17
- ☐ DE 3(5621$/ INVESTIGADOR pág 18
- ☐ DE TRABAJADOES/AS PENADOS EN INSTITUCIONES PENITENCIARIAS. pág 19
- ☐ DE MENORES Y JÓVENES EN CENTROS DE MENORES. (SOMETIDOS A MEDIDAS DE INTERNAMIENTO PREVISTAS EN LA LEY ORGÁNICA 5/2000 DE 21 DE ENERO) pág 20
- ☐ OTRAS SITUACIONES. pág 21

Y cumple los requisitos establecidos en la norma reguladora.

http://www.sepe.es

☐ **CLÁUSULAS ESPECÍFICAS POR CIRCUNSTANCIAS DE LA PRODUCCIÓN**

☐ INCREMENTO OCASIONAL IMPREVISIBLE O LAS OSCILACIONES QUE, AÚN TRATANDOSE DE LA ACTIVIDAD NORMAL DE LA EMPRESA, GENERAN UN DESAJUSTE TEMPORAL ENTRE EL EMPLEO ESTABLE DISPONIBLE Y EL QUE SE REQUIERE

CÓDIGO DE CONTRATO

☐ TIEMPO COMPLETO 4 0 2 ☐ TIEMPO PARCIAL 5 0 2

Las circunstancias concretas que justi.can este contrato son: ....

La duración prevista que no podrá exceder de 6 meses, hasta 1 año por convenio colectivo sectorial, será ....

/D FRQH[LyQ HQWUH ODV FLUFXQVWDQFLDV FRQFUHWDV TXH MXVWLILFDQ HVWH FRQWUDWR \ VX GXUDFLyQ HV

☐ SITUACIONES OCASIONALES PREVISIBLES, Y DE DURACIÓN REDUCIDA Y DELIMITADA

CÓDIGO DE CONTRATO

☐ TIEMPO COMPLETO 4 0 2 ☐ TIEMPO PARCIAL 5 0 2

Se entenderá por situaciones ocasionales previsibles consistentes en ....

cuya duración no podrá exceder de un máximo de 90 días en el año natural

http://www.sepe.es

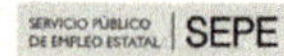

☐ **CLÁUSULAS ESPECIFICAS DE SUSTITUCIÓN DE PERSONA TRABAJADORA**

CÓDIGO DE CONTRATO

☐ TIEMPO COMPLETO | 4 | 1 | 0 |

☐ TIEMPO PARCIAL | 5 | 1 | 0 |

Sustituir al/a la trabajador/a .... NIF/NIE ...., siendo la causa:

☐ Sustituir a trabajadores/as con derecho a reserva del puesto de trabajo.

☐ Sustituir a trabajadoras/es por maternidad/paternidad, sin boni.cación de cuotas.

☐ Para cubrir temporalmente un puesto de trabajo durante el proceso de selección o promoción, para su cobertura definitiva.

☐ Sustituir a trabajadores/as en formación por trabajadores/as beneficiarios/as de prestaciones por desempleo

☐ Sustituir a trabajadores/as con discapacidad que tengan suspendido su contrato por incapacidad temporal, contratando a personas con discapacidad. Bonificación del 100% de las cuotas empresariales. (D.A. 9ª de la Ley 45/2002)

☐ Sustituir a trabajadoras/es víctimas de violencia de género: (Señálese lo que proceda) (Ley Orgánica 1/2004)

- ☐ Que hayan suspendido su contrato de trabajo. (Bonificación del 100% de las cuotas empresariales a la Seguridad Social por contingencias comunes)
- ☐ Que hayan ejercitado su derecho a la movilidad geográfica o al cambio del centro de trabajo. (Bonificación del 100% de las cuotas empresariales a la Seguridad Social por contingencias comunes, durante 6 meses.)

Sustituir a trabajadores/as que tengan suspendido el contrato de trabajo durante los periodos por :

☐ Maternidad
☐ Paternidad
☐ Adopción
☐ Acogimiento preadoptivo o permanente
☐ Riesgo durante el embarazo
☐ Riesgo durante la lactancia natural

(Bonificación del 100% de las cuotas empresariales a la Seguridad Social. R.D. Ley 11/1998)

☐ Sustituir a trabajadores/as autónomos/as por conciliación de la vida profesional y familiar (art.30 Ley 20/2007)

http://www.sepe.es

SERVICIO PÚBLICO DE EMPLEO ESTATAL | SEPE

☐ **CLÁUSULAS ESPECÍFICAS PARA PERSONAS EN SITUACIÓN DE EXCLUSIÓN SOCIAL , VÍCTIMAS DE VIOLENCIA DE GÉNERO , DOMÉSTICA , VÍCTIMAS DEL TERRORISMO Y VICTÍMAS DE TRATA DE SERES HUMANOS.**

	CÓDIGO DE CONTRATO		CÓDIGO DE CONTRATO
TEMPORALES		**TEMPORALES**	
☐ Tiempo completo	☐ 4 5 9	☐ Tiempo parcial	☐ 5 5 9
☐ Por circunstancias de la producción ☐ Sustitución ☐ Relevo ☐ Otras situaciones		☐ Por circunstancias de la producción ☐ Sustitución ☐ Relevo ☐ Otras situaciones	

☐ A) Que el/la trabajador/a está desempleado/a y se encuentra incluido en alguna de las situaciones contempladas en la Ley 43/2006, de 29 de diciembre (BOE 30 de diciembre), (artículo 2.5) y disposición adicional segunda, y que acredita mediante certi.cación emitida por los Servicios Sociales competentes de (1).. que pertenece al colectivo de (2) :
a ☐ b ☐ c ☐ d ☐ e ☐ f ☐ g ☐ h ☐, recogidos en el art. 2.1 de la Ley 44/2007 (B.O.E. de 14 de diciembre).

SI ☐ NO ☐ ha finalizado un contrato de trabajo en una empresa de inserción social durante los12 meses anteriores.

☐ B) Que el /la trabajador/a tiene acreditada por.(1)..
la condición contemplada en el artículo 2.4 de la Ley 43/2006, de 29 de diciembre(BOE de 30 de diciembre). Marque con una X lo que corresponda.

☐ Personas incluidas en el ámbito de aplicación de la L.O.1/2004. (BOE de 29 de diciembre de 2004)
☐ Personas incluidas en el ámbito de aplicación de la Ley 27/2003. (BOE de 1 de agosto de 2003)

☐ C) Que el trabajador/a tiene acreditada por (1)..
la condición contemplada en el artículo 2.4 bis de la Ley 43/2006, de 29 de diciembre (BOE de 30 de diciembre), modificada por la Ley 26/2015 de 28 de julio (BOE de 29 de julio).

☐ D) Que el trabajador/a tiene por(1) ....
acreditada la condición contemplada en el artículo 2.4 ter de la Ley 43/2006, de 29 de diciembre (BOE de 30 de diciembre), modificada por la Ley 26/2015 de 28 de julio (BOE de 29 de julio).

(1) Indicar el Organismo oficial que emite la certificación

(2) Indicar el colectivo al que pertenece.

Desempleados/as en situación de exclusión social, pertenecientes a alguno de los siguientes colectivos:

a) Perceptores/as de Rentas Mínimas de Inserción, o cualquier otra prestación de igual o similar naturaleza, según la denominación adoptada en cada Comunidad Autónoma, miembros de la unidad de convivencia beneficiarios de ella.

b) Personas que no puedan acceder a las prestaciones a las que se hace referencia en el párrafo anterior, por alguna de las siguientes causas:

- Falta de período exigido de residencia o empadronamiento, o para la constitución de la Unidad Perceptora.
- Haber agotado el período máximo de percepción legalmente establecido.

c) Jóvenes mayores de dieciocho años y menores de treinta, procedentes de Instituciones de Protección de Menores.

d) Personas con problemas de drogodependencia u otros trastornos adictivos que se encuentren en procesos de rehabilitación o reinserción social.

e) Internos/as de centros penitenciarios cuya situación penitenciaria les permita acceder a un empleo y cuya relación laboral no esté incluida en el ámbito de aplicación de la relación laboral especial regulada en el artículo 1 del RD 782/2001, de 6 de julio, así como liberados/as condicionales y ex-reclusos/as.

f) Menores internos incluidos en el ámbito de aplicación de la Ley Orgánica 5/2000, de 12 de enero, reguladora de la responsabilidad penal de los menores, cuya situación les permita acceder a un acceder a un empleo y cuya relación laboral no esté incluida en el ámbito de aplicación de la relación laboral especial a que se refiere el artículo 53.4 del reglamento de la citada Ley, aprobado por R.D. 1774/2004, de 30 de julio, así como los/as que se encuentren en situación de libertad vigilada y los ex-internos/as.

g) Personas procedentes de centros de alojamiento alternativo autorizado por las Comunidades Autónomas y las ciudades de Ceuta y Melilla.

h) Personas procedentes de servicios de prevención e inserción social autorizados/as por las Comunidades Autónomas y las ciudades de Ceuta y Melilla.

http://www.sepe.es

☐ **CLÁUSULAS ESPECÍFICAS DE PERSONAS EN SITUACIÓN DE EXCLUSIÓN SOCIAL EN EMPRESAS DE INSERCIÓN**

☐ **TIEMPO COMPLETO**	**CÓDIGO DE CONTRATO**	☐ **TIEMPO PARCIAL**	**CÓDIGO DE CONTRATO**
☐ Temporal de duración determinada	4 5 0	☐ Temporal de duración determinada	5 5 0
	☐ Por circunstancias de la producción. ☐ Relevo ☐ Sustitución ☐ Otras situaciones		☐ Por circunstancias de la producción. ☐ Relevo ☐ Sustitución ☐ Otras situaciones
☐ Temporal de fomento de empleo	4 5 2	☐ Temporal de fomento de empleo	5 5 2

Que el/la trabajador/a está desempleado/a y se encuentra incluido en alguna de las situaciones contempladas en el art. 2 de la Ley 44/2007 de 13 de diciembre (BOE 14 de diciembre), y que acredita mediante certi.cació n emitida por los Servicios Sociales competentes de (1) ....que perteneciendo al colectivo de (2) :

a ☐ b ☐ c ☐ d ☐ e ☐ f ☐ g ☐ h ☐ recogido en el citado apartado.

(1) Indicar el Organismo oficial que emite la certificación

(2) Indicar el colectivo al que pertenece.

Desempleados/as en situación de exclusión social, pertenecientes a alguno de los siguientes colectivos:

A) Perceptores/as de Rentas Mínimas de Inserción, o cualquier otra prestación de igual o similar naturaleza, según la denominación adoptada en cada Comunidad Autónoma, miembros de la unidad de convivencia beneficiarios de ella.

B) Personas que no puedan acceder a las prestaciones a las que se hace referencia en el párrafo anterior, por alguna de las siguientes causas:

- Falta de período exigido de residencia o empadronamiento, o para la constitución de la Unidad Perceptora.
- Haber agotado el período máximo de percepción legalmente establecido.

C) Jóvenes mayores de dieciocho años y menores de treinta, procedentes de Instituciones de Protección de Menores.

D) Personas con problemas de drogodependencia u otros trastornos adictivos que se encuentren en procesos de rehabilitación o reinserción social.

E) Internos/as de centros penitenciarios cuya situación penitenciaria les permita acceder a un empleo y cuya relación laboral no esté incluida en el ámbito de aplicación de la relación laboral especial regulada en el artículo 1 del RD 782/2001, de 6 de julio, así como liberados/as condicionales y ex-reclusos/as.

F) Menores internos incluidos en el ámbito de aplicación de la Ley Orgánica 5/2000, de 12 de enero, reguladora de la responsabilidad penal de los menores, cuya situación les permita acceder a un empleo y cuya relación laboral no esté incluida en el ámbito de aplicación de la relación laboral especial a que se refiere el artículo 53.4 del reglamento de la citada Ley, aprobado por R.D. 1774/2004, de 30 de julio, así como los/as que se encuentren en situación de libertad vigilada y los ex-reclusos/as.

G) Personas procedentes de centros de alojamiento alternativo autorizado por las Comunidades Autónomas y las ciudades de Ceuta y Melilla.

H) Personas procedentes de servicios de prevención e inserción social autorizados/as por las Comunidades Autónomas y las ciudades de Ceuta y Melilla.

http://www.sepe.es

SERVICIO PÚBLICO DE EMPLEO ESTATAL | SEPE

☐ **CLÁUSULAS ESPECIFICAS DE PERSONAS MAYORES DE 52 AÑOS BENEFICIARIOS DE SUBSIDIOS POR DESEMPLEO**

CÓDIGO DE CONTRATO

TEMPORALES

		Código de contrato
☐	Por circunsWDQFLDV GH OD producFLyQ	4 0 2
☐	Sustitución	4 1 0
☐	Otros contratos	9 9 0

El/la trabajador/a

Que es mayor de 52 años, se encuentra inscrito en el Servicio Público de Empleo y es bene.ciario/a de cualquiera de los subsidios por desempleo:

☐ Recogidos en el art. 274 del Texto Refundido de la Ley General de la Seguridad Social.

☐ Trabajadores/as eventuales incluidos en el Régimen Especial Agrário de la Seguridad Social.

La Entidad Gestora de las prestaciones abonará mensualmente al/a la trabajador/a el 50% de la cuantía del subsidio durante la vigencia del contrato, con el límite máximo del doble del periodo pendiente de percibirlo. El/la empresario/a, durante este tiempo, tendrá cumplida la obligación del pago del salario que corresponda al/a la trabajador/a, completando la cuantía del subsidio recibido por el/la trabajador/a hasta el importe de dicho salario, siendo responsable de las cotizaciones a la Seguridad Social por todas las contingencias y por el total del salario indicado, incluyendo el importe del subsidio.

En el supuesto de trabajadores/as incluidos en el REASS, la entidad gestora abonará al/a la trabajador/a el 50% del importe de la cuota fija del Régimen Especial Agrario de la Seguridad Social durante la vigencia del contrato y el/la empresario/a será responsable de la cotización por jornadas reales al REASS por las contingencias que correspondan

http://www.sepe.es

☐ **CLÁUSULAS ESPECÍFICAS DE SITUACIÓN DE JUBILACIÓN PARCIAL**

	CÓDIGO
○ Situación de Jubilación Parcial	5 4 0

Reducir la jornada de trabajo y el salario en un (1) .... cuando el/la trabajador/a reúna las condiciones generales exigidas para tener derecho a la pensión contributiva de jubilación de la Seguridad Social,de acuerdo con lo establecido en el artículo 215 del Real Decreto Legislativo 8/2015, de 30 de octubre.

(1) Reducción de la jornada y salario de entre un mínimo del 25% y un máximo del 50%, La reducción de la jornada y salario podrán alcanzar el 75% cuando el contrato de relevo se concierte de manera inde. nida y a jornada completa .

http://www.sepe.es

SERVICIO PÚBLICO DE EMPLEO ESTATAL | SEPE

☐ CLÁUSULAS ESPECÍFICAS DE RELEVO

CÓDIGO DE CONTRATO

☐ TIEMPO COMPLETO | 4 | 4 | 1 |

☐ TIEMPO PARCIAL | 5 | 4 | 1 |

☐ **El/la trabajador/a** :

☐ Que esta en desempleo e inscrito/a como demandante en el Servicio Público de Empleo de ....

☐ Que tiene concertado con la empresa un contrato de duración determinada que fue comunicado en el Servicio Público de Empleo de..con el número.. con fecha..

☐ **El/la representante de la Empresa** :

Que el/la trabajador/a de la Empresa D/Dña.. nacido el...: que presta sus servicios en el centro de trabajo ubicado en (calle, nº y localidad) .... con la profesión de.. incluido en el grupo laboral/nivel ....de acuerdo con el sistema de clasi.cación profesional vigente en la empresa que reduce su jornada ordinaria de trabajo y su salario en un.......................... (1) por acceder a la situación de jubilación parcial regulada en el Real Decreto-Legislativo 2/2015, de 23 de octubre ha suscrito con fecha...y hasta...el correspondiente contrato de trabajo a tiempo parcial comunicado en el Servicio Público de Empleo de...con el número... y con fecha..

(1) Un mínimo del 25% y un máximo del 50%. La reducción de la jornada y salario podrá alcanzar el 75% cuando el contrato de relevo se concierte de manera indefinida y a jornada completa o bien el 85 % en los supuestos que resulte de aplicación el apartado 5º de la Disposición Transitoria cuarta del R.D. Legislativo 8/2015, o en su caso al apartado 6º de la citada Disposición para empresas clasificadas de industria manufacturera

☐ **CLÁUSULAS ESPECÍFICAS DE CONTRATOS PARA LA MEJORA DE LA OCUPABILIDAD Y DE LA INSERCION LABORAL (INCLUYE FOMENTO DE EMPLEO AGRARIO)**

	CODIGO DE CONTRATO		CODIGO DE CONTRATO
☐ TIEMPO COMPLETO	4 0 5	☐ TIEMPO PARCIAL	5 0 5

Que el contrato para la mejora de ocupabilidad y de la inserción laboral vinculado para el empleo se realiza para :

☐ Para programa de fomento de empleo agrario

Que el empleador es : Corporación Local

Datos de la Oferta de trabajo del Programa de Empleo...

Nº de Expediente Programa Fomento Empleo Agrario. : (Prov)................./ (Loc Obra)................/ (Año)................/(Ent. Grupo)...............
(Prog)................................/(NºSec)..

☐ Otros programas

La duración de estos contratos no podrá exceder de 12 meses , de acuerdo con lo establecido en la Disposición adicional novena de la Ley de Empleo, incluida por la Disposición Final segunda del Real decreto-ley 32/2021, de 28 de diciembre (BOE de 30 de diciembre), excepto los contratos que se formalicen de acuerdo con lo dispuesto en la Disposición Transitoria segunda del Real Decreto-ley 3/2022, que durante el año 2022 tendrán la duración prevista en las bases reguladoras, convocatorias o instrumentos jurídicos correspondientes.

http://www.sepe.es

SERVICIO PÚBLICO DE EMPLEO ESTATAL | SEPE

☐ **CLÁUSULAS ESPECÍFICAS DE CONTRATOS DE DURACIÓN DETERMINADA VINCULADOS A PROGRAMAS FINANCIADOS CON FONDOS EUROPEOS(Disposición Adicional quinta del Real Decreto-ley 32/2021)**

	CODIGO DE CONTRATO		CODIGO DE CONTRATO
☐ TIEMPO COMPLETO	4 0 6	☐ TIEMPO PARCIAL	5 0 6

Que el contrato se formaliza para la ejecución de otros fondos de la Union Europea distintos de los destinados a financiar el Plan de Recuperación, Transformación y Resiliencia (especificar)..
....

Tendrá la duración necesaria para la ejecución del proyecto..
cuya duración será..

http://www.sepe.es

☐ **CLÁUSULAS ESPECIFICAS DEL CONTRATO ARTISTICO DE DURACIÓN DETERMINADA DE LAS PERSONAS ARTISTAS QUE DESARROLLAN SU ACTIVIDAD EN LAS ARTES ESCÉNICAS, AUDIOVISUALES Y MUSICALES, ASÍ COMO LAS PERSONAS QUE REALIZAN ACTIVIDADES TÉCNICAS O AUXILIARES (RD 1435/1985, de 1 de agosto, modificado por Real Decreto-ley 5/2022, de 22 de marzo)**

	CÓDIGO DE CONTRATO
☐ TIEMPO COMPLETO.	4 0 7
☐ TIEMPO PARCIAL	5 0 7

Este contrato se celebra para cubrir necesidades temporales de la empresa:

Siendo la causa de la contratación (1):...

....

Siendo su duración determinada (2)...

La persona trabajadora prestará su actividad como:

☐ Artista

☐ Personal Técnico y Auxiliar

Otras especi.caciones...

....

A la finalización del contrato artístico la persona trabajadora tendrá derecho a recibir una indemnización según lo establecido en el Art.10.2 del RD 1435/1985, de 1 de agosto, modificado por el Real Decreto-ley 5/2022.

En lo no previsto en este contrato, se estará a la legislación vigente que resulte de aplicación, y en particular a lo dispuesto en el RD1435/1985, de 1 de agosto.

1) Especifíquese con precisión la causa habilitante de la contratación temporal, las circunstancias concretas que lo justifican y su conexion con la duración prevista.

2) Para una o varias actuaciones por tiempo cierto, por una temporada, por el tiempo que una obra permanezca en cartel o por el tiempo que duren las distintas fases de la producción.

http://www.sepe.es

☐ CLÁUSULAS ESPECÍFICAS DEL CONTRATO DE DURACIÓN DETERMINADA PARA PERSONAL DOCENTE E INVESTIGADOR DE UNIVERSIDADES (1)

	CÓDIGO DE CONTRATO
☐ TIEMPO COMPLETO	4 0 9
☐ TIEMPO PARCIAL (2)	5 0 9

La persona trabajadora desarrollara su actividad como :

☐ Ayudante

◯ Profesor Ayudante Doctor

☐ Profesor Asociado

☐ Profesor Visitante

La duración del contrato será de..

Otras especificaciones. ....

En lo no previsto en este contrato, se estará a la legislación vigente que resulte de aplicación, y en particular a lo dispuesto en los artículos 48 y ss de la Ley Orgánica 6/2001,de 21 de diciembre, de Universidades.

(1) De acuerdo con lo establecido en el Artículo 48.2 de la Ley Orgánica 6/2001 de Giciembre, de Universidades.

(2) Tiempo parcial solo para Profesor $sociado y Profesor 9isiIDnte

http://www.sepe.es

SERVICIO PÚBLICO DE EMPLEO ESTATAL | SEPE

☐ **CLÁUSULAS ESPECÍFICAS DE PERSONAS DEL SERVICIO DEL HOGAR FAMILIAR**

☐ SUSTITUCIÓN

	CÓDIGO DE CONTRATO		CÓDIGO DE CONTRATO
☐ TIEMPO COMPLETO	4 1 0	☐ TIEMPO PARCIAL	5 1 0

☐ CIRCUNSTANCIAS DE LA PRODUCCIÓN

☐ INCREMENTO OCASIONAL IMPREVISIBLE 2 /S6 26&./$&.21(6 48($Ò1 75$7$1'26('(/$ $&7.9.'$' 1250$/ '(/$ (035(6$ *(1(5$1 81 '(6$-867(7(0325$/ (175((/ (03/(2 (67$%/(',6321,%/(< (/ 48(6(5(48,5(

	CÓDIGO DE CONTRATO		CÓDIGO DE CONTRATO
☐ TIEMPO COMPLETO	4 0 2	☐ TIEMPO PARCIAL	5 0 2

Las circunstancias concretas que justifican este contrato son: ....

La duración prevista que no podrá exceder de 6 meses, hasta 1 año por convenio colectivo sectorial, será ....

/D FRQH[LyQ HQWUH ODV FLUFXQVWDQFLDV FRQFUHWDV TXH MXVWLILFDQ HVWH FRQWUDWR \ VX GXUDFLyQ HV

☐ SITUACIONES OCASIONALES PREVISIBLES, Y DE DURACIÓN REDUCIDA Y DELIMITADA

	CÓDIGO DE CONTRATO		CÓDIGO DE CONTRATO
☐ TIEMPO COMPLETO	4 0 2	☐ TIEMPO PARCIAL	5 0 2

Se entenderá por situaciones ocasionales previsibles consistentes en ....

cuya duración no podrá exceder de un máximo de 90 días en el año natural

Sí ☐ No ☐ ,se acuerda la prestación de horas de presencia a disposición del empleador. Las horas de presencia serán.............................horas semanales, distribuidas de la siguiente manera...
El tiempo de presencia seá objeto de retribución o compensación de forma siguiente:(1)

☐ Compensación con periodos equivalentes de descanso retribuido
☐ Retribución con un salario de una cuantía no inferior al correspondiente a las horas ordinarias
☐ De cualquiera de las anteriores maneras.

Sí ☐ No ☐ se acuerda que el/la trabajador/a pernocte en el domicilio IDPLOLDU. El régimen de las pernoctas será de..noches a la semana. Durante el descanso semanal y el período de vacaciones el/la trabajador/a no está obligado a residir en el domicilio familiar

Sí ☐ No ☐ se acuerdan prestaciones salariales en especie.

Se aplicará una reducción del 20% a las cotizaciones devengadas.
Esta reducción se ampliará con una boni.cación hasta llegar al 45% en el caso de familias numerosas, si se cumplen los requisitos del Art. 9, de la Ley 40/2003, de 18 de noviembre.

En lo no previsto en este contrato, se estará a la legislación vigente que resulte de aplicación, y particularmente al Real Decreto 1620/2011, de 14 de noviembre, por el que se regula la relación laboral de carácter especial del servicio de hogar familiar y supletoriamente en lo que resulte compatible, el Estatuto de los Trabajadores, aprobado por el R.D Legislativo 2/2015, de 23 de octubre.

El contenido del presente contrato se presentará en la Tesorería General de la Seguridad Social en el trámite de alta de el/la empleado/a de hogar de la Seguridad Social a efectos de comunicación del contenido del contrato al Servicio Público de Empleo.

(1) Señálese lo que proceda.

http://www.sepe.es

SERVICIO PÚBLICO DE EMPLEO ESTATAL | SEPE

☐ CLÁUSULAS ESPECÍFICAS DEL CONTRATO TEMPORAL DE FOMENTO DE EMPLEO PARA PERSONAS CON DISCAPACIDAD

☐ TIEMPO COMPLETO — CÓDIGO DE CONTRA

☐ CON BONIFICACIÓN	4	3	0
☐ SIN BONIFICACIÓN	4	3	0

☐ TIEMPO PARCIAL — CÓDIGO DE CON-

☐ CON BONIFICACIÓN	5	3	0
☐ SIN BONIFICACIÓN	5	3	0

El/La Trabajador/a :
Que es persona con discapacidad y tiene reconocida la condición de tal, como se acredita con la certi.cación expedida por (1)............................ .... de acuerdo con la Ley 43/2006, de 29 de diciembre, art 2.2 si el contrato se celebra a tiempo completo, la empresa tendrá derecho a las siguientes bonificaciones en la cuota empresarial a la Seguridad Social durante la vigencia del contrato, en el supuesto de que el contrato sea a tiempo parcial, la bonificación prevista en cada caso se aplicará conforme al art 2.7 de la citada Ley.

TRABAJADORES/AS CON DISCAPACIDAD SIN DISCAPACIDAD SEVERA

HOMBRES

☐ a) Menores de 45 años 3.500 euros/año
☐ b) Mayores de 45 años 4.100 euros/año

MUJERES

☐ a) Menores de 45 años 4.100 euros/año
☐ b) Mayores de 45 años 4.700 euros/año

TRABAJADORES/AS CON DISCAPACIDAD SEVERA

HOMBRES

☐ a) Menores de 45 años 4.100 euros/año
☐ b) Mayores de 45 años 4.700 euros/año

MUJERES

☐ a) Menores de 45 años 4.700 euros/año
☐ b) Mayores de 45 años 5.300 euros/año

(1) Indicar el Organismo oficial que emite la certificación

http://www.sepe.es

SERVICIO PÚBLICO DE EMPLEO ESTATAL | SEPE

☐ **CLÁUSULAS ESPECÍFICAS DE PERSONAS CON DISCAPACIDAD EN CENTROS ESPECIALES DE EMPLEO**

TEMPORALES

	☐ TIEMPO COMPLETO		☐ TIEMPO PARCIAL	
Por circunstDQFLDV GH OD Producción	☐	402	☐	502
Sustitución	☐	410	☐	510
Temporal persona con discaSDFLGD-G	☐	430	☐	530
Situación jubilación parcial			☐	540
Relevo	☐	441	☐	541
Otras situaciones	☐	990	☐	990

Se establece un período de adaptación al trabajo que a su vez tendrá el carácter de período de pruebade (1).. en las condiciones siguientes(2) ....

Para lograr la adecuación del puesto de trabajo a las características del/de la trabajador/a, la empresa se compromete a realizar las siguientes adaptaciones al puesto de trabajo.. y/o en caso de que el contrato sea a distancia se realizarán los servicios de ajuste de personal y social siguientes ....
....

Los centros especiales de empleo que contraten temporalmente a personas con discapacidad,tendrán derecho durante toda la vigencia del contrato, a las boni.cacione s del 100 por 100 de la cuota empresarial a la Seguridad Social, incluidas las de accidente de trabajo y enfermedad profesional y las cuotas de recaudación conjunta.

Las partes se comprometen a observar lo dispuesto en la legislación vigente, y en especial, en el Real Decreto 1368/85, de 17 de julio,en la Ley 12/2001, de 9 de julio (BOE de 10 de julio) y en la Ley 43/2006, de 29 de diciembre (BOE de 30 de diciembre), Art 15 del Estatuto de los Trabajadores, aprobado por Real Decreto Legislativo 2/2015 de 23 de octubre, (BOE de 24 de octubre) y en su caso en el Convenio Colectivo. de ....

(1) No podrá exceder de 6 meses.

(2) Las condiciones del período de adaptación al trabajo serán las determinadas, en su caso por el equipo Multiprofesional.

http://www.sepe.es

☐ **CLAÚSULAS ESPECÍFICAS DE PERSONAL INVESTIGADOR**

CÓDIGO DE CONTRATO

TIEMPO COMPLETO

☐ | 4 | 0 | 4 | CONTRATO PREDOCTORAL DE PERSONAL INVESTIGADOR PREDOCTORAL EN FORMACION. (Art.21 Ley 14/2011 y R.D. 103/2019)

TIEMPO COMPLETO

☐ | 4 | 1 | | CONTRATO DE ACCESO DE PERSONAL INVESTIGADOR DOCTOR AL SISTEMA ESPAÑOL DE CIENCIA; TECNOLOGIA E INNOVACION (Art 22 Ley 14/2011).

Que el/la empleador/a es (1) :

☐ Organismo Público de investigación de la Administración General del Estado.
☐ Organismo de investigación de otra Administración Pública.
☐ Universidad Pública, perceptora de fondos cuyo destino incluya la contratación de personal investigador o para el desarrollo de los programas propios I+D+I.
☐ Universidades privadas y Universidades de la Iglesia Católica, cuando perciban fondos cuyo destino incluya la la contratación de personal investigador.
☐ Entidades privadas sin animo de lucro que realicen actividades I+D tecnológico en los terminos de la D.A. 1ª de la Ley 14/2011.
☐ Consorcios públicos y fundaciones del sector público en los términos de la D.A. 1ª de la Ley 14/2011.
☐ Otros organismos de investigación de la A.G. cuando realicen actividad investigadora y sean beneficiarios de ayudas y subvencion es que incluyan personal investigador.
☐ Otros agentes de ejecución del Sistema Español de Ciencia , Tecnología e Innovación GH ORV FRQWHPSODGRV HQ OD '$ GH OD /H\
☐ Centros del Sistema Nacional de salud y aquellos vinculados o concertados con este.
☐ Otros

Indíquese la opción elegida :

A ☐ Que el/la trabajador/a para ser personal investigador predoctoral en formación esta en posesión de : Titulo de Licenciado, Ingeniero, Arquitecto, Graduado Universitario de al menos 300 créditos o máster universitario o equivalente y hayan sido admitidos a un programa de doctorado(2)

B ☐ Que el/la trabajador/a que accede como personal investigador doctor al Sistema español de Ciencia,Tecnología e Innovación, y está en posesión del título de Doctor que le capacita para la practica profesional de este contrato (3)..
....

Que no ha estado contratado/a bajo esta modalidad en este u otro Organismo por tiempo superior a seis años, salvo personas con discapacidad en el que el tiempo no podrá ser superior a ocho años.

(1) Indicar la entidad contratante.
(2) El/la trabajador/a deberá entregar al empresario fotocopia compulsada del título, certificación de su solicitud o certificación acreditativa de la terminación de los estudios.
(3) Deberá acompañar el escrito de admisión al programa de doctorado expedido por la unidad responsable de dicho programa o por la escuela de doctorado.

http://www.sepe.es

SERVICIO PÚBLICO DE EMPLEO ESTATAL | SEPE

☐ **CLÁUSULAS ESPECÍFICAS DE PENADOS EN INSTITUCIONES PENITENCIARIAS**

CODIGO DE CONTRATO

☐	TIEMPO COMPLETO	4 5 0
☐	TIEMPO PARCIAL	5 5 0

PRIMERA: El/la trabajador/a prestará sus servicios como. .... ,incluido en el grupo profesional, o nivel profesional de .... , de acuerdo con el sistema de clasificación profesional vigente en la empresa, en el centro penitenciario ubicado en (calle, nº y localidad).. ....

SEGUNDA: A esta contratación le será de aplicación :

- Bonificación del 65% por los conceptos de recaudación conjunta de desempleo, Formación Profesional y Fondo de Garantía Salarial.
- Boni.cación a las cuotas empresariales por contingencias comunes que estén establecidas para el colectivo de exclusión social.

TERCERA: En lo no previsto en este contrato, se estará a la legislación vigente que resulte de aplicación y, particularmente, a lo dispuesto en el R.D. 782/2001, de 6 de julio, por el que se regula la relación laboral de carácter especial de los/as penados/as que realicen actividades laborales en talleres penitenciarios (BOE de 7 de julio), y sus normas de desarrollo.

http://www.sepe.es

☐ **CLÁUSULAS ESPECÍFICAS DE MENORES Y JÓVENES, EN CENTROS DE MENORES SOMETIDOS A MEDIDAS DE INTERNAMIENTO**

CODIGO DE CONTRATO

☐ TIEMPO COMPLETO | 4 | 5 | 0 |

☐ TIEMPO PARCIAL | 5 | 5 | 0 |

PRIMERA: El/la trabajador/a prestará sus servicios como...
incluido en el grupo profesional o nivel profesional de.., de acuerdo con el sistema de clasificación profesional vigente en la empresa, en el centro de menores ubicado en (calle, nº y localidad)..................................
....

SEGUNDA: A esta contratación le será de aplicación una reducción del 65% por los conceptos de recaudación conjunta de desempleo, Formación Profesional y Fondo de Garantía Salarial.

TERCERA: En lo no previsto en este contrato, se estará a la legislación vigente que resulte de aplicación y, particularmente, a lo dispuesto en la L.O. 5/2000, de 12 de enero, en el R.D. 1774/2004 de 30 de julio, en el R.D. 782/2001, de 6 de julio.

http://www.sepe.es

SERVICIO PÚBLICO DE EMPLEO ESTATAL | SEPE

☐ OTRAS SITUACIONES

CÓDIGO DE CONTRATO

○ 9 9 0

○ CONTRATO EN GRUPO

○ ALTA DIRECCIÓN

○ OTROS

http://www.sepe.es

CLÁUSULAS ADICIONALES

Y para que conste, se extiende este contrato por triplicado ejemplar en el lugar y fecha a continuación indicados, firmando las partes interesadas.
En .... a .... de .... de 20 ....

El/la trabajador/a	El/la representante de la Empresa	El/la representante legal del/de la menor, si procede

* IMPORTANTE

(TODAS LAS PÁGS; CUMPLIMENTADAS EN ESTE CONTRATO DEBERÁN IR FIRMADAS EN EL MARGEN IZQUIERDO PARA MAYOR SEGURIDAD JURÍDICA)

http://www.sepe.es